항한필휴

수신사기록 번역총서 3

航韓必携

항한필휴

사카다 모로토(坂田諸遠) 지음 · 이효정 옮김

보고사
BOGOSA

1876년 조일수호조규로 재개된 조선과 일본 간의 외교 관계는 두 나라 모두에 새로운 것이었다. 마지막 통신사의 역지빙례(1811) 이후 반세기만에 이루어진 것도 그러하지만, 당시 전 세계는 "근대"라는, 이전과는 다른 시대를 맞이하고 있었고, 조선과 일본도 근대의 그림자에서 벗어날 수 없었다. 일본은 이미 메이지 유신을 통해 근대 국가 수립을 향해 달려가고 있었지만 조선은 여전히 전통적 사대교린체제에 머물고 있었다. 이러한 불균등하고 급작스러웠던 상황에서 당황했던 것은 조선만이 아니었다.

일본 역시 조선에 대한 정보가 60여 년 동안 단절되어 있었기 때문이다. 『항한필휴』는 그러한 필요 속에서 등장하였다. 이사관으로 파견되는 미야모토 고이치의 수행업무에 도움이 되고자 외무성에서 급히 편찬한 것이지만, 일본의 입장에서 조일 외교에 필요한 사항과 관련 역사들이 총망라되었다.

총 18권에 이르는 방대한 분량 중 이 책에는 1권부터 8권에 이르는 제1차 수신사 관련 부분만을 번역하여 실었다. 여기에는 근대전환기 최초로 일본에 파견된 조선 사절의 다양한 모습들이 일본 관료들의 시선으로 세밀하게 그려져 있다. 모든 관계는 상호적이기에 우리를 본 그들의 시선을 회피하고서는 똑바로 나아갈 수가 없다. 어쩌면 그동안 소홀히 다루었던 근대전환기 양국의 상호인식이 분쟁적 역사 인식의 시작일 수도 있다. 당대 일본인은 어떻게 조선인 혹은 조선을 보았으며, 조선인이 처음 겪었던 근대 일본은 어떤 모습이었을까. 그 관계의 본질을 탐구하는 것이 미래 지향적인 한일 관계의 시작일 수도 있을 것이다.

이 책은, 번역에 고민이 생길 때마다 조언을 아끼지 않았던 쓰치야 소이치(土屋宗一)군과 나카무라 준코(中村順子) 선생님의 애정 어린 도움이 아니었다면 완성하기 어려웠을 것이다. 그리고 한결같이 〈토대연구 사업〉에 버팀목이 되어주신 허경진 선생님과 이 책의 출판을 기꺼이 맡아주신 보고사 편집부 여러분께도 깊은 감사를 드린다.

2018년 1월 27일
이효정

차례

일러두기

1. 부산시립도서관(古 913.05-21) 소장 필사본을 저본으로 하여 번역하였다.
2. 번역문, 원문, 영인본 순서로 편집하였는데, 영인본도 필사본을 저본으로 하였다.
3. 가능하면 일본의 인명이나 지명을 일본어 발음으로 표기하였다. 한자나 가타카나로 된 고증할 수 없는 인명이나 지명은 한자음 혹은 현재 한글 음으로 표기하였다. 재판을 낼 때마다 수정 보완하고자 한다.
4. 원주는 번역문에 【 】로 표기하고 본문보다 작은 글씨로 편집하였다. 원문에서도 동일하며, 각주 및 간주는 모두 역자주이다.

항한필휴(航韓必携)

1 기본 서지

『항한필휴(航韓必携)』는 일본 외무성(外務省)의 지시로 사카다 모로토(坂田諸遠)가 1876년 작성하였다. 현재 부산 시립도서관에 18권 18책의 필사본이 존재한다. 미야모토 고이치(宮本小一)가 이사관으로 조선에 파견되었을 때 휴대하여 부산에 남겨진 것이 아닌가 추측된다. 여기에서도 이 책을 저본으로 하였다.

2 저자

사카다 모로토(坂田諸遠, 1810~1897)
에도(江戶) 후기부터 메이지 시대까지의 국학자이자 관리이다. 1810년 10월 12일에 태어나 지금의 후쿠오카현(福岡縣)인 지쿠젠(筑前)의 아키즈키(秋月) 번사(藩士)였다. 구루메(久留米) 번사인 마쓰오카 아키요시(松岡明義)에게 '국학(國學)'을 배웠다. 예부터 전해져 오는 조정이나 무가의 예식(禮式)·전고(典故)·관직(官職)·법령(法令)·무기 등을 연구하는 '유직고실(有職故實)'에 정통하며 제자로는 후쿠오카 번사인 히라노 구니오미(平野國臣)가 있다. 메이지유신 후에는 외무대록(外務大錄)이

되어 『속통신전람(續通信全覽)』 등을 편수하였다. 1897년 6월 26일 88세로 생을 마감하였다. 저작으로는 『장군가장속고(將軍家裝束考)』, 『비키스이산케노신무감(尾紀水三家老臣武鑑)』 등이 있다.

❸ 구성과 내용

『항한필휴(航韓必携)』 총 18권 중 전반부 1권부터 8권까지는 1876년 제1차 수신사와 관련된 문서들이 수록되어 있다. 해당 구성과 내용을 살펴보면 다음과 같다. 제1권에는 신사전보(信使前報), 전보상신(前報上申), 영함상신(迎艦上申), 함내규칙(艦內規則), 시괘위죄목(示詿違罪目), 신사동반지령(信使同伴指令), 여관상신(旅館上申)으로 이루어져 있으며, 대부분이 수신사 파견 전 도일(渡日)을 준비하는 단계의 서류이다. 제2권에는 착경상신(着京上申), 수신사 일행 열명(信使一行列名), 영접관 복명(迎官復命), 영접절차(迎引次第), 영접관 주의사항(迎接官心得), 여관업무(旅館分課)로 구성되어 있으며, 제3권에는 참내순로(參內順路), 내알현식(內謁見式), 헌품(獻品), 사품(賜品), 무악(舞樂), 성찰배관(省察拜觀), 유람개소(遊覽箇所)로, 도쿄 내에서의 구체적인 예상 일정과 헌사품의 목록 등이 나열되어 있다.

4권은 증품수불신의(贈品受否申議)로, 증품과 사품의 품목이 구체적으로 기록되어 있다. 제5권은 예조판서(禮曹判書) 왕복서한, 예조참판(禮曹參判) 왕복서한, 수신사 왕복서한, 이사관이하 사령(辭令), 이사관 조선 파견 고지로 구성되어 있으며 대게 조선 측과 일본이 교환한 서신들이 수록되어 있다. 6권의 필담(筆譚)은 일본과 조약을 맺은 18개국과 각국 공사, 일본의 개항장 정보와 고용 외국인원 등으로 이루어져 있다. 제7권과 8권은 신사체경일기(信使滯京日記) 건(乾)·곤(坤)으로 이루어져 있는데, 이는 통역 및 접대 업무를 맡았던 외무 서기생(書記生)들이 수신사의 도쿄 체재 중에 수행한 자신들의 임무와 수신사의 활동 내용을 기록한 일기이다.[1] 이 일기의 저자는 모두 5명으로, 외무 3등 서기생이었던 오쿠 기세이(奧義制), 우라세 히로시(浦瀬裕), 이와타 나오유키(岩田直行), 6등 서기생이었던 아라카와 도쿠시게(荒川德滋)와 나카노 교타로(中野許多郎)이다. 이들은 주로 초량관 어학소(草梁館語學所)에서 계고통사(稽古通詞)를 양성하는 임무를 맡아 일본과 조선을 오갔던 교육자이자 통역관들이었다. 이들은 조선 수신사가 요코하마(橫濱)에 도착하고 시모노세키(下關)에서 출항할 때까지 자신들이 수행했던 공적 업무와 수신사가 도쿄 체류 중 행했던 실제 견문과 활동, 그리고 수신사가 만나거나 수신사를 방문한 사람들을 일지 형식으로 세밀히 기록하였는데, 아마도 외무성에 보고하기 위한 목적이었을 것으로 추측된다.

4 가치

이 책은 근대이행기인 1876년 메이지(明治) 일본에 처음으로 파견된 조선 사절, 제1차 수신사 김기수(金綺秀) 일행이 일본에서 돌아오면서 일본은 외무대승(外務大丞) 미야모토 고이치(宮本小一)를 이사관(理事官)

---

[1] 이후의 목차는 다음과 같다. 제 9권은 조일수호조규, 외무성직제 및 사무장정 등. 제 10권은 韓洋戰爭. 제 11·12권은 삼국시대부터의 조일 교류의 역사인 隣好斷續(乾, 坤). 제 13권은 竹島顚末, 通鑑一覽, 日光參詣. 제14·15권 琉球封藩事略(乾, 坤). 제 16·17권은 使鮮日記(乾, 坤). 제18권은 황실 관계 기사인 殊號事略이다.

으로 하여 조선에 파견하게 되는데, 그 때 대조선 정책 수행에 참고하기 위해 휴대용으로 편찬한 책이다. 일본 외무성의 지시로 편집되었는데, 편집자는 외무대록(外務大綠) 사카다 모로토(坂田諸遠)였다. 시일의 여유가 없어 급히 편찬되었다고 하지만, 이 책에는 조일관계에 관련된 거의 모든 문서가 수록되어 있어 앞으로 조선에 파견될 관리들의 업무 이해에 도움이 되었을 것으로 생각된다.

제1차 수신사에 대한 선행 연구는 주로 조선 측 중에서도『일동기유』나『수신사 일기』등을 통해 제한적으로 이루어져 왔기 때문에 수신사의 실제 활동을 추적하는 데에 한계점이 있었다. 일본 외무성의 기록인『항한필휴』는 이러한 문제점을 극복하여 수신사의 활동을 구체적으로 또한 다양한 각도에서 보여주는 자료이다.

특히,「신사체경일기」를 살펴보면, 일본 내에서의 수신사 체류와 관련된 정보를 보다 자세하게 알 수 있다. 예를 들어 수신사가 처음으로 경험했던 '증기 기관차'의 정확한 발차 시각이나 자리 배치, 요코하마에서 휴식을 취했던 정회소(町會所)의 위치, 수신사가 신바시 정거장에서 여관으로 이동하면서 이루던 행렬의 모습과 경로, 메이지 천황을 알현하기 위해 지났던 순로 등이 매우 세세하게 기록되어 있다. 이러한 정보들은 조선 측 사행록 등에는 등장하지 않지만, 제1차 수신사의 일정과 동선 등을 재구성할 때에 매우 중요한 정보들임에 틀림없다.

이외에도 조선 측 기록에는 등장하지 않는 수행원들에 관한 내용들이 적지 않다. 다시 말해, 그 동안의 연구는 전술한 대로 주로 조선 측에서도 기록에 충실할 수 있는 직급의 사람, 즉 정사의 기록인『일동기유』에 의지하여 진행되어 왔기 때문에 수신사의 실제 견문을 추적하는 데에 어려움이 있었으며 정사의 입장에서 사행원 전체를 판단하기도

하였다. 하지만 「신사체경일기」를 살펴보면, 정사 김기수는 비록 소극적인 태도를 보였더라도, 박영선이나 김용원(6월 15일, 6월 16일 참조) 등은 새로운 문물 도입에 적극적이었으며 이 1차 수신사행 활동이 이들의 근대화 활동에 직접적인 동기가 될 수 있었음을 알 수 있다. 또한 그동안 알려지지 않았던 접촉 인물들을 정리하여 이들이 조선 수신사를 만나 어떤 일을 하고 무슨 대화를 나누었는지 등 추후 연구를 확장시킬 수 있는 계기도 될 수 있다.

더불어, 이 책을 통해 메이지 초기 일본이 가졌던 대조선 인식도 엿볼 수 있다. 일본은 조선인들의 풍습과 행동이 미개하며 고루하다 여기면서도 '청도', '순시'와 같은 에도시대 통신사(通信使)의 상징이 공개적으로 드러나는 것은 크게 염려하였다. 또한 조선을 문명개화해야 할 존재로 인식하였으며 이에 따라 제3권의 성찰배관(省察拜觀), 유람개처(遊覽箇處)의 항목에서 알 수 있듯이 수신사를 각종 근대 문물에 노출시키고 유람시키려 유도하였다. 결국 이러한 일본 정부 관료들의 대조선 인식은 근대 전환기 내내 문명/야만의 논리로 지속되었으며, 그 역사적 결말은 불행할 수밖에 없었다.

(이효정, 「항한필휴에 보이는 제1차 수신사의 모습」, 『동북아문화연구』 51집, 동북아시아문화학회, 2017, 513~529쪽 참조.)

항한필휴(航韓必携)

○ **범례**(凡例)

○ 여기 메이지 9년 5월 조선의 수신사(修信使) 예조참의(禮曹參議) 김기수(金綺秀)[1] 이하의 각원(各員)이 내조(來朝)하여 특산물을 바치고, 천황폐하를 알현하여 용안을 뵈었다. 천황의 심기도 좋으셔서 특별한 대우도 받았고, 원(院)·성(省)·료(寮)·청(廳)의 회람도 허락받아 수일간 도쿄(東京)에 머물다가 본국으로 귀항하였다. 이후 천황의 명으로 외무대승(外務大丞) 미야모토 고이치(宮本小一)를 이사관(理事官)으로 하여 한국에 파견하게 되어 일시 휴대를 위해 본서를 편찬하였다. 해람(解纜)이 임박하여 밤에도 낮처럼 내조의 기록 수부를 점검하여 그 추요(樞要)를 초록하여 겨우 탈고하게 되었으나 퇴고의 여유가 없어 반드시 오류가 많을 것이다.

○ 수신사 체경 중 필담(筆譚)을 실은 것은 체맹국명(締盟國名) 및 공

---

1 김기수(金綺秀) : 1832~?. 본관은 연안(延安)이며 서울에서 태어났다. 1875년(고종 12)에 현감으로 별시문과에 병과로 급제하여 홍문관 응교에 오르고, 이듬해인 1876년 조일수호조규(朝日修好條規) 체결 후 수신사로 임명되었다. 근대 외교사절로는 처음으로 사절단원 76인을 인솔하고 서울을 출발하여 부산을 거쳐 일본에 도착하였다. 저서로『일동기유(日東記游)』와『수신사일기(修信使日記)』가 있다.

사·영사의 열명(列名), 공사(公私)가 고용한 외국인 등의 일이 있었기 때문이다.

○ 조일수호조규(朝日修好條規), 외무성직제(外務省職制), 사무장정(事務章程) 등도 실었으니 체한 중 필요에 따라 참고로 한다.

○ 사선일기(使鮮日記), 다케시마전말(竹島顚末), 류큐봉번사략(琉球封藩事略), 잔호사략(殊號事略) 등도 함께 넣어 그 일부로 한다.

메이지(明治) 9년(1876년) 6월

외무대록(外務大錄) 사카다 모로토(坂田諸遠) 편집

항한필휴(航韓必携) 권1

신사전보(信使前報)

○ 조진(條陳)

1. 수신사가 승선하는 날짜는, 4월 25일로 정합니다.

1. 귀국에 도착하면 외무경(外務卿)과 외무대승(外務大丞)에 해당하는 우리나라의 예조판서(禮曹判書)와 예조참의(禮曹參議)가 서계(書契)를 가지고 갑니다.

1. 수신사 일행의 인원은 모두 80명입니다.
1. 출발해야 할 시기가 가까운데 수로(水路)는 멀고, 우리나라의 배가 아직 완성되지 못한 데다 또 속도가 느립니다. 일행 및 집물(什物)을 실을 수 있는 화륜선(火輪船) 한 척을 귀국에게 임대하여 타는 것이 편할 것입니다. 이 내용을 귀국 조정에 전달하여, 화륜선 한 척을 지휘하여 4월 20일 안으로 부산(釜山)에 보내주신 뒤에야 제때 출발할 수 있습니다.
1. 배를 임대하는 값은 귀국에서 알려주는 금액을 따라 은자(銀子)로 계산하겠습니다. 화륜선을 보내 줄 때 그 금액을 문서로 알려주십시오.
1. 사신에 관한 모든 사무는 신중히 하지 않을 수 없습니다. 배를 임대하여 타게 되면 형편상 귀국의 선격[船格, 선원(船員)]과 함께 동승하게 될 것이니, 마땅히 아랫사람을 통솔하며 잡인(雜人)의 출입을 막을 인원이 있어야 합니다.
1. 귀국의 설관[舌官, 역관(譯官)] 몇 명을 동승하여 왕래하게 해야 합니다.
1. 상관(上官)이 일본에 상륙한 뒤에 타게 될 수레와 말은, 간간히 임대하여 타겠습니다.
1. 수신사 일행이 머물게 될 곳의 지명 및 수로와 육로의 노정(路程)을, 화륜선을 보내 줄 때 문서로 알려주십시오.
1. 수신사 일행의 음식은 저희가 준비할 것인데, 혹 부족한 것이 있으면 임시로 사들여 장만하겠습니다.

병자(丙子) 3월 15일

훈도(訓導) 현석운(玄昔運)[1]

○ 수신사(修信使) 일행

수신사(修信使) 예조참의(禮曹參議) 김기수(金綺秀)【정삼품(正三品)】

별견당상(別遣堂上) 가선대부(嘉善大夫) 현석운(玄昔運)【상상관(上上官)】

상판사(上判事) 전참봉(前參奉) 현제순(玄濟舜)²【상관(上官)】

부사용(副司勇) 고영희(高永喜)³【상관(上官)】

별견한학당상(別遣漢學堂上) 가의대부(嘉義大夫) 이용숙(李容肅)⁴【상상관(上上官)】

서기(書記) 부사과(副司果) 박영선(朴永善)⁵【상관(上官)】

---

1 현석운(玄昔運) : ?~?. 조선 말기의 역관. 본관은 천녕(川寧). 자는 덕민(德民), 호는 자영(紫英). 1858년 22세 때 역과 식년시에 합격하였고, 품계는 가선대부(嘉善大夫)이다. 왜학(倭學)을 전공하여 훈도(訓導)를 지냈다. 1875년 운요호(雲揚號) 사건 발생 당시 일본 측과의 교섭을 맡았으며, 1876년 1월 일본과의 수교를 위한 강화도회담에도 참여하였다. 1876년 4월 제1차 수신사 김기수를 수행하여, 별견당상(別遣堂上)으로 일본에 다녀왔다. 귀국 후 부산해관이 설치된 이래 관세권의 회복에 힘썼다.

2 현제순(玄濟舜) : 1849~?. 본관은 천녕(川寧). 자는 치화(致華). 1873년 25세 때 계유(癸酉) 식년시(式年試) 역과에 합격하였고, 왜학(倭學)을 전공하였으며, 참봉(參奉)·총민(聰敏)·교회(敎誨) 등을 지냈다. 1876년 강화도조약 체결 후 일본에 파견된 제1차 수신사(修信使)의 일행으로 일본의 문물제도를 견문하고 돌아와서 일본의 발전 모습을 알렸다. 수신사로 파견되었을 때 통역관(通譯官)으로서 수신사 김기수(金綺秀) 등을 도와 사무를 맡은 장무관(掌務官)의 임무를 수행하였다.

3 고영희(高永喜) : 1849~?. 본관은 제주(濟州). 자는 자중(子中), 호는 우정(雨亭). 참봉(參奉)을 역임하였고, 1866년 부사용(副司勇)이 되었으며, 뒤에 요직을 두루 거쳤다. 1876년 강화도조약 체결 후 일본에 파견된 제1차 수신사(修信使)의 일행으로 일본의 문물제도를 견문하고 돌아와서 일본의 발전 모습을 알렸다. 수신사로 파견되었을 때 통역관(通譯官)으로서 건량관(乾糧官)의 임무를 수행하였다.

4 이용숙(李容肅) : 1818~?. 본관은 전주(全州). 자는 경지(敬之), 호는 국인(菊人). 1866년 제너럴셔먼호(General Sherman)가 정박하였을 때, 역관 정대식(丁大植)을 수행하여 입국사유에 대해서 물었다. 1876년 제1차 수신사 김기수(金綺秀)의 수행원으로 일본에 다녀왔다. 1880년 제2차 수신사 김홍집(金弘集)의 수행원으로 일본에 다녀왔고, 주일청국공사(駐日淸國公使) 하여장(何如璋)과 통상, 외교 문제 등에 관해서 대화를 나누었다. 신분은 별견한학당상(別遣漢學堂上)이었다.

화원(畵員) 사과(司果) 김용원(金鏞元)[6]【상관(上官)】

군관(軍官) 전낭청(前郎廳) 김문식(金汶植)【상관(上官)】

전판관(前判官) 오현기(吳顯耆)【상관(上官)】

반당(伴倘) 부사과(副司果) 안광묵(安光默)【상관(上官)】

전낭청(前郎廳) 김상필(金相弼)【상관(上官)】

서기(書記) 2명【상관(上官)】

중관(中官) 49명

하관(下官) 18명

○ 김기수의 출발 때의 통헌서(通獻書)

우리 조정에서 특명으로 예조참의(禮曹參議) 김기수(金綺秀)를 수신사(修信使)에 제수하였으니, 올해 4월 25일에 배를 타고 출발하여 귀국으로 갈 것입니다. 그러므로 이에 먼저 관계 되는 사항을 조진(條陳)하고 임관서(任官書)를 첨부하니, 모두 즉시 귀국의 조정에 전달 바랍니다.

병자(丙子) 3월 15일

대조선국(大朝鮮國) 동래 부사(東萊府使) 홍우창(洪祐昌)[7]

5　박영선(朴永善) : 1828~?. 본관은 밀양(密陽). 호는 죽존(竹尊). 1876년 수신사 김기수(金綺秀)의 서기(書記)가 되어 부사과(副司果)로 일본으로 건너가서 도쿄의 준텐도(順天堂) 의원의 의사 오타키 도미조(大瀧富三)에게 종두법을 배우고, 구가 가쓰아키(久我克明)의『종두귀감(種痘龜鑑)』을 가지고 돌아왔다고 알려졌다. 이를 그의 제자인 지석영(池錫永)에게 전해줌으로써 한국 종두법 발전에 영향을 미쳤다.

6　김용원(金鏞元) : 1842~1896. 본관은 청풍(淸風). 자는 선장(善長), 호는 미사(薇史). 1876년 제1차 수신사(修信使) 김기수(金綺秀)의 수행원으로 일본에 다녀왔다. 화원(畵員)으로 수행하였으며, 관직은 부사과(副司果)였다. 김용원은 일본에 머물렀을 때 화원으로 활동하는 한편 기계·총포·아연 등의 구입을 담당하였다.

7　홍우창(洪祐昌): 1819~1888. 1866년(고종 3) 정시 문과에 병과로 급제하여 홍문관 부

○ 초량관(草梁館)의 회답서

귀국에서 수신사를 차견(差遣)하는 일 및 화륜선을 요청하는 일은 모두 우리 조정에 신품(申稟)하지 않을 수 없습니다. 그러므로 오마(尾間) 서기생(書記生)을 도쿄(東京)에 파견하여 되도록 빨리 보고하게 하였습니다. 다만 시일(時日)이 촉박하니 이 점 양해 바랍니다.

메이지(明治) 9년(1876년) 4월 10일

관장대리(館長代理) 인(印)

훈도공(訓導公)께

전보상신(前報上申)

○ 병자(丙子) 4월 22일

태정대신(太政大臣) 산조 사네토미(三條實美)[8] 전(殿) 외무경(外務卿) 데라시마 무네노리(寺島宗則)[9]

수찬, 사간원 헌납을 지내고 1875년(고종 12) 8월 황정연(黃正淵)의 뒤를 이어 동래 부사가 되었다. 1876년 맺은 강화도 조약에 따라, 1877년 부산 주재 일본 관리관 곤도 마스키(近藤眞鋤)와 '부산항 일인 거류지 조계 조약(釜山港日人居留地租界條約)'을 체결하고, 뒤이어 '조일 표류선 취급 협정(朝日漂流船取扱協定)'을 맺어 초량 왜관을 근대적 개항장으로 바꾸는 일에 앞장섰다. 재임 중 수신사 김기수(金綺秀)의 방일, 쓰시마[對馬]의 도서(圖書) 및 공문서 환납, 부산항 일인 거류지 조계 조약 체결 후 일본 선박의 왕래 현황을 조정에 보고하는 등 많은 일을 하였다.

8 산조 사네토미(三條實美): 1837~1891. 일본 메이지시대의 관료. 우대신(右大臣), 태정대신(太政大臣), 내대신(內大臣), 내각총리대신겸임(內閣總理大臣兼任), 귀족원 의원(貴族院議員) 등을 역임한 메이지정부의 최고 수뇌 인물 중 한 명이다. 제1차 수신사의 엔료칸(延遼館) 향응에 참석하였으며, 제2차 수신사로 방일한 김홍집에게 시를 받기도 하였다.

조선국에서 수신사(修信使)가 도래하는 건에 대한 상신(上申)

이번 조선국에서 수신사가 도래하는 건에 대해 해당국 동래 부사(東萊府使)의 구진서(口陳書)와 훈도(訓導)의 조진서(條陳書)를 초량관(草梁館)에 재근하는 외무4등 서기생 야마노조 스케나가(山之城祐長)에게 신청하였음에, 초량관에 근무하는 외무 7등 서기생 오마 게이지(尾間啓次)가 지난 20일 상경할 때 별지에 사원(使員) 성명서 등을 첨부하였으니 이를 상신합니다.

메이지 9년 4월 22일

조진(條陳)[10]

1. 수신사가 승선하는 날짜는, 4월 25일로 정합니다.

1. 귀국에 도착하면 외무경(外務卿)과 외무대승(外務大丞)에 해당하는 우리나라의 예조판서(禮曹判書)와 예조참의(禮曹參議)가 서계(書契)를 가지고 갑니다.

1. 수신사 일행의 인원은 모두 80명입니다.

1. 출발해야 할 시기가 가까운데 수로(水路)는 멀고, 우리나라의 배가 아직 완성되지 못한 데다 또 속도가 느립니다. 일행 및 집물(什物)을 실을 수 있는 화륜선(火輪船) 한 척을 귀국에게 임대하여 타는 것이 편할 것입니다. 이 내용을 귀국 조정에 전달하여, 화륜선 한 척을

---

9 데라시마 무네노리(寺島宗則) :1832~1893. 사쓰마(薩摩) 이즈미군(出水郡) 출신. 난학(蘭學)자이자 외교관이었던 나가노 스케테루(長野祐照)의 차남이며, 마쓰키 고안(松木弘安)이라고도 하였다. 1861년 제1회 막부 유럽사절단에 참가했으며, 1865년 사쓰마번의 영국사절단으로 파견되었다. 메이지유신 이후 외무대보(外務大輔) 등을 거쳐 1873년 외무경이 되어 전신 및 조폐사업, 미국과의 불평등조약 개정에 힘썼고, 1879년 사직하였다.
10 조진(條陳) : 조목조목 진달함.

지휘하여 4월 20일 안으로 부산(釜山)에 보내주신 뒤에야 제때 출발
할 수 있습니다.

1. 배를 임대하는 값은 귀국에서 알려주는 금액을 따라 은자(銀子)로 계
산하겠습니다. 화륜선을 보내 줄 때 그 금액을 문서로 알려주십시오.

1. 사신에 관한 모든 사무는 신중히 하지 않을 수 없습니다. 배를 임대
하여 타게 되면 형편 상 귀국의 선격(船格, 선원(船員))과 함께 동승하
게 될 것이니, 마땅히 아랫사람을 통솔하며 잡인(雜人)의 출입을 막
을 인원이 있어야 합니다.

1. 귀국의 설관(舌官, 역관(譯官)) 몇 명을 동승하여 왕래하게 해야 합니다.

1. 상관(上官)이 일본에 상륙한 뒤에 타게 될 수레와 말은, 간간히 임대
하여 타겠습니다.

1. 수신사 일행이 머물게 될 곳의 지명 및 수로와 육로의 노정(路程)을,
화륜선을 보내 줄 때 문서로 알려주십시오.

1. 수신사 일행의 음식은 저희가 준비할 것인데, 혹 부족한 것이 있으
면 임시로 사들여 장만하겠습니다.

병자 3월 15일

훈도(訓導) 현석운(玄昔運)

수신사(修信使) 예조참의(禮曹參議) 김기수(金綺秀)【정삼품(正三品)】

별견당상(別遣堂上) 가선대부(嘉善大夫) 현석운(玄昔運)【상상관(上上官)】

상판사(上判事) 전참봉(前參奉) 현제순(玄濟舜)【상관(上官)】

부사용(副司勇) 고영희(高永喜)【상관(上官)】

별견한학당상(別遣漢學堂上) 가의대부(嘉義大夫) 이용숙(李容肅)【상
상관(上上官)】

서기(書記) 부사과(副司果) 박영선(朴永善)【상관(上官)】

화원(畵員) 사과(司果) 김용원(金鏞元)【상관(上官)】

군관(軍官) 전낭청(前郞廳) 김문식(金汶植)【상관(上官)】

전판관(前判官) 오현기(吳顯耆)【상관(上官)】

반당(伴倘) 부사과(副司果) 안광묵(安光默)【상관(上官)】

전낭청(前郞廳) 김상필(金相弼)【상관(上官)】

서기(書記) 2명【상관(上官)】

중관(中官) 49명

하관(下官) 18명

우리 조정에서 특명으로 예조참의(禮曹參議) 김기수(金綺秀)를 수신사(修信使)에 제수하였으니, 올해 4월 25일에 배를 타고 출발하여 귀국으로 갈 것입니다. 그러므로 이에 먼저 관계 되는 사항을 조진(條陳)하고 임관서(任官書)를 첨부하니, 모두 즉시 귀국의 조정에 전달 바랍니다.

병자 3월 15일

대조선국(大朝鮮國) 동래 부사(東萊府使) 홍우창(洪祐昌)

귀국에서 수신사를 차견(差遣)하는 것 및 화륜선을 요청하는 일은 모두 우리 조정에 신품(申稟)하지 않을 수 없습니다. 그러므로 오마(尾間) 서기생(書記生)을 도쿄(東京)에 파견하여 되도록 빨리 보고하게 하였습니다. 다만 시일(時日)이 촉박하니 이 점 양해 바랍니다.

메이지 9년 4월 10일

관장대리(館長代理) 인(印)

훈도공(訓導公)께

영함상신(迎艦上申)

병자 4월 24일

태정대신(太政大臣) 산조 사네토미(三條實美) 전(殿) 외무경(外務卿) 데라시마 무네노리(寺島宗則)

조선국 수신사 도래에 대해 영송선(迎送船)과 기타의 건.

이번 조선국에서 수신사(修信使)가 오는데, 저 나라의 배는 조악하여 신속하게 운항하는 것이 어려워 우리나라의 증기선(蒸氣船)을 차용하여 부산포(釜山浦)에서 곧바로 바다를 건너고 싶다고 한다. 여러 비용은 저들 쪽에서 변제하여 의뢰하는 이야기가 있는데, 위 수신사의 건은 지난 번 변리대신(弁理大臣)이 파견되어 양국의 교류를 친밀하게 해서 오게 된 것이니 우리 쪽에서도 친목을 표하고 정중하게 대하여야 할 것이므로 특별히 부산포까지 해군성(海軍省) 부속 운송선(運送船) 한 척으로 영송(迎送)하고, 항해 비용과 선중의 시중도 지급되도록 하고자 여쭙습니다.

메이지 9년 4월 24일

문의가 와서 들었다. 별지대로 내무성(內務省)에 전달하고 내무성과 가급적 협의한다.

메이지 9년 4월 26일

태정대신(太政大臣) 산조 사네토미(三條實美) 인(印)

○

내무성(內務省)

조선국 수신사가 도래함에 영송 기선(迎送汽船) 1척을 부산포(釜山浦)까지 보내고, 해당 성에서 보조하여 차출한다. 또 비용은 외무성(外務省)에서 도맡고 여러 일은 외무성과 가급적 협의한다. 이를 전달합니다.

메이지 9년 4월 26일

태정대신(太政大臣) 산조 사네토미(三條實美)

병자 4월

태정대신(太政大臣) 산조 사네토미(三條實美) 전(殿) 외무경(外務卿) 데라시마 무네노리(寺島宗則)

조선국 수신사(修信使) 영선(迎船)에 의관(醫官) 승선의 건

이번 조선국 수신사 내조(來朝)의 영선으로 우편기선(郵便汽船) 1척이 차출되는데, 해군(海軍) 중군의(中軍醫) 시마다 슈카이(島田修海)가 승선하는 건을 전하고자 합니다. 또 이상은 이미 해군성(海軍省)과 조회한 일입니다. 이에 상신합니다.

메이지 9년 4월 26일

○ 병자 5월

태정대신(太政大臣) 산조 사네토미(三條實美) 전(殿) 외무경(外務卿) 데라시마 무네노리(寺島宗則)

조선국 수신사(修信使) 도래에 대해 기병(騎兵) 경비(警備) 문의

이번 조선국 수신사 도래에 사원[使員, 사행원(使行員)]이 입경할 날, 신바시(新橋) 정거장에서 니시키초(錦町) 여관에 이르는 동안, 또 신사

가 귀국할 때 여관에서 정거장까지의 모두 처음부터 끝까지 2번의 경비로 기병 10기 또는 14, 5기를 사원의 전열(前列)에 비치하고자 하는데에 관련자에 하명되도록 하고자 이에 문의합니다.

문의가 와서 들었다. 별지대로 육군성(陸軍省)에 전달함.

메이지 9년 5월 12일

태정대신(太政大臣) 산조 사네토미(三條實美) 인(印)

육군성(陸軍省)

별지 외무성(外務省) 상신. 조선 수신사 도래에 기병 경비의 건은 주서(朱書)대로 지령하여 기병의 차출을 조치해야 함을 전달합니다.

단, 기수(騎數)의 건은 상신(上申)으로 적절히 조치함.

메이지 9년 5월 12일

태정대신(太政大臣) 산조 사네토미(三條實美)

함내규칙(艦內規則)

○ **병자 4월 26일**

○ 이번 우편선(郵便船) 고류마루(黃龍丸)를 부산포(釜山浦)에 보내어 조선 수신사(修信使)를 영인(迎引)하게 됨은, 조선의 의(義)가 종래 우리 정부와 조격(阻隔)한 정이 있었던 것을 끝내고 지난번 변리대신(辨理大臣)이 파견되어 조약을 체결함으로 그 정실(情實)이 모두 해결되어 신

사가 도래함에 이르렀지만, 원래 의심이 많은 풍속이 있음으로 그에 더하여 양제의 큰 배에 타는 것은 상하 일반이 처음이므로, 모두 안내하지 않으면 선중에서 수·화부 기타 사람들이 조폭한 거동이 있을까 깊이 두려워하고 있다고 전합니다. 물론 고류마루(黃龍丸) 선사 기타 선원이 이상과 같은 거동은 조금도 없을 것이라고 생각하지만 이하의 사항은 만약을 위해서 전달하고자 합니다.

○ 1. 배 안에서 한인과 접할 때는 모두 온화하게 하고, 저들이 잘 몰라서 배의 규칙을 어기고 혹은 운행에 방해가 될 때에는 승선한 역관(譯官)으로 정중하게 그 방해됨을 가르쳐주고 시후(示後)를 경계해 두어야 한다. 만약 또 그들의 질문 등에 이르는 사항은 상세하게 그 이유를 설명해야 한다. 한인이 무례할 때는 승선한 외무성(外務省) 관원에 말하여 그 처분을 구해야 하고 즉시 한인에 강요하는 일은 없게 한다.

○ 1. 이번 한인과 승선한 어용 관리는, 일반의 여러 관원에 이르기까지 음주를 금한다. 만약 마시고 싶은 사람은 자기 방 안에서 몰래 마셔야 한다. 한인에게 배작(盃爵)을 권하는 일 등은 결코 안 된다.

○ 1. 한인에게서 증여품이 있어도 수납해서는 안 된다. 만일 저들이 강하게 기증하고자 한다면 윗사람에게 물어본 후 수납해야 한다.

○ 1. 한인의 짐은 외무성 관원으로 단속, 관리하게 하지만 인원이 과소하여 자연히 조력을 구할 때는 충분히 주의하고, 또 선창(船艙) 등 되도록 짐을 손상하지 않을 장소에 두도록 준비하여야 한다.

○ 1. 부산 출범 시일, 시모노세키(下關), 효고(兵庫)에서 닻을 내리는 등의 건은 외무성 관원과 상의하는 대로 그 사정에 따라야 한다. 그 외 날씨를 가늠하여 배의 진행을 늦추고 서두르는 일은 선사의 권고에 맡긴다. 그러나 가능한 하루라도 서둘러 도쿄(東京)에 안착하도록

주야로 힘을 써야 한다.

○ 대략 위와 같은 건들이 있습니다. 한인에게도 선중 규칙을 별지
와 같이 보여 줄 계획이다. 선중 금주의 건은 출장한 외무관원도 준수
해야 합니다. 그러므로 급히 고류마루 선사에 위의 취지를 하명하고자
합니다.

메이지 9년 4월 26일

모리야마(森山)[11] 외무권대승(外務權大丞)

미야모토(宮本)[12] 외무대승(外務大丞)

마에지마(前島)[13] 역체두(驛遞頭)

---

11 모리야마 시게루(森山茂) : 1842~1919. 나라(奈良) 출신으로, 메이지유신 이후 효고재
판소(兵庫裁判所)에 출사했다. 1869년 외교관 서기가 되었고, 외무성 창립 후 외무소록
(外務少錄)에 임명되었으며, 조선 사정을 조사하기 위해 쓰시마 및 부산에 출장을 갔다.
1872년 외교권한이 쓰시마에서 외무성으로 이관되었다는 취지의 문서를 지니고 조선과
교섭하였으나 실패하였다. 1875년 운요호 사건을 일으켰고, 이듬해 강화도조약이 체결되
도록 앞선 예비회담에서 조선 측을 위협하였다. 관직에서 물러난 후 원로원 의원, 도야마
현(富山縣) 지사, 귀족원 의원 등을 거쳤다.

12 미야모토 고이치(宮本少一) : 1836~1916. 메이지 초기의 외교관으로 이름은 '오카즈'
라고도 읽는다. 주로 메이지유신 이후 일본을 방문한 외국 귀빈을 접대하는 일을 맡았다.
조선과의 관계에서는 강화도 문제 처리와 수호 교섭에 전력을 다해 조일수호조규(朝日修
好條規) 체결에 종사했다. 이후에는 조일통상장정(朝日通商章程)을 조사하는 임무도 수
행한다. 메이지정부의 관료로서 제1차 수신정사 김기수(金綺秀) 및 제2차 수신정사 김홍
집(金弘集)과 나눈 창화시가 남아있다.

13 마에지마 히소카(前島密) : 1835~1919. 일본의 관료이자 정치가로 호는 고소(鴻爪)이
다. 일본 근대 우편제도의 창설자 중 한 명으로, '우편', '우표', '엽서' 등의 명칭을 정하였
다. 그 공적에 따라 '우편제도의 아버지'로 불린다.

병자(丙子) 4월

함내 규칙(艦內規則)

1. 함내(艦內)의 각 방은 상중하(上中下)로 등급이 정해져 있으므로, 마땅히 함장(艦長)의 지시에 따라서 각각 그 방에 들어가야 한다.

1. 함내에서는 촛불 켜는 것을 매우 경계하니, 마땅히 조심하고 주의해야 한다. 담배를 피우는 것 또한 시간과 장소가 정해져 있으므로, 정해진 장소로 가지 않으면 비록 그 시간 안이라도 담배를 피울 수 없으며, 정해진 시간이 아니면 비록 그 장소에 가더라도 담배를 피울 수 없다. 방 안에서 몰래 불씨를 켜 담배를 피우는 것을 엄중하게 금지한다.

1. 실(室)마다 반드시 등(燈)이 있으니 한정된 시간에 소등(消燈)한다. 그러므로 다른 촛불을 가지고 드나드는 것은 또한 엄중하게 금지한다.

1. 함내에 화장실이 설비되어 있으므로, 그 장소에 가지 않고는 함부로 소변을 볼 수 없다.

1. 배 안에서는 함부로 침을 뱉는 것을 금지하니, 반드시 타호(唾壺)나 혹은 배 밖에다가 뱉어야 한다.

1. 세수하고 양치질하는 장소가 있으므로, 일체의 물은 그 곳에서 사용할 것이며, 다른 장소에서 물을 넘치게 하는 것을 금지한다.

1. 수부(水夫)와 화부(火夫)가 배를 운전하는 것은 매우 힘든 일이므로, 너무 가까이 다가가 구경하거나 혹 그물을 펴는 일과 키를 전환하는 일을 방해해서는 안 된다. 혹시 실수로 기관(汽罐)에 닿거나 철쇄(鐵鎖)를 밟아 기계장(器械場)에 딸려 들어가면 몸을 다치게 된다.

1. 갑판 위에서는 크게 말하는 것을 금지하고 함내에서도 저녁에 술시

(戌時, 오후 7시부터 오후 9시까지)가 지나면 또한 그렇게 하니, 시끄러운 소리로 함선(艦船)을 운전하는 호령(號令)을 방해해서는 안 된다.

1. 갑판 위에서는 산보하는 곳을 제한하였으나, 제한한 밖에서는 마음대로 산보할 수 있다.

1. 밥을 먹는 것은 일정한 장소와 시간이 있으므로 반드시 일제히 같이 먹을 것이며, 각자가 자기 마음대로 자리에 나아갈 수 없다. 만약 병이 나서 방 밖으로 나오지 못하는 사람은, 그 사정을 말하고 방에서 밥을 먹어도 무방하다.

1. 함내에서는 승객이 들어오는 것을 허락하지 않는 곳이 있으니, 절대로 강박(强迫)하여 함부로 들어가지 말아야 한다.

1. 가지고 있는 행장(行裝)과 물품은 마땅히 감독원(監督員)에게 맡겨서 보관하도록 해야 한다. 만약 폭발하기 쉬운 화약이나 혹은 취약(脆弱)하여 부패하기 쉬운 물건이 있으면, 그 성질을 자세히 밝혀서 특별히 보관하도록 해야 한다. 다만 조석으로 필요한 물건이라든지, 혹은 앉아 있는 동안에 잠시라도 떠날 수 없는 타포(打包, 행장을 싼 것)와 소롱(小籠, 작은 농)은 방 안에 두어도 무방하다.

1. 회식(會食)할 때 술 마시는 것을 금지한다. 만약 몹시 술을 즐기는 사람이 있으면 방 안에서 누워 잘 때 조금 마시는 것은 무방하다. 만약 술주정을 부려 떠들고 시끄럽게 하여 규정을 어긴 사람이 있으면 범금(犯禁)으로써 논죄한다.

이것은 선객(船客)이 준수할 금지 규례인데, 사군자(士君子)는 한 번 보고도 알 수 있으므로 감히 위반하는 일이 없을 것이다. 하지만 그 복례(僕隸)들은 이것을 게시하여 엄절히 경계하지 않을 수 없다. 이에 번역(飜譯)하고 기술(記述)하여 고하여 감히 여러 군자들을 번거롭게

함은, 정녕(丁寧)히 경계하여 한 배의 근심을 미리 방지하려는 것이다.

메이지 9년 4월 모(某)일

○

　제1조. 화륜선 고류마루(黃龍號)를 귀국 수신사(修信使)가 항해하는데 제공합니다. 석탄 및 여러 비용은 모두 우리 정부에서 마련할 것이니, 수신사께서는 고임(雇賃)을 지불할 필요가 없습니다.

　제2조. 본성[本省, 외무성(外務省)]은 외무소보(外務少保) 미즈노 세이이치(水野誠一)[14]와 7등 서기생 오마 게이지(尾間啓治)[15]를 파견하여, 수신사 일행의 여항 사무(旅航事務)를 맡도록 하였습니다.

　제3조. 외무 육간대청등(六等) 서기생 아라카와 도쿠시게(荒川德滋)[16], 동(同) 나카노 교타로(中野許多郎)[17] 및 생도(生徒) 11명은 통역과 연접(延

---

14 미즈노 세이이치(水野誠一) : ?~?. 메이지시대의 외무성 관리. 제1차 수신사가 일본에 건너 갔을 때 부산포(釜山浦)에서 영접하여 배를 같이 타고 요코하마(橫濱)까지 동행하였다. 김기수(金綺秀)는 그의 모습을 "외무성 관리로 있었는데, 나이는 20여 세 가량 되었고 얼굴은 희고 예쁘며, 눈매는 가늘고 항상 부끄러움을 타는 듯한 모습을 띠고 있었다"고 기록하였다.

15 오마 게이지(尾間啓治) : ?~?. 메이지시대의 외무성 관리. 1876년 제1차 수신사 김기수(金綺秀) 일행이 일본에 파견되었을 때, 부산까지 와서 영접하였으며, 귀국할 때 외무성 호송관(護送官)으로서 부산까지 수행하였다.

16 아라카와 도쿠시게(荒川德滋) : ?~?. 메이지시대의 통역관(通譯官), 외무성 서기관. 1875년 12월 외무6등서기생(外務六等書記生)으로서 조선에 파견된 사절에 참가하였다. 1876년 제1차 수신사 김기수(金綺秀)가 일본에 파견되었을 때 통역관(通譯官)으로 부산에서 수신사를 영접하고 귀국할 때도 쓰시마까지 수행하였다.

17 나카노 교타로(中野許多郎) : ?~?. 中野許太郎로도 표기되었다. 메이지시대의 관리. 1875년 12월 외무성 육등서기생(六等書記生)으로서 조선에 파견된 사절에 참가하였다. 1876년 제1차 수신사 김기수(金綺秀)가 일본에 파견되었을 때, 부산까지 와서 수신사를 영접하고, 귀국할 때 부산까지 수행하였다. 1891년 부산허서방(釜山許書房)에서 출판된 기초 일본어 학습서 『일어공부(日語工夫)』를 저술하였다.

接)하는 사무를 맡도록 하였습니다.

제4조. 여관은 도쿄 제4다이쿠(大區) 니시키가(錦街) 제2가(街) 제1번
지에 마련되어 있는데, 지금 미리 관도(館圖) 1매(枚)를 부송합니다.

제5조. 선내(船內)의 주찬(廚饌) 일체는 우리가 공급할 것입니다. 그
래서 선내(船內)의 한 부엌에서 취사를 같이할 것이므로, 그 비용은 주
인과 손님 중 누가 부담해야 될지는 분간하기가 어려우니, 귀하께서는
염려하실 것 없습니다.

제6조. 군의원(軍醫員) 1명이 선내에 있습니다.

제7조. 배가 시모노세키(下關)와 효고(兵庫)의 두 항구에 도착하면 몇
시간동안 정박하여 피곤한 선객(船客)을 쉬게 할 것입니다. 이때 육지
에 올라가 산보도 하고, 혹은 여관에 투숙하여 목욕도 하고, 머리도 빗
고 휴양할 수 있도록 모두 준비되어 있습니다.

제8조. 배가 요코하마항(橫濱港)에서 상륙하여 기차를 타고 도쿄(東
京)로 갈 것인데, 해당 항구에 도착하면 별도로 외무 관원이 있어 수신
사의 입경(入京) 행차에 전도(前導)할 것입니다.

(한역문 번역 생략)

시괘위죄목(示詿違罪目)

○ **병자 5월**

　○ 양력(陽曆) 4월 10일에 귀국 동래부사(東萊府使) 홍공(洪公)의 병자
(丙子) 3월 15일 단간(單簡)과 현 훈도(玄訓導)의 조진서(條陳書)를 접수

하였습니다. 지금 귀국이 수신사(修信使)를 우리나라에 파견하기 위하여 우리 화륜선을 빌려 쓰고자 하므로, 이에 본관(本館)에 있는 오마(尾間) 서기생(書記生)으로 하여금 귀서(貴書)를 가지고 급히 도쿄(東京)에 가서 우리 조정(朝廷)에 전계(轉啓)토록 하였습니다. 조정에서는 귀국에서 속히 이 거조(擧措)가 있음을 기뻐하여 즉시 화륜선 1척에 접반 외무관원(接伴外務官員) 몇 명을 태워 보내 오늘 이미 이 항구(港口)에 도착하였습니다. 그러니 귀국 수신사가 출발하는 일시는 편리한 대로 정하면 됩니다. 선중(船中)에서 지내는 것 및 도쿄에 있는 동안의 여관(旅館) 등 여러 사항의 모든 수요(需要)는 별지의 서간(書簡)에 상세히 기록되어 있으니, 귀하께서는 염려하지 마십시오. 삼가 아룁니다.

대일본(大日本) 부산(釜山) 공관장 대리(公館長代理)

메이지 9년 병자 5월 14일

외무 사등(四等) 서기생 야마노조 스케나가(山之城祐長)

괘위죄목(詿違罪目)

1. 비좁고 작은 길에서 수레를 타고 말을 달리는 자.
1. 밤중에 등불이 없이 수레를 끌거나, 또는 말을 타는 자.
1. 상황을 헤아리지 않고 빠르게 수레와 말을 몰거나, 행인에게 장애가 되게 하는 자.
1. 인력거를 끄는 자가 억지로 타기를 권하거나, 또 말이 지나친 자.
1. 마차와 인력거, 짐차[卜車]를 사람이 왕래하는 곳에 놓아두어서 행인을 방해하거나, 또는 소나 말을 길거리에 아무렇게나 두어 행인을 방해하는 자.
1. 왕래하는 곳에 새 또는 짐승의 죽은 시체, 혹은 더러운 물건을 버리

는 자.

1. 목욕업(沐浴業)을 생업(生業)으로 삼으면서 호구(戶口)를 열어놓거나, 혹 다락 위에 발[簾]을 드리우지 않는 자.

1. 가옥(家屋) 앞의 소제(掃除)를 태만히 하거나, 혹은 더러운 물이 고여 있게 하는 자.

1. 부인(婦人)으로서 까닭 없이 단발(斷髮)하는 자.

1. 짐수레 및 인력거가 모여들 때, 행인을 방해하는 자.

1. 대소변(大小便)을 소제할 때 분통(糞桶)을 덮지 않고 운반하는 자.

1. 여관업(旅館業)을 생업으로 삼으면서 유숙(留宿)한 사람의 이름을 기록하지 않거나, 혹은 보고하지 않는 자.

1. 거리의 호찰(號札) 및 인가(人家)의 번호나 성명표(姓名票) 및 그것을 표시한 초패[招牌, 간판(看板)]를 파손하는 자.

1. 시끄럽게 떠들며 쟁론(爭論)하거나 남의 자유를 방해하는 자 또는 놀라게 하고 시끄럽게 하는 자에게 호응한 자.

1. 장난으로 거리에 항상 켜 놓아야 하는 등(燈)을 끄는 자.

1. 소홀히 하여 남에게 더러운 물건이나 돌조각 등이 튀어가게 하는 자.

1. 화초가 심겨 있어 길이 없는 전원(田園)을 통행하거나 또 소나 말을 끌고 들어가는 자.

1. 사람이 왕래하는 도로에서 변소가 아닌 곳에 오줌을 누는 자.

1. 문 앞에서 사람들이 왕래하는 곳을 향하여 어린이들로 하여금 대소변을 보게 하는 자.

1. 짐수레 및 인력거를 나란히 끌어서 통행을 방해하는 자.

1. 소나 말을 잘못 풀어 놓아 남의 집으로 들어가게 하는 자.

1. 투견(鬪犬)을 부리거나, 장난으로 투견으로 하여금 남을 물게 하는 자.

1. 큰 연(鳶)을 띄워서, 방해가 되게 하는 자.
1. 술에 취해서 장난으로 수레나 말의 왕래를 방해하는 자.
1. 창문을 활짝 열거나 담 위로 올라가서, 얼굴만 내놓고 행인을 내려 다보고 또 조롱하는 자.
1. 3척(尺) 이상의 긴 끈으로 말을 끄는 자.
1. 유원지 및 길가의 꽃나무를 꺾거나, 식물을 해치는 자.
1. 도로 및 인가(人家)에서 억지로 돈을 구걸하거나 강제로 물건을 파 는 자.

신사동반지령(信使同伴指令)

병자 4월 21일

외무 6등 서기생 나카노 교타로(中野許多郎)

조선국(朝鮮國) 수신사(修信使) 내조(來朝)에 영선(迎船)을 타고 출경 하기를 분부함.

메이지 9년 4월 21일

외무성(外務省)

병자 4월 26일

요시조에 기하치로(吉副喜八郎)

나카무라 쇼지로(中村庄次郎)

요시무라 헤이시로(吉村平四郎)

아사야마 겐조(淺山顯藏)[18]

구로이와 기요미(黑岩清美)

다케다 진타로(武田甚太郎)

다케다 구니타로(武田邦太郎)[19]

아비루 유사쿠(阿比留祐作)

오이시 마타사부로(大石又三郎)

쓰에 나오스케(津江直助)

스미나가 슈조(住永琇三)[20]

조선국(朝鮮國) 수신사(修信使) 내조(來朝)에 대해 동반하여 출경하길

---

18 아사야마 겐조(淺山顯藏) : ?~?. 메이지시대의 관료. 쓰시마 출신으로 1876년 조일수호조규에 따라 조선이 개항하였을 때 군산(群山) 영사관의 영사가 되었다. 오랫동안 조선과의 상업 활동에 종사했던 쓰시마 출신자들은 아사야마 겐조(淺山顯藏)를 중심으로 군산의 거류지에서 주도권을 장악하였다. 1881년 4월 3일 조사시찰단(朝士視察團) 일행이 일본으로 건너가기 전 부산에서 부산포영사 곤도 마스키(近藤眞鋤)·가이즈 미쓰오(海津三雄)·우에노 가게노리(上野景範)·다케다 구니타로(武田邦太郎)와 함께 조사시찰단 일행을 찾아가 담화를 나누었다.

19 다케다 구니타로(武田邦太郎) : ?~?. 메이지시대의 통역관. 1881년 3월 29일 조사시찰단(朝士視察團) 일행이 일본으로 건너가기 전, 부산포영사 곤도 마스키(近藤眞鋤)는 다케다 구니타로(武田邦太郎)를 보내서 수행원들과 명함을 교환하였다. 또한 4월 3일 조사시찰단 일행이 부산에 모였을 때, 부산포영사 곤도 마스키·가이즈 미쓰오(海津三雄)·아사야마 겐조(淺山顯藏)·우에노 가게노리(上野景範)와 함께 조사시찰단 일행을 찾아가 담화를 나누었다. 1881년 4월 8일 조사시찰단 일행이 안네이마루(安寧丸)를 타고 나가사키항(長崎港)으로 건너갔을 때 통역관으로 수행하였다.

20 스미나가 슈조(住永琇三) : ?~?. 메이지시대의 외부성 번역관(翻譯官). 1881년 5월 7일 조사시찰단(朝士視察團) 일행이 관세국장 하치스카 모치아키(蜂須賀茂韶)를 만나 해관사무(海關事務)에 관해서 문답했을 때 번역관(翻譯官)으로 동행하였다. 1882년 9월 2일 임오군란의 사후 수습을 협의하기 위한 특명 전권대신 겸 수신사 박영효(朴泳孝) 일행이 요코하마(橫濱)에 도착하였을 때, 외무성 판임어용괘(判任御用掛)로 있었고, 그들을 맞이하여 대화를 나누었다. 11월 14일 그에게 미선(尾扇) 2자루와 명주 3필을 보냈다고 기록되어 있다. 외무성기록에는 외무성 번역관보(翻譯官補)로 기록되어 있다.

분부함.

메이지 9년 4월 26일

외무성(外務省)

여관상신(旅館上申)

○ 조선국(朝鮮國) 수신사(修信使) 여관(旅館)의 건 상신(上申)

이번 조선국에서 수신사가 도래함에 대해 제4다이쿠 1쇼쿠(小區) 간다(神田) 니시키초(錦町) 2초메 1번지를 위 신사의 여관으로 준비하고 주류함을 상신합니다.

메이지 9년 5월 12일

외무경(外務卿) 데라시마 무네노리(寺島宗則)

태정대신(太政大臣) 산조 사네토미(三條實美) 전(殿)

항한필휴(航韓必携) 권2

표목

○ 착경상신(着京上申)

○ 수신사 일행 열명(列名)

○ 영접관 복명(復命)

○ 영접절차(迎引次第)

○ 영접관 주의사항

○ 여관 업무

착경상신(着京上申)

병자년 5월 27일

○ 태정대신(太政大臣) 산조 사네토미(三條實美) 전(殿) 외무경(外務卿) 데라시마 무네노리(寺島宗則)

○ 조선국 수신사(修信使) 착경의 건 상신(上申)

조선국 수신사가 그제 25일 오후 12시 고베항(神戸港)에 도착. 오늘

27일 오전 6시 고베항을 떠나 모레 29일 오전 6시 요코하마(橫濱)에 입
항할 예정이라는 전보가 왔습니다. 이를 상신합니다.

메이지 9년 5월 27일

수신사(修信使) 일행 열명(列名)

○ 조선국 수신사 일행 성명(姓名)

수신사 예조참의(禮曹參議) 김기수(金綺秀)【정삼품(正三品)】

별견당상 가선대부(嘉善大夫) 현석운(玄昔運)【상상관(上上官)】

상판사(上判事) 전참봉(前參奉) 현제순(玄濟舜)【상관(上官)】

부사용(副司勇) 고영희(高永喜)【상관(上官)】

별견한학당상(別遣漢學堂上) 가의대부(嘉義大夫) 이용숙(李容肅)【상
상관(上上官)】

서기(書記) 부사과(副司果) 박영선(朴永善)【상관(上官)】

화원(畵員) 사과(司果) 김용원(金鏞元)【상관(上官)】

군관 전 낭청(郎廳) 김문식(金汶植)【상관(上官)】

전 판관 오현기(吳顯耆)【상관(上官)】

반당(伴倘) 부사과(副司果) 안광묵(安光默)【상관(上官)】

전낭청(前郎廳) 김상필(金尙弼)【상관(上官)】

예단직(禮單直) 노명대(盧命大)【차관(次官)】

사노자(使奴子) 한금(漢金)【중관(中官)】

한갑(漢甲)【중관(中官)】

일행 중 노자 11명. 【열명(列名)은 끝에 보인다. 중관(中官)】

향서기(卿書記) 김한규(金漢奎) 【차관(次官)】

변택호(邊宅浩) 【차관(次官)】

강익수(姜益洙) 【차관(次官)】

통인(通引) 홍치조(洪致肇) 【중관(中官)】

박영호(朴永浩) 【중관(中官)】

소동(小童) 박문찬(朴文燦) 【중관(中官)】

이장호(李章昊) 【중관(中官)】

통사(通事) 김복규(金福奎) 【중관(中官)】

김응기(金應祺) 【중관(中官)】

박기종(朴淇宗) 【중관(中官)】

김채길(金采吉) 【중관(中官)】

급창(及唱) 노비 득이(得尹)

금석(今石)

도척(刀尺) 노비 장오(章五)

경오(敬五)

일산직(日傘直) 노비 학이(鶴伊)

절월수(節鉞手) 박일성(朴日成)

조문철(趙文哲)

순령수(巡令手) 진업이(陳業伊)

박정봉(朴正奉)

나팔수(喇叭手) 박화준(朴化俊)

양치우(梁致雨)

후배사령(後陪使令) 김이종(金以宗)[1]

김명식(金明植)

박용안(朴用安)

강광운(姜光雲)

건량마두(乾糧馬頭) 김홍기(金弘基)

주방사환(廚房使喚) 방성옥(方成玉)

박동이(朴同伊)

이종이(李宗伊)

김대업(金大業)

송만종(宋萬宗)

윤계안(尹桂安)

김성신(金性信)

숙수(熟手) 박영오(朴永五)

악공(樂工) 이운이(李云伊)

박협이(朴俠伊)

유상용(柳尚用)

진장명(陳長命)

이종명(李鐘明)

김불이(金弗伊)

교군(轎軍) 10명

김도명(金道明)

서계화(徐啓化)

변영집(邊永執)

---

1 원문에는 奎以宗으로 표기되었으나 문맥에 따라 "金"으로 고친다.

김광포(金光甫)

김사현(金士賢)

김덕이(金德伊)

홍성락(洪聖洛)

이평심(李平心)

조원묵(趙元默)

박손검(朴孫儉)

일행 노비 11명

한중록(韓仲祿)

유영운(劉永云)

작손이(雀孫伊)

장한길(張漢吉)

장한오(張漢五)

이길이(李吉伊)

김경석(金景石)

이복이(李福伊)

홍석이(洪昔伊)

창순득(倉順得)

김순득(金順得)

○ 영접관 복명(復命)

복명서(復命書)

○ 신사 착발의 순서

메이지 9년 4월 29일 요코하마에서 우편선 겐카이마루(玄海丸)를 타고 출발하여 4월 30일 오전 2시 고베항(神戶港)에 도착한 후, 즉시 현령(縣令)에의 공서(公書)를 갖고 현청에 나아가 현령을 만나 신사(信使) 방문의 건을 세세하게 말했다. 그로부터 주임(主任) 관원에게 여관 설치 방법 등을 여러 번 문의한 끝에 가이간도오리(海岸通り)의 무역회사를 빌리기로 정하고, 취사 등을 미리 이야기하여 정하여 놓았습니다. 고류마루(黃龍丸)는 오사카(大阪)에서 회함(回艦)이 늦어졌기에 미쓰비시(三菱) 사원에게 문의하니, 오사카의 강어귀에서 연일 풍랑으로 적미(積米)의 양륙이 연체되고 또 종래(從來)에 승선한 외국인과 교환 기관사 연착 등의 사정을 말하는 동안, 차차 지연 기일을 늘리는 모양으로 사정이 좋지 않아 미즈노(水野) 소록(少錄), 아라카와(荒川) 서기생(書記生), 오마(尾間) 서기생 5월 5일 오사카에 출장하여 고류마루 선내를 일람하였더니, 원래 이 배는 정시에 발항하는 우편선이 아니라, 임시 회선의 짐을 주로 취급하기에 중갑판 밑은 주로 플로어가 없고, 80여 인원을 다 실을 수 없기에 쌀의 양륙 중에 선반, 방을 만들고 흡연실 두 곳 및 결품 준비 방법 등을 선장(船長)과 회계 주무(會計主務)에게 상담하고, 식사를 준비하는 사람을 임시로 4인을 고용하는 일 등을 일일이 이야기하고, 당일 고베에 돌아갔습니다. 5월 7일 오후 6시 고류마루가 고베에 입항했습니다. 7일 역체료(驛遞寮)에서 승선한 권대속 고스기

마사미(小杉雅三)와 면회 중 돛대, 호기의 일과 선중 단속의 건에 대해
충분히 논의함. 그로부터 선중에 조그만 수리도 낙성(落成)하고, 밸러
스트 탑재 등을 행하여 10일 오후부터 원래부터 고베에서 산 식료물품
등을 모두 탑재하고, 같은 날 밤 12시 고베를 발묘하여 5월 12일 오전
8시 시모노세키(下關)에 착항하였고, 즉시 상륙하였는데 현관(縣官)이
출장하지 않았기에 구장(區長) 이노우에 야스노부(井上保申)에게 물어
야마구치(山口) 현령에 공서를 보내는 방법을 이야기하였습니다. 수신
사(修信使) 도래의 건과 취급 등을 묻고 여관은 해안 동쪽의 호소에초
(細江町)의 에이후쿠지(永福寺)로 정하여 식사준비나 작은 배의 상황 등
을 이야기하였습니다. 그날 오후 4시 시모노세키를 발묘하여 13일 오
전 8시 조선 부산포(釜山浦)에 도착하여 즉시 상륙하고, 공관에 가서
야마노조(山之城) 4등 서기생 이하 일동과 만나 공신서류(公信書類)를
전달. 미리 미야모토(宮本) 대승전으로부터 들은 생도 출경(出京)의 건
에 대해 소상히 이야기하였는데, 야마노조 서기생이 괜찮다고 하는 뜻
을 전하고, 그가 일동에 출경 전달서를 전하였습니다. 그날 훈도(訓導)
현석운(玄昔運)이 내관하도록 통달하였습니다. 다음날 14일 훈도 현석
운이 내관하여 상의함. 상세한 대화서가 있으나 여기서는 생략합니다.
17일 훈도 현석운이 다시 와서 상의함. 이전과 같음. 이날 훈도 현석운
이 영접관 일동과 고스기 역체권대속(驛遞權大屬), 선장 도리타니 다모
쓰(鳥谷保)에게 주효를 주었습니다. 중의(衆議)로 받은 답례로서 문지
(紋紙) 200옆의 애일루문(愛日樓文) 1부를 주었습니다.

　19일부터 22일 오전까지 수신사 일행의 크고 작은 짐 616개를 실어
넣었고 그날에 영접관(迎接官) 및 부속 생도 등의 비율 출장 단속을 하
였습니다. 5월 18일과 17일 응접의 때 받은 동래부사(東萊府使)로부터

의 증물인 주효(酒肴), 현석운 수한(手翰)을 부쳐서 보내준 그 물품은 북어 70연, 계란 50개, 소주 2병이다. 수납한 뒤에 절반을 고류마루(黃龍丸)에 나누어 보냈습니다.

21일 훈도 현석운과 상판사 고영희(高永喜)가 내관하여 즉시 고류마루에 가서 방의 비율을 그들의 형편대로 고치고 신사(信使)의 방은 상방(上房)으로 제(題)했습니다. 상관의 분은 관성(官姓)을 썼습니다. 미즈노 소록, 아라카와 서기생, 오마 서기생도 지켜보고 있었지만, 대부분이 2차례의 응접과 중복되고, 나머지는 잡담뿐이므로 쓰지 않았습니다. 22일 오후 2시 수신사 일행 76명이 상선했습니다. 함중 객석에서 미즈노 소록, 나카노 서기생, 오마 서기생, 시마다 중군의, 소스기 역체권대속이 면알하였습니다. 아라카와 서기생, 선장 도리타니 다모쓰는 갑판에 나중 나갔습니다.

> 수신사(修信使) 왈 : 이번에 먼 바다를 넘어 우리들을 영접하기 위해 출장해 주시니 후의에 감사합니다.
> 미즈노 소록(水野少錄) 왈 : 수신사로서 우리나라에 와주시니 노고에 감사합니다.

이상이 끝나고, 각자 그 방에 돌아가 휴식하였습니다. 오후 4시 부산을 발묘하였습니다. 23일 오전 7시 40분 시모노세키(下關)에 도착하여 잠시 후 상륙. 여관인 에이후쿠지(永福寺)에 들어갔습니다. 다카시마(高島) 야마구치현(山口縣) 13등 출사, 가네쓰네(兼常) 2등 경부, 노이치(能一) 3등 경부, 순사 20인이 야마구치 현에서 출장하여 여관 경위(警衛) 등 엄하게 하였습니다. 또 육상에서 밤에 묵는 것은 하지 않을 예정이라고 전하니, 일행들이 배가 익숙하지 않아 대단히 곤란하고 지금 오히려 기분이 평상시대로 회복되지 않았습니다. 겸하여 오늘 밤은 반드시 육상에서 1박의 노고를 위로하고 싶다고 하는데, 정박한 배는 동요하지 않으니 육지와 다를 것이 없고 지금부터 세토나이(瀨戶內)는 바다 물결이 온화할 것이고 또 외무성에서는 조금이라도 빨리 착경(着京)하도록 자주 전신(電信)도 도착하고, 출발 일시가 다르기에 그 제반 수순이 어긋나고 형편이 좋지 않은 뜻을 타일렀지만, 듣지 않고 긴히 요청하니 어쩔 수 없었습니다. 이에 이를 본성에 전보(電報)하고 그들의 뜻에 따라 에이후쿠지(永福寺)에서 1박하였습니다.

다음날 24일 오후 4시 시모노세키(下關)를 발묘했습니다. 시모노세키 체류 중 수신사가 동래부사(東萊府使)에 서장 전하는 법을 의뢰하여 나가사키(長崎) 현령에게 조회하고 야마노조(山之城) 서기생의 손을 거쳐 도달하도록 조치함. 체재 중 요리, 다과는 우리 측에서 준비하여 깊이 감사해 했습니다. 25일 밤 12시 고베에 도착하여, 26일 오전 7시 30분 수신사 이하 일동이 상륙하고 겸하여 준비한 여관인 무역회사에 들어갔습니다. 고베 시중의 인민이 수신사 안착을 축하하고자 과실을 큰 바구니에 넣어 하나 드리고 싶다고 하여 현관(縣官) 아베 세이이치(阿部誠一)의 소개로 드리고 현석운(玄昔運)에게 말하였습니다. 피로(披露)하는데 편지를 받으니 깊이 감사하다는 말이 있었습니다.

사카이(彭城) 효고현(兵庫縣) 대속(大屬)이 출두하였습니다. 겸하여 현령이 방문할 필요는 없다는 지시가 있었지만, 지금 동맹국의 사절이 우리 관할지에 체류함에 방문하지 않는 것은 어쩐지 불안하기에 지시를 참작하여 대신하여 사카이(彭城) 대속이 차출함을 이야기하였습니다. 현석운이 피로하여 신사를 면알하였습니다. 답례로 상판사(上判事)

현제순(玄濟舜)이 현청에 출두하였습니다.

역관(譯官) 나카노 서기생은 출장함. 낮 동안은 시중 일반 국기(國旗)를 걸고, 밤에는 길가에 홍등(紅燈)을 걸어 장관을 이루었습니다. 현관이 주의하여 여러 가지가 크고 알맞아 수신사도 향응(饗應)의 후의에 감사하였습니다. 당일 오후 5시 승선하여 다음날 27일 오전 6시 고베를 발묘. 이때 동래부사에의 서장 전달 의뢰에 대해 종전의 규정대로 처리, 또 위 등의 비용은 그들이 지불해야 한다는 뜻을 전하였기에 비용을 낸 뒤에 상의하고 싶다고 했습니다. 29일 오전 4시 요코하마(橫濱) 착항. 8시 상륙. 회의소에 들어가 휴식. 10시 45분 기차 편으로 출경. 곧바로 니시키초의 여관에 들어간 때가 1시 반이었습니다. 고류마루는 바로 시나가와(品川)로 회선하였습니다. 이날 중 짐은 작은 배로 옮기고 간다교(神田橋) 아래까지 운송하였습니다. 다음날 30일 바로 여관에 운반하였고 여러 용무가 끝났습니다. 이에 복명합니다.

메이지 9년 5월

외무소록(外務少錄) 미즈노 세이이치(水野誠一)

외무 6등 서기생(書記生) 아라카와 도쿠시게(荒川德滋)

외무 7등 서기생 나카노 교타로(中野許多郎)

외무 7등 서기생 오마 게이지(尾間啓治)

영접절차(迎引次第)

병자 5월

○ 수신사 영접 수속서

(생략)

1. 효고(兵庫)에서의 전보에 따라 당일 또는 전날 영접관원(迎接官員) 판임(判任) 및 통변(通辨)을 요코하마(橫濱)에 출장시켜 신사를 기다리게 한다.

1. 사원 일행 상륙의 때, 소기선(小汽船) 1척과 마차 1량을 준비하고 인력거(人力車) 다수를 준비하도록 유의한다.

   단, 우천시에는 상관(上官) 이상은 우산을 쓰도록 준비하고, 중관(中官) 이하는 모두 관립(管笠)이나 갓파(合羽)를 준비한다.

1. 사선(使船)이 입항하면 일단 본성에 전보하고, 영접관 2명은 소기선(小汽船)으로 사선에 가서 먼 길 무사함을 축하하고 영접의 뜻을 말하여 상륙 후 입경과 여관까지의 통행 수속을 상의하고 1명은 상륙하여 마차를 부두에 차출하고, 그 순서를 다시 본성에 전보하여 신바시(新橋) 정류소의 차마(車馬) 준비 편에 제공한다.

1. 사원의 상륙은, 신사(信使) 및 상상관(上上官)까지 도합 3명은 마차(馬車)로, 상관(上官)은 인력거(人力車)에 태우고 휴게소(休憩所)로 유인한다.

   단, 강우(强雨)의 때는 상륙을 연기한다.

1. 휴게소는 마을회관[町會所]으로 한다.

1. 상륙 전 선중에서 음식을 먹게 하고, 휴게소에서는 오직 다과만을

준비해두도록 유의한다.

1. 사전에 철도료(鐵道寮)에 협의하여 신사 일행은 차실을 전부 빌려 상경한다. 단, 신사 및 상상관은 상등에, 상관은 중등에, 중관하관은 하등의 차실에 태운다. 발차 전 몇 시에 승차할지를 본성에 전보한다.

   단, 요코하마(橫濱) 스테이션 내에 잠시 휴식소를 마련한다.

1. 신사 일행의 짐은 요코하마에서 기차로 여관에 보낸다. 또 소지품은 신사의 승차와 함께하고 기타는 후차부터 편의대로 운반해도 관계없다.【부찰(附札)】짐 육양(陸揚)의 전후도 있지만 신사보다 전의 기차로 보내려고 한다. 또 그 경우 상황에 따라 주의해야 한다.

1. 신바시(新橋) 정거장에 휴게소를 마련하여, 신사가 도착하면 그곳으로 인도한다. 본성에서 다시 여관에 유도하기 위해 영접관 판임(判任)을 파견한다. 오늘 그곳에 준비된 차마(車馬)는 이하와 같다.

   마차 1량(輛)

   위는 신사 및 우리 영접관원(迎接官員)과 통변(通辯) 총 3명

   마차 1량(輛)

   위는 상상관(上上官) 상판사(上判事) 3명과 우리 통변(通辯) 총 4명

   마차 1량(輛)

   위는 상관(上官) 4명과 우리 통변(通辯) 총 5명

   【그 외】마차 1량(輛)

   탈 말(乘馬) 5필(疋)

   위는 상관(上官), 군관(軍官)용

   단, 차마의 준비는 시모노세키(下關) 및 고베(神戸)에서의 전보에 의한 것으로, 중관(中官) 이하가 승차할지 보행할지는 타협하는 상황

에 따른다.

1. 신사의 경비로 기병(騎兵) 1소대를 행렬의 전열(前列)에 준비한다.

   단, 육군성(陸軍省)에 알려 둔다.

   한인 80인 중에 복장이 다른 자가 있을 것이니 알아본다.

1. 신사 입경(入京)의 날은 여관까지의 통행순로서(通行順路書)를 첨부
   하여 도쿄부(東京府) 및 경시청(警視廳)과 알려서 사원 통행의 때에
   이상이 없도록 주의해야 한다.

1. 지나는 길은 정거장을 나와 신바시(新橋)를 건너, 혼고쿠초(本石町)
   에 가서 오른쪽으로 돌아 가마쿠라가시(鎌倉川岸)를 나와 간다바시
   (神田橋) 앞에서 여관에 들어간다.

1. 신사 여관에 도착하면 위로로 접대관(接待官)【주임(奏任)】이 와서 방
   문한다.

1. 이미 여관에 들어가 오쿠쇼인(奧書院)에서 다과(茶菓)를 드리고 영접
   관(迎接官)이 일행에게 각방을 배부한다.

   단, 따로 여관 단속 규칙을 만들어 이를 부여한다.

1. 영접관(迎接官)이 외무성(外務省)에 신사의 출원(出願) 일시를 정하여
   【도착 다음날 혹은 다다음날을 넘기지 않는다.】본성에 진언한다.

   단, 외무경(外務卿) 이하는 평복으로 접견하게 되는데, 따로 저들에
   게 알릴 필요는 없다. 저들이 관련 문의를 하면 영접관이 그 이유를
   전한다.

1. 여관에 출근하는 영접관원과 고용인에 이르기까지 대략 다음과
   같다.

   판임(判任) 3명

   판임 통변(通弁) 3명

생도(生徒) 11명

등외리(等外吏) 2명

소견(小遣) 2명

고용인 10명

【부찰(附札)】

이 인원 배치는 준비하고 있었던 것과는 별개로 인원을 배치한다.

1. 며칠에 약속처럼 아침 몇 시 마차를 보내 신사를 본성에 유도한다. 또 본일은 상상관(上上官) 이하가 차마(車馬)를 사용할지 보행을 할지 전일에 미리 협의하고 그 준비를 한다. 노정은 간다바시(神田橋)를 건너 우측으로 내무성(內務省) 앞을 지나 다쓰노구치(龍ノ口)부터 히비야(日比谷)를 지나 호리바타(堀端)를 지나고 사쿠라다몬(櫻田門)에서 다시 돌아 본성 앞으로 나아간다.

1. 본성에 오면 신사(信使) 및 상관(上官)은 본현관(本玄關)으로 오르게 하여 휴게소로 유인한다. 단, 군관(軍官) 및 악인(樂人) 등은 문안에 있게 하고, 중관(中官)으로 신사(信使)를 따르는 자는 내현관(內玄關)으로 오르게 하여 따로 그 휴게소를 마련한다.

1. 경보(卿輔)를 비롯하여 대승(大丞)을 면알하는 자리에 반열(班列)하면 영접관원이 신사를 인도하여 그 자리에 나아가, 신사로 즉시 예조판서(禮曹判書)의 서한(書簡)을 외무경(外務卿)에, 참판(參判)의 서한(書簡)을 대승(大丞)에게 차출하도록 한다.

단, 그때 신사를 수행하는 자는 상상관(上上官) 2명 및 상판사(上判事)만으로 한다.

1. 외무경(外務卿) 및 대승(大丞)은 서간(書簡)을 수취하고 인사한 뒤 퇴석한다. 또 신사를 휴게소로 물러나게 하고 차를 드린다. 영접괘(迎

接掛) 대승(大丞)이 그 자리에 와서 먼 길의 수고를 말하고 귀관시킨다.
단, 귀로는 행렬전과 같이 노정은 본성에서 사쿠라다몬(櫻田門)을
들어가 두 마루시타(丸下)를 지나 와다쿠라몬(和田倉門)을 나와 대장
성(大藏省) 뒷문 앞을 지나 간다바시(神田橋)를 건너 여관에 들어간다.

1. 신사가 출성(出省)한 다음날 영접괘 대승은 그 여관에 가서 답례를
한다.

1. 외무성에 신사가 출원을 할 때는 상황에 따라 늦어질 수 있다. 외무
경보(外務卿輔) 댁에 가서 인사한다. 또 양 대신(大臣) 및 각 성(省)·
사(使)·장(長)·관(官) 택에 신사가 출원하여 명함을 낸다.

【부찰(附札)】

양 대신(大臣), 여러 성(省)의 장관(長官), 외무보(外務輔)에

단, 이는 영접관(迎接官)으로 적당하게 조치하고, 또 엔료칸(延遼館)[2]
에서 향응(饗應)이 있기 전에 실행시킬 필요가 있다.

1. 며칠째 엔료칸(延遼館)에서 신사 및 상상관 향응이 있고 며칠째는 상
관도 같다. 며칠째에는 여관에서 중관 이하도 같다. 그 전날 신사에
전달해두고 당일 시각에 영접관을 태워 마차를 보낸다.【보행을 할 때
는 마차를 차출할 필요가 없다. 상관은 향응의 날에는 인력거(人力車) 혹은
보행한다.】 신사를 모시고 바로 엔료칸에 가서 하마리궁(濱離宮)을 배
견한다. 상관의 때도 또 같다. 경보(卿輔)가 출석을 하면 향응의 자리
에 나아가게 한다.

---

2 도쿄도(東京都) 주오구(中央區) 하마리궁(濱離宮) 정원에 있는 별궁. 1869년 하마리궁
정원에 건립되었다. 영빈관(迎賓館)으로 사용되었던 곳이며, 일본 최초의 서양식 석조건
축물이다.

단, 향응(饗應)의 날은 정복(正服)을 한다는 취지를 저들에게 알려둔
다.【상관(上官)의 날도 같다.】

1. 향응의 자리는 다음과 같다.

　단, 사원의 수종들에게는 도시락을 준다.

1. 신사의 대식(對食)중에 주악(奏樂)을 마련한다.

　【부찰(附札)】

　해군성(海軍省)에 통달(通達)함

1. 향응(饗應)이 끝나고 귀로 행렬은 처음과 같이 노정은 엔료칸(延遼
館)에서 신바시(新橋)로 나와 큰 길 혼고쿠초(本石町)에 가서 또 돌아
가마쿠라가시(鎌倉川岸)로 간다바시(神田橋) 앞으로 여관에 들어간다.

1. 상관의 향응 날은 판임관(判任官)이 대식(對食)함.

　단, 수종(隨從)하는 자에게 도시락을 내린다.

1. 중관 이하는 여관에서 주찬을 내린다.

　단, 대식은 하지 않는다.

　이상으로 정합니다.

메이지 9년 5월

영접관 주의사항

병자(丙子)년 4월 27일

○ 영접관 주의사항서

(생략)

1. 사원(使員) 영접으로서 관선을 탔을 때는 양복(洋服)을 입는다. 속옷 등은 가능한 보기 흉하지 않도록 해야 한다.

1. 영선(迎船)에 승선 중일 때나 상륙할 때에도 우리 영접관은 일동 음주를 엄금한다. 또 한인에 대해 무례를 범하거나 혹은 의론을 하는 등 모든 온화하지 못한 일은 경계하고 삼가야 한다.

1. 선중과 부산에 머무는 중 저들에게서 증여품이 있더라도 일체 사절하여 받지 않는다. 부산에서 저들의 하루 저녁 초대정도는 그 초대에 응해도 된다.

1. 저들이 청도(淸道), 순시(巡視)의 기(旗)를 갖고 오는 것은 저지해야 한다. 무기는 과모(戈矛)류로 의장(儀仗)을 꾸미는 것은 문제없지만, 크고 작은 총포(銃砲)를 다수 노부(鹵簿) 중에 정렬하는 것은 강하게 거절하고 허락해서는 안 된다.

  단, 화약 등 발화류는 맡아두고, 선사(船司)에서 격호(格護)한다.

1. 영선(迎船)이 오는 도중 고베항(神戶港)에 도착하면 효고(兵庫) 현령(縣令)에 서간을 차출하고 뒤이어 사원이 도착하여 그곳에 상륙할 때, 휴게소가 설치되어 있더라도, 밤에는 투숙하지 않으며 또 입욕, 식료 등도 그 때에 협의한다. 사원이 현령을 방문하는 일이 없겠지만 현령도 또한 그 여관을 물을 일이 없도록 접대의 순서를 자세히 상의하여 둔다. 단, 이곳에서 오사카부(大阪府)에서 받은 동(銅)을 실어 넣는다.

1. 영선(迎船) 가는 도중 시모노세키(下關)에 이르면, 잠시 수묘(授錨)하고 그곳에 출장한 야마구치현(山口縣) 관리 혹은 구호장(區戶長)과 만나, 현령(縣令)의 서간을 전한다. 사선이 상경할 때 상륙과 휴게소 준비의 건은 전조와 동일하도록 상의해 둔다.

단, 그곳에 사원이 착항하면 출범 전, 발묘 시각을 외무성(外務省)에 전보한다.

1. 영선(迎船)이 만약 쓰시마(對馬)에 기박하면, 사원이 상경할 때는 쓰시마에 들르지 말고, 직항하니 따로 준비할 필요 없다는 것을 나가사키현(長崎縣) 지청에 고하여 둔다.

   단, 풍순(風順)에 따라 임시 기박하더라도 효고(兵庫), 시모노세키(下關) 상륙의 수속으로 협의할 수 있다.

1. 영선(迎船)이 부산포(釜山浦)에 도착하여 훈도(訓導)가 취관(就館)하면 이번 수신사 파견함은 호의(好誼)에 인한 것으로 우리 조정이 깊이 가납함을 말하고, 야마노조(山之城) 서기생으로 구진서(口陳書) 및 조진서(條陳書) 등을 전하게 하고 하나하나의 항목을 잘 분별하여 처리하고, 잘 이해할 수 있도록 타일러야 한다.

1. 요시조에 기하치로(吉副喜八郎) 및 어학생도(語學生徒) 10명을 합하여 11명은 영선(迎船)에 승선하여 상경함을 전하고, 통변(通辯)으로 상관이하에 배부한다. 기타 주의사항서의 취지에 어긋남이 없도록 전달한다.

1. 사원의 발선(發船)이 5월 18일을 기한으로 정하면, 영선(迎船)이 부산포(釜山浦)를 도착한 후, 위 일시의 1, 2일 전 짐 등을 남김없이 모두 실어 넣고, 배 안에 기거하는 상황을 전해준다. 또 선중 규칙과 상륙의 때 지켜야 하는 내지(內地)의 규칙 등을 전한다. 사원 일행에 통달(通達)한 건을 협상할 수 있다.

1. 사원이 승선하기 전 우리 금은화 및 종이화폐를 주면 증서를 취해둔다. 변제하는 법과 저들의 정은(丁銀) 가격의 건은 도쿄(東京)에서 상의(商議)하여 답한다.

1. 사선(使船)이 고베(神戶)에서 출범하기 전, 닻을 올리는 시각을 외무성(外務省)에 전보한다.

1. 고류마루(黃龍丸)는 요코하마(橫濱)에 도착하면 그곳에서 상륙한다. 일단, 휴게소에서 정리하고 철도로 입경한다. 또 여러 짐도 그곳에서 육양(陸揚)하여 기차로 운수한다. 사원과 동반하여 상경하는 자와 짐을 주선하는 자는 각각을 각자가 담당한다.

1. 철도는 상·중·하 3등으로 나누어 하등(下等)에는 등외자(等外者)와 어학생도(語學生徒)를 덧붙여 있게 한다.

1. 도쿄(東京) 도착한 당일은 즉시 여관에 안내하고 다음날 외무성에 신사를 유도할 예정이라면 미리 저들에게 말해둔다.

1. 신사 이하 상관 무리의 육상에서의 차마(車馬) 상황을 차분히 타협하고 시모노세키(下關)나 효고(兵庫)에서 자세히 전신으로 보고한다.

메이지 9년 4월 27일

외무성(外務省)

여관 업무

병자(丙子) 4월

수신사 영접 중의 업무는 다음과 같다.

외무소록(外務少錄) 미즈노 세이이치(水野誠一)

서무(庶務)

선사(船司)에 거래 접수

금은(金銀) 출납(出納)

회계(會計)

한사(韓使) 금은 보관【단, 오마(尾間) 서기생(書記生)이 겸임함.】

이상

　　　　　　　　　　　　　외무 7등 서기생 오마 게이지(尾間啓次)

식료(食料) 조달 담당

식료품 보관

여러 현과의 처리와 공신(公信)·전신(電信)【단, 미즈노(水野) 소록(少錄)이 겸임함.】

　　　　　　　　　　외무 6등 서기생 아라카와 도쿠시게(荒川德滋)

　　　　　　　　　　외무 6등 서기생 나카노 교타로(中野許多郎)

일기와 문서보관

사원 일행 보호 및 단속

통변(通辯)

이상

　　　　　　　　　　외무성(外務省) 등외1등 하라 요시야(原吉也)

한인(韓人)의 불기

한인 짐의 총괄

한인 인수 조사

이상

　　　　　　　　　　외무성(外務省) 등외1등 오타 요시야(太田芳也)

한인 짐의 출입 인수

【단, 이마이 다카에이(今井孝衞)가 겸임함.】

이상

외무성 등외 3등 이마이 다카에이(今井孝衛)

식료(食料)의 주의

【단, 오타 요시야(太田芳也)가 겸임함.】

이상

이상과 같이 업무를 정하고 만약 소임 중에 실책이 있을 경우엔 주임자가 물론 그 책임을 면할 수는 없지만, 한 마음으로 협력하여 서로 그 실수를 보조하고 정부의 실수가 되지 않도록 삼갈 것.

메이지 9년 4월 모(某)일

외무대승(外務大丞) 미야모토 고이치(宮本小一)

외무권대승(外務權大丞) 모리야마 시게루(森山茂)

병자년 4월 25일

○ 통변 업무

수신사(修信使) 우라세 히로시(浦瀬裕)[3]

상상관(上上官) 아라카와 도쿠시게(荒川德滋)

나카노 교타로(中野許多郎)

위 3명 일행은 모두의 통변을 겸한다.

상관 10명 아라카와 도쿠시게(荒川德滋)

---

3 우라세 히로시(浦瀬裕) : ?~?. 메이지시대의 통역관(通譯官). 포뢰유(浦瀬裕). 초량왜관(草梁倭館)에서 근무한 적이 있었으며, 1876년 조일수호조규(朝日修好條規) 체결 시에는 통역관으로 수행하였다. 1876년 제1차 수신사 김기수(金綺秀)가 일본에 파견되었을 때 통역관(通譯官)을 담당하였으며, 요코하마(橫濱)에서 수신사 일행을 영접하고 수신사가 조선으로 돌아갈 때 부산까지 수행하였다. 김기수(金綺秀)는 우라세 히로시에 대해서 수재이고 이야기도 나눌 수 있으니 일을 맡길 수 있었다고 『일동기유(日東記游)』에 기록하였다.

나카노 교타로(中野許多郎)

요시조에 기하치로(吉副喜八郎)

나카무라 쇼지로(中村庄次郎)

중관 49명 요시무라 헤이시로(吉村平四郎)

아사야마 겐조(淺山顯藏)

구로이와 기요미(黑岩淸美)

다케다 진타로(武田甚太郎)

다케다 구니타로(武田邦太郎)

하관 18명 아비루 유사쿠(阿比留祐作)

오이시 마타사부로(大石又三郎)

쓰에 나오스케(津江直助)

위와 같이 통변 업무를 정하여 두지만, 상관을 따르는 요시조에(吉副) 이하는 하관을 담당하거나 중관의 자와 5일째에 바로 교대할 것. 단, 비상의 때는 물론 평일에도 서로 부족함을 보완한다.

메이지 4월 25일

외무대승(外務大丞) 미야모토 고이치(宮本小一)

외무권대승(外務權大丞) 모리야마 시게루(森山茂)

항한필휴(航韓必携) 권3

표목(標目)

참내 순로(參內順路)

병자(丙子) 6월 1일

◎ 참내(參內)시 가야 할 길의 순서

1. 오전 8시 반 여관을 나와 호리바타(堀端)를 지나 기요미즈몬(清水門) 앞에서 구단자카(九段坂)에 올라, 해자(垓字)를 따라서 한조몬(半藏門) 앞으로 고지마치(麴町) 1초메에서 큰 길로 요쓰야몬(四ツ谷門)을

나와 가시도리(河岸通リ)에서 황궁에 이른다.

○ 돌아가는 길

1. 황궁을 나와 요쓰야몬(四ッ谷門)에 들어가 고지마치(麴町)를 지나 한
   조몬(半藏門) 밖으로 나와 우측으로 돌아 해자(垓字)를 따라서 사쿠
   라다몬(櫻田門)에 들어가 니시노마루(西丸)의 오테몬(大手門)으로 들
   어가서 후키아게 정원(吹上御庭) 배견을 마친다.

1. 후키아게 정원(吹上御苑) 뒷문으로 나와 다이칸마치(代官町)를 지나
   근위병영(近衛兵營) 정문의 앞에서 다케바시(竹橋)를 나와 히토쓰바
   시(一ッ橋)를 지나 여관에 돌아온다.

위와 같다.

5월

후키아게(吹上)에서 한조몬을 나와 통행할 예정이었는데, 사정이 있
어 니시노마루의 오테몬에서 나와 원로원(元老院) 앞을 지나서 왼쪽으
로 돌고, 와다쿠라몬(和田倉門)을 나와 왼쪽으로 돌아 내무성(內務省)
정문 앞에서 히토쓰바시문으로 나와 바로 가시도리(河岸通リ) 여관으로
돌아갔다.

후키아게로 출장한 본성 관원이 경시청(警視廳)에 통지했다.

내알 견식(內謁見式)

병자(丙子) 5월 31일

조선국 수신사 참내(參內)에 대한 순서, 도면 등의 내용이다.

메이지 9년 5월 31일

식부료(式部寮)

외무성(外務省)

귀중

◎ 조선국 수신사 내알 견식

1. 당일 오전 11시 수신사는 외무관원과 동반하여 참내(參內)할 것.

   단, 수신사가 여관을 나오면 보고한다. 외무성 등외(等外)가 이에 힘쓴다.

1. 당일 관계된 관원은 대례복(大禮服)을 착용할 것.

1. 수신사는 마차를 타고 와서 하차하여 승전(昇殿)할 것.

   단, 수신사가 통행할 때에 파수병[番兵]이 봉총식(捧銃式)을 행한다.

1. 식부(式部) 관원이 수신사를 영접하여 잠시 대기소로 유도한다.

1. 의관을 바르게 하고, 다시 대기소로 유도한다.

1. 외무경(外務卿), 궁내경(宮內卿), 식부두(式部頭)를 만난다.

1. 식부두는 수신사 참내의 건을 말씀드린다.

1. 내궁(內宮)으로 납시신다.

1. 수신사를 부른다. 식부두는 이를 외무경에 알리고, 외무경은 수신사를 이끌고 어전에 나아간다.

1. 입어(立御)하신다.
1. 수신사는 나아가 선다. 외무경이 이름을 밝힌다. 수신사는 배례(拜禮)한다.
1. 묵답(默答)하신다.
1. 예가 끝나고 수신사는 물러간다.
○ 1. 대기소에서 다과를 베푼다.

헌품(獻品)

병자(丙子) 6월 1일
○ 조선국 수신사로부터 헌상품(獻上品)의 건

이번 조선국 수신사 내조(來朝) 별지의 목록대로 폐하에 헌상할 뜻을 전하며, 이상을 받아주십사 분명히 말씀 올립니다.

메이지 9년 6월 1일
외무경 데라시마 무네노리(寺島宗則)
태정대신 산조 사네토미(三條實美)

상신(上申)한 대로.

메이지 9년 6월 9일
태정대신 산조 사네토미 인(印)

○ 별지(別紙) 헌상품

설한단(雪漢緞) 5필

호피(虎皮) 5령

표피(豹皮) 5령

청서피(靑黍皮) 20장

백저포(白紵布) 20필

백면주(白綿紬) 20필

백목면(白木綿) 20필

채화석(采花席) 20필

경광지(鏡光紙) 20권

황밀삼(黃密參) 10근

○ 기(記)

1. 황랍(黃蠟) 궤(櫃) 하나

1. 청서피(靑黍皮) 궤 하나

1. 면주(綿紬) 궤 하나

1. 한단(漢緞) 궤 하나

1. 표피(豹皮) 궤 하나

1. 백저(白苧) 궤 하나

1. 백목면(白木綿) 궤 하나

1. 채화석(采花席) 두 포

1. 호피(虎皮) 궤 하나

1. 종이 궤 하나

모두 10품

이상 조선 헌상품을 정히 수취한다.

메이지 9년 5월 31일

궁내성(宮內省)

외무성(外務省)

귀중

사품(賜品)

○ 수신사 예조참의(禮曹參議) 김기수(金綺秀)에 대한 하사품(下賜品)
목록(目錄)

1. 칼 1구(口)

1. 칠기(漆器) 6개

1. 사쓰마 도화병(薩摩陶花瓶) 1쌍

1. 붓 5자루

1. 적지금(赤地錦) 1권

1. 홍백금(紅白錦) 1필

1. 가이(甲斐) 색견(色絹) 11필

1. 에치고(越後) 백축포(白縮布) 11필

1. 에치고 생축포(生縮布) 11필

1. 나라(奈良) 백폭마포(白曝麻布) 15필

기(記)

1. 황랍 궤 하나

1. 청서피 궤 하나
1. 면주 궤 하나
1. 한단 궤 하나
1. 표피 궤 하나
1. 백저 궤 하나
1. 백목면 궤 하나
1. 채화석 두 포
1. 호피 궤 하나
1. 종이 궤 하나
모두 10품
이상 조선 헌상품을 수취한다.

메이지 9년 5월 31일
궁내성(宮內省)
외무성
귀중

무악(舞樂)

○ 조선 사절 체경 중 무악을 배견하는 건을 상신
조선국 수신사 체경 중 향응(饗應)의 때 무악을 배견하고자 하니 식
부료(式部寮)에도 그 뜻을 전달하도록 하고, 위 주악(奏樂)의 일정 등

절차는 그때에 이르러 식부료에 상의한다. 이에 상신(上申)합니다.

메이지 9년 5월 16일

외무경 데라시마 무네노리

태정대신 산조 사네토미 전(殿)

상신(上申)의 건을 들었습니다.

메이지 9년 5월 22일

태정대신 산조 사네토미 인(印)

병자 6월 5일

조선국 수신사 향응의 악(樂)은 별지대로 자세히 알아보았고 또 논의
했던 것이 이하의 목록이기에 그 기원에 대해서도 조사하였습니다.

메이지 9년 6월 5일

식부두(式部頭) 보조 도시타다(坊城俊政)[1]

외무성

귀중

○ **목록**

아즈마 아소비(東遊)

---

1 보조 도시타다 : 1826~1881. 에도시대 말기-메이지시대 초기의 화족(華族). 보조 도
시아키(坊城俊明)의 아들이며 보조가(坊城家) 제21대이다. 에도시대 후기 보조가는 막부
와 조정(朝廷) 관계를 조정(調整)하는 역할을 담당하였다. 1876년 보조 도시타다(坊城俊
政)는 당시 황실의 제전(祭典)·의식(儀式)을 주관한 식부두(式部頭)였기에 제1차 수신사
김기수(金綺秀) 일행을 만났다.

사이바라(催馬樂)

료(呂)

아나토토(安名尊)

리쓰(律)

고로모가에(更衣)

무악(舞樂)

반자이라쿠(萬歲樂)

엔기라쿠(延喜樂)

료오(陵王)

나소리(納曾利)

○ **무악 설명**

○ 아즈마 아소비(東遊)

우리나라 풍속의 하나이다. 옛날 스루가노쿠니(駿河國)의 우도군(有度郡) 우도하마(有度濱)에 신녀(神女)가 내려와 가무(歌舞)하였다는 것에 기원한다고 한다.

○ 사이바라(催馬樂)

료(呂)

아나토토(安名尊)

리쓰(律)

고로모가에(更衣)

○ 사이바라(催馬樂)는 국풍(國風)의 일부이다. 그 이름의 의미는 고래로 여러 설이 있는데 다음과 같다. 사이바라라고 하는 이름은 그 처음인 아코마(吾駒)의 노래에 의한 것이다. 그 노래는 '이테아가고마' 운

운하는 것으로 원래『만엽집(万葉集)』[2] 권12에 '이라아가샤쿠이요우니
고소' 운운하는 노래이다. 처음 2구에 말을 유인하는 가사가 있어 사이
바라(催馬樂)라고 이름 붙였다. 음악은 당의 악곡이라는 어떤 음악에
붙여 그 자음을 따서 료(呂)라고 부른다. 그리고 이 아코마(吾駒) 노래
를 처음으로 하기에, 그 이름을 여러 가지 곡의 총명(摠名)으로 한다.
사이바라는 옛날 여러 나라에서 공물을 대장성(大藏省)에 바칠 때 백성
들이 흥얼거리던 노래이기 때문에 사이바라라고 이름 한다. '말을 유인
한다'고 쓴 것을 공물을 짊어진 말을 사용해서 유인하기 때문이다. 사
이바라는 가구라(神樂)[3]에 사이바리(前張)가 있어 그 박자로 불렀기 때
문에 이것에서도 사이바리의 이름을 땄다. 원래 사이바리(前張)는 1수
이지만, 그 노래의 선율로 부르는 가구라(神樂)도 모두 대소의 사이바
리로서 그 안에 포함시켰다.

무악
반자이라쿠(萬世樂)
요메이 천황(用明天皇)[4]이 만드셨다고 한다. 일성에 옛날 성왕(聖王)
때 봉황이 내려와 '성왕 만세'를 불러, 그 소리를 본떠 만들어졌다고

---

2 『만엽집(万葉集)』은 4세기부터 8세기까지로, 약 450년간 불린 노래들을 담아놓은 노
래집이다. 모든 관인들이 황실을 옹립해 한마음으로 율령국가의 성립과 완성에 혼신의
힘을 기울여 가는 상승 시기에 만엽 노래는 창작되고 수집되었다. 일본인들은『만엽집(万
葉集)』을 그들의 정신적인 고향으로 숭앙하며, 일본 최고(最古)이자 최고(最高)의 문학으
로서 일본인이 세계에 자랑하고 싶어 하는 일본의 고대 문화유산이다.

3 신에게 제사지낼 때 연주하는 무악(舞樂). 육현금(六絃琴)·저·딱딱이 및 피리로 연주
하고, 가구라(かぐら) 노래를 부르면서 춤을 춤.

4 요메이 천황(用明天皇) : ?~587. 일본 31대 천황.

한다.

엔기라쿠(延喜樂)

엔기(延喜) 8년(909년) 제작되었다. 음악은 좌근위(左近衛) 권소장(權小將) 후지와라노 다다후사(藤原忠房)【또는 적사(笛師)인 와니베노 사카마로(和邇部逆麿)라는 설이 있다.】춤은 식부경의 친왕(親王)이 엔기 8년에 만들었기에 그 연호로써 곡명을 부른다.

료오(陵王)[5]

북제(北齊) 난릉왕(蘭陵王)은 용맹하고 용모는 의(義)가 좋아 항상 가면을 쓰고 전장으로 향하는데 적이 없었다. 제(齊) 나라 사람이 그의 모습을 따라서 이 노래를 만들었다고 한다.

나소리(納曾利)

고려(高麗) 음악의 하나이다. 기원은 상세하지 않다. 쌍용(雙龍)의 교유 모습을 따라 만들었다고 전한다.

수신사 향응락(饗應樂)의 기원 한역(漢譯)

(한역문 번역 생략)

성료배관(省寮拜觀)

○ 수신사 체경 중 여러 성(省)·료(寮)의 체재 일람 건에 대한 상신(上申)

---

5 난릉왕. 중국 북제(北齊)의 난릉왕 장공(長恭)이 주나라 군사를 금용성(金墉城) 아래에서 무찌른 일을 노래한 무악(舞樂).

이번 조선국 수신사(修信使) 체경 중 육·해군 조련을 일람하는 건에 대해 상신할 때, 여러 성(省)·료(寮)의 체재 및 병영 등을 순람시키고, 또 공원과 기타 곳곳을 유람시키는 건을 말하였는데, 위 지령 중 다만 서면으로 여러 성에는 전달하고, 순시의 상황 등은 다시 전한다는 지령이 있습니다. 이상은 순시의 장소에 따라 그 기술 등도 목격하고 크게 그들이 견문을 하고 이를 사다리로 우리 정세도 숙지해야 한다고 생각합니다. 따라서 장소 및 기술 등을 별지대로 뽑아 적습니다. 도쿄부(東京府) 밖 먼 곳은 아마도 유도하지 않을 예정이지만, 시의(時宜)에 따라 일람을 원할 때는 안내할 예정입니다. 또 해당 신사를 유인하는 일정은, 그때에 이르기 전에 본성에서 바로 그 소할(所轄)에 전하여 위의 취지로 미리 관계자에 전달되도록 하고자 합니다. 이에 상신합니다.

메이지 9년 5월 26일

외무경 데라지마 무네노리

태정대신 산조 사네토미

상신의 건을 여러 관청에 별지대로 전달합니다.

메이지 9년 5월 31일

태정대신 산조 사네토미 인(印)

○ 수신사 체경 중과 귀국 도중 유도하여 일람할 예정인 장소서【단, 각 성(省) 관할로 나눔】

궁내성(宮內省) 관할 내

1. 후키아게 금원(吹上禁園)

1. 하마리궁(濱離宮)

육군성(陸軍省) 관할 내

1. 육군(陸軍) 연병(練兵)

1. 군마국(軍馬局)

1. 군마국 마구간

1. 군마국 급 주제소(鐵製所)

1. 근위 보병영(近衛步兵營)

1. 군마국 하코(箱) 마장 운동(馬場運動)

1. 사관학교(士官學校)

1. 근위 보병영 병수 정돈굉(兵數整頓法)

1. 사관학교 이화학 기계(理化學器械)와 석판술(石版摺)

1. 사관학교 교장(教場)

1. 도야마 학교(戶山學校)

1. 도야마 학교 체조장(體操場) 체조기술장(體操技術場)

1. 도야마 학교 사격(射的)

1. 도야마 학교 격검술(擊劍術)

1. 포병본창(砲兵本廠)

1. 포병본창 목공(木工)

1. 포병본창 화공(火工)

1. 포병본창 구리(銅) 분석(分析)

1. 포병본창 주물(鑄物)

1. 포병본창 대포(大砲)·소총(小銃)

1. 포병본창 견본 기계(見本器械)

1. 포병본창 안구 제조(鞍具製造)

1. 포병본창 총기 제술(銃器製造)

1. 포병본창 원정(園庭)

해군성(海軍省) 관할 내

1. 해군 조련(海軍調練)

1. 해군성 중 연포장(練砲場) 발포(發砲)

1. 요코스카 조선소(橫須賀造船所)

1. 아즈마함(東艦)

1. 엣추지마(越中島) 철판 발탄 시험장(鐵板發彈試驗跡)

1. 병학료(兵學寮)

1. 병학료 범전조련(帆前調練)

내무성(內務省) 관할 내

1. 박물관(博物館)

1. 아사쿠사 문고(淺草文庫)

1. 권업료(勸業寮) 출장소(出張所) 식물원(植物園)

1. 위생국(衛生局) 사약소(司藥所)

1. 이시카와지마(石川島) 징역장(懲役場)

1. 조슈토미오카 제사장(上州富岡製絲場)

1. 이치가야 감옥소(市ヶ谷囚獄所)

1. 요코하마 제주소(製鐵所)

1. 센슈(泉州) 사카이 방적소(堺紡績所)

공부성(工部省) 관할 내

1. 공학료(工學寮)

1. 공학료 교장(敎場)

1. 공학료 이화학 기계와 증기선(蒸氣船) 추형(雛形) 등

1. 공학료 풍선(風船)

1. 공학료 박물(博物)

1. 공학료 주물(鑄物)

1. 아카바네 제작소(赤羽根製作所)

문부성(文部省) 관할 내

1. 서적관(書籍館)

1. 서적관 공자(孔子)와 기타 목상(木像) 및 석존기(釋尊器)

1. 사범학교(師範學校)

1. 사범학교 교장(敎場)

1. 여자사범학교(女子師範學校)

1. 사범학교 교장(敎場)

1. 영어학교(英語學校)

1. 영어학교 교장(敎場)과 이화학 기계(理化學器械)

1. 영어학교 서양악기(西洋樂器)와 해부도(解剖圖)

1. 영어학교 교장(敎場)과 이화학 기계(理化學器械)

1. 외국어학교(外國語學校)

1. 외국어학교 교장과 이화학 기계(理化學器械)

1. 개성학교(開成學校)

1. 개성학교 전기(電氣)

1. 개성학교 박물(博物)

1. 고이시카와 식물원(小石川植物園)

1. 개성학교 제작 교장(製作敎場)

1. 개성학교 해부(解剖) 및 치료 기계(治療器械) 현미경(顯微鏡) 등

1. 의학교 부속병원(醫學校附病院)

대장성(大藏省) 관할 내

1. 지폐료(紙幣寮)

1. 지폐료 동판조각(銅版彫刻)

1. 지폐료 판접(版摺)과 지절(紙截)

1. 지폐료 제육(製肉)

1. 지폐료 여공직(女工職)

1. 지폐료 소할(所轄) 오지 초지국(王子抄紙局)

1. 활판국(活版局)

1. 활판국 활자주조(活字鑄造)

1. 활판국 판접과 제본(製本)

1. 활판국 석판(石版)

1. 역체료(驛遞寮) 우편취급(郵便取扱)

1. 오사카 조폐료(大坂造幣寮)

사법성(司法省) 관할 내

1. 도쿄 재판소(東京裁判所)

경시청(警視廳) 관할 내

1. 소방 펌프 조련

개척사(開拓使) 관할 내

1. 홋카이도(北海道) 생산 박물관(博物館)

1. 권업 시험장(勸業試驗場)

위의 장소를 자세히 조사해 둔다. 또 사신의 체재 일수 및 그들의 정황에 따라 관람을 원하지 않는 장소도 있을 것이기 때문에 위의 장소를 반드시 보아야 한다는 뜻은 아니다.

메이지 9년 5월 26일

역체료(驛遞寮) 우편 취급은 내무성(內務省)에 속해야 한다고 생각하기 때문에 내무성의 부국에 넣어 전달하고자 말씀드립니다.

5월 31일 사관(史官)

외무대소승(外務大少丞)

병자(丙子) 5월 31일

내무성(內務省)

대장성(大藏省)

육군성(陸軍省)

해군성(海軍省)

문부성(文部省)

공부성(工部省)

사법성(司法省)

궁내성(宮內省)

개척사(開拓使)

경시청(警視廳)

조선국 수신사(修信使) 체경 중 각 청 및 료의 체재를 비롯한 별지의 장소를 일람하기 위해 일정 등을 외무성으로 통지하여 난처한 상황이 없도록 처리해야 한다는 뜻을 전달합니다.

메이지 9년 5월 31일

태정대신(大政大臣) 산조 사네토미(三條實美)

유람개처(遊覽箇處)

(생략)

조선국 수신사 체경 중 일람할 곳과 일정

【○ 표시한 곳은 간 곳. 없는 곳은 가지 않은 곳.】

제1

○ 1. 엔료칸(延遼館)

○ 1. 하마리궁(濱離宮) 위 향응의 때에 시각의 전후를 보아 종람(縱覽)할 것

제2【오전(午前)】

○ 1. 박물관(博物館)

같은 날【오후(午後)】

○ 1. 서적관(書籍館)

   1. 사범학교(師範學校)

○ 1. 여자사범학교(女子師範學校)

제3【오전】

○ 1. 지폐료(紙幣寮)

   1. 활판국(活版局)

같은 날【오후】

   1. 도쿄재판소(東京裁判所)

   1. 소방 펌프 조련(消防ポンプ調練)

제4

   1. 후키아게 정원(吹上御苑)【단, 다과를 낸다.】

　1. 곳토도리(骨董通り)【짓켄다나(十軒店)】오사카야(大坂屋)

제5【오전】

○ 1. 우에노 공원(上野公園)【및】시노바즈노이케(不忍池) 벤텐도(弁天堂)

○ 1. 아사쿠사(淺草) 혼간지(本願寺)

○ 1. 아사쿠사(淺草) 관음(觀音)【및】오쿠야마(奧山)

　1. 전기기계(電氣器械) 히로세(廣瀬)

　단, 히로코지(廣小路) 스미야(住屋)에서 오찬(午餐)을 마침.

　1. 골동(骨董)【스와초(諏訪町)】도야마(富山)

　1. 아사쿠사 문고(淺草文庫)

　1. 기세류(喜世留)【요네자와초(米澤町)】무라타(村田)

제6【우오주(魚十)에서 이른 점심】

　1. 준텐도 병원(順天堂 病院)

　1. 간다샤(神田社)

　1. 유시마텐진(湯島天神)

○ 1. 포병공창(砲兵本廠)

　1. 고이시카와 식물원(小石川 植物園)

제7

○ 1. 육군연병(陸軍練兵)

제8

　1. 해군조련(海軍調練)

제9【우시고메(牛込)의 요리점(割烹店)에서 점심】

○ 1. 다케하시(竹橋) 근위병영(近衛兵營)

　1. 사관학교(士官學校)

　1. 도야마 학교(戶山學校)

제10

1. 서화(書畫)【니혼바시(日本橋)】아카마쓰(赤松)

1. 서점(書林) 기타바타케 시게베에(北畠茂兵衛)

1. 필문방구(筆文房具)【니혼바시(日本橋)】분카이도(文魁堂)

1. 칠기(漆器)【니혼바시(日本橋)】구로에야(黑江屋)

1. 묵(墨)【니혼바시(日本橋)】고바이엔(古梅園)

1. 서양 재봉(裁縫)【고후쿠마치(吳服町)】스즈키(鈴木)

1. 서양 칭좌(秤座, 저울가게)【노리모노마치(乘物町)】모리야(森谷)

단, 바이샤테(賣茶亭)에서 오찬을 함【세이요칸(精養軒)으로 한다.】

○ 1. 아카바네(赤羽根) 제작소(製作所)

1. 시바야마(芝山) 내 도쿠가와(德川) 묘소

제11

1. 스가모우에키야(巢鴨植木屋)【나가타로(長太郎) 조지로(條次郎)】

1. 아스카야마(飛鳥山)【및】오지 초지소(王子抄紙所)

단, 오기야(扇屋)에서 오찬함

1. 가와구치(川口)의 주물사(鑄物師)

1. 센주(千住) 도우장(屠牛場)

제12【오전】

1. 도기(陶器)【이마가와바시(今川橋)】이마리야(今利屋)

1. 미쓰이(三ツ井) 양관(洋館)

1. 오복(吳服) 및 실(絲) 가게 에치고야(越後屋)

같은 날【오후】

1. 공부성(工部省) 중 제사소(製絲所)

1. 아이다산(愛宕山)

1. 홋카이도(北海道) 물산 박물(博物)

1. 독일(獨乙) 박물

1. 와사등(瓦斯燈) 제조소【시바가나스기(芝金杉)】

단, 신메이마에(神明前) 히가케초 도리(日陰町通リ)에서 돌아간다.

제13【오전】

○ 1. 병학료(兵學寮)

1. 마키에 칠기(蒔繪漆器)【다케가와초(竹川町)】공상회사(工商會社)

같은 날【오후】

1. 의학교【및】병원

1. 의학교 약장(藥場)

제14【오전】

1. 군마국(軍馬局)

같은 날【오후】

○ 1. 개성학교(開成學校)

1. 외국어학교(外國語學校)

1. 영어학교(英語學校)

제15【오전】

○ 1. 의사당(議事堂)

1. 공학료(工學寮)

같은 날【오후】

1. 약종(藥種) 및 외과도구(外科道具)【혼마치(本町)】이와시야(鰯屋)

1. 오복(吳服)【다이마루(大丸)】

1. 가나모노야(金物屋)【오몬도오리(大門通リ)】

1. 붓 및 문방구【오덴마초(大傳馬町)】다카기(高木)

1. 날붙이[刃物]【유마치(油町)】스미야(炭屋)

1. 니시키에(綿繪)【요코야마초(橫山町)】쓰타야(蔦屋)

1. 칠기(漆器) 세공소【모토하마초(元濱町)】아라이(荒井)

1. 완롱물(玩弄物)【데리후리초(照降町)】미야가와(宮川)

제16【오전】

1. 의전지(擬氈紙)【욧카이치(四日市)】다케야(竹屋)

1. 담배갑[烟草入] 양갱(羊羹)【욧카이치(四日市)】다케야(竹屋)

1. 우편취급 역체료(驛遞寮)

1. 국립은행(國立銀行)

1. 일보사(日報社)【긴자(銀座)】

1. 시계【긴자】

같은 날【오후】

1. 도기사(陶器師)【다카다(高田)】

1. 교유샤(拓魂社)

제17

1. 후카가와 하치만(深川八幡)

1. 스사키(洲崎) 벤텐(弁天)

단, 이때 사루에(猿江) 자이모쿠(材木)【및】석치장(石置場)을 지난다.

1. 가메이도(龜井戶)

단, 하시모토(橋本)에서 오찬함

1. 야나기시마 묘켄(柳島妙見)산 홋쇼지(法性寺)

1. 시회물(蒔繪物)【아부리호리(油堀)】비젠야(肥前屋)

제18

1. 호리키리쇼부엔(堀切菖蒲園)

1. 제혁장(製革場)【도테시타(土手下)】

1. 보쿠테이(墨堤) 하나야시키(花屋敷)

단, 야오마쓰(八百松)에서 오찬함

1. 사타케(佐竹) 정원

1. 가와라야키(瓦燒)【혼조 다이헤이마치(本所太平町)】

1. 금붕어(金魚)【이시하라(石原)】

제19

1. 메구로 부동(目黑不動)[6]

1. 메구로(目黑) 화약제조소[火藥庫]【단, 외부만 견학.】

단, 모(某)처에서 점심을 함.

1. 이케가미혼몬지(池上本門寺)

제20【오전】

1. 요코하마 현청

1. 등대료(燈臺寮)

1. 와사제조소(瓦斯製造所)

단, 모(某)처에서 점심을 함.

같은 날【오후】

1. 세관(稅關) 부두 화물의 출입

1. 수세(收稅)의 수속(手續)

1. 각국 상관(商館) 2, 3개소

---

6 도쿄도(東京都) 메구로구(目黑區) 시타메구로(下目黑)에 있는 천태종(天台宗)의 사원 류센지(瀧泉寺)를 통칭하는 말이다. 부동명왕(不動明王)을 본존으로 하여 일반적으로 메구로 부동(目黑不動)으로 불린다.

1. 제철소(製鐵所)

1. 야마테(山手) 주변 일람

단, 요코하마에서 숙박

제 21 【오전】

○ 1. 요코스카(橫須賀) 조선소 【단, 요코하마에서 배로 도달】

같은 날 【오후】

1. 가마쿠라(鎌倉)에서 일박 【요코스카에서 주행(舟行)】

제22

1. 하치만궁(八幡宮)

1. 다이부쓰(大佛)

1. 겐초지(建長寺) 및 엔가쿠지(圓覺寺)

1. 에지마(繪島) 이와모토(岩本) 본원

단, 오찬함

1. 벤텐샤(弁天社) 등 일람하고 인력거로 가나가와(神奈川)변에 돌아가 철도로 귀경

제23

1. 엣추지마(越中島) 철판(鐵板) 투발 시험장(打拔試驗場)

1. 아즈마칸(東艦)

단, 히라세이(平淸)에서 오찬

제24 【오전】

1. 이치가야(市ヶ谷) 수옥(囚獄)

같은 날 【오후】

1. 【이시카와지마(石川島)】 징역소

제25

　1.　조슈토미오카(上州富岡)

　단,　1박

제26【오전】

　1.　제사장(製絲場)

　단,　오찬함

　1.　나카오사카테쓰산(中小坂鐵山)

　단,　1박

제27【오전】

　1.　기류(桐生)　직물(織物)

　단,　1박

제28

　1.　닛코(日光)

　단,　1박

제29

　1.　닛코 구경 후 출발

제30

　1.　도쿄(東京)에 돌아간다.

제31

　1.　호리노우치(堀內)　묘호지(妙法寺)

제32

　1.　요쓰야(四ッ谷)　권업료 출장

　1.　아오야마(青山)　권업(勸業)　시험장【개척사(開拓使)】

그 외

1. 러시아 공사관(公使館)

1. 영국 공사관

1. 다큐(打球)

1. 경마(競馬)

1. 가쿠테이(角觝)

○ 1. 다이카구라(太神樂)【여관에서 본다.】

1. 노(能)·교겐(狂言)

○ 1. 가쿠베지시(角兵衛獅子)【여관에서 본다.】

1. 하나비(花火)

1. 소가쿠(奏樂)

1. 산쿄쿠(三曲)

1. 나카무라로(中村樓) 세 곡 행한다.

1. 극장(劇場)

○ 1. 마술【여관에서 본다.】

항한필휴(航韓必携) 권4

증품(贈品) 수불신의(受否申議)

병자(1876년) 6월 1일

○ 조선국 수신사가 차출한 서간(書簡) 및 증품(贈品) 수납의 건

이번 조선국 수신사 내조(來朝)에서 조선 예조판서(禮曹判書) 김상현(金尙鉉)[1]이 본인 앞으로 보낸 별지 갑호(甲號)와 예조참판(禮曹參判) 이

---

1 김상현(金尙鉉) : 1811~1890. 1827년 진사가 되고 1859년(철종 10) 군수로서 증광 문과에 갑과로 급제, 1860년 대사간을 지냈다. 고종 때에 들어서도 1864년(고종 1) 대사간을 거쳐 이조참의·승지·대사성·이조참판·예문제학·홍문제학·도총관·공조판서·예조판서·경기도관찰사·평안도관찰사·대사헌 등의 중요직을 역임하였다. 문장에 능하여 왕실에서 필요한 전문(箋文)·죽책문(竹冊文: 대나무 간책에 새기는 옥책문)·옥책문(玉冊文: 제왕·후비 등의 호를 올릴 때 쓰는 德을 읊은 글)·행장·악장문(樂章文) 등을 저술하였다. 시호

인명(李寅命)²이 외무대승(外務大丞) 앞으로 보낸 을호(乙號)의 서간 및 병·정호(丙丁號)의 별폭 2통에 현품을 부쳐 보냈습니다. 본인 및 외무 대승이 수납하고 또 위 물품 수납이 끝난 뒤에는 대승에게 보내어 대승 3명에게 분배하거나 사절 접반 주임의 승 또는 대·소승 일동에게 분배 한다.

메이지 9년 6월 1일

외무경(外務卿) 데라시마 무네노리(寺島宗則)

태정대신(太政大臣) 산조 사네토미(三條實美) 전(殿)

받은 대로 수납한다.

단, 대승 앞으로 온 증품 분배의 건은 접반 주임인 정권대승(正權大 丞)이 수납한다.

메이지 9년 6월 12일

태정대신(太政大臣) 산조 사네토미 인(印)

는 문헌(文獻)이다. 문집으로 『경대집(經臺集)』이 있다.

2 이인명(李寅命) : 1819~?. 본관은 전주(全州), 자는 기영(祈永)이다. 1858년 생원으로 정시문과(庭試文科)에 병과로 급제했다. 1863년 진주사(陳奏使)의 서장관(書狀官)으로 청나라에 다녀왔다. 이후 이조참판·대사성·홍문관부제학·사헌부대사헌·한성부판윤· 형조판서·공조판서 등을 역임하였다. 시호는 효헌(孝獻)이다.

증품(贈品)

○

세저포(細苧布) 3필

세목면(細木綿) 5필

접선(摺扇) 10병(柄)

색간지(色間紙) 30폭(幅)

진소(眞梳) 1개

서본(書本) 1대(對)

화본(畫本) 1대(對)

붓 10병(柄)

진묵(眞墨) 1개

병자 5월 모일

별견당상관(別遣堂上官) 현석운(玄昔運)

후루사와(古澤) 외무권소승(外務權少丞) 존공(尊公)

○

세저포(細苧布) 2필

세목면(細木綿) 3필

색간지(色間紙) 30폭(幅)

접선(摺扇) 10병(柄)

진소(眞梳) 10개

서본(書本) 1장

화본(畵本) 1장

붓 20병(柄)

진묵 10홀(笏)

병자 5월 모일

별견당상관(別遣堂上官) 현석운(玄昔運)

오쿠(奧) 외무삼등서기생(外務三等書記生) 공(公)

○

세저포(細苧布) 2필

세목면(細木綿) 2필

색간지(色間紙) 30폭(幅)

접선(摺扇) 10병(柄)

진소(眞梳) 1개

서본(書本) 1대(對)

화본(畵本) 1대(對)

붓 10병(柄)

묵 1개

병자 5월 모일

별견당상관(別遣堂上官) 현석운(玄昔運)

미즈노(水野) 외무소록(外務少錄) 공(公)

○

호피(虎皮) 1점

면세(綿細) 1필

세저포(細苧布) 2필

백목면(白木綿) 2필

색지(色紙) 2권(券)

원선(圓扇) 5병(柄)

접선(摺扇) 10병(柄)

묵 1개

붓 20병(柄)

진소(眞梳) 1개

서화(書畵) 각 1쌍

병자 5월 모일

별견당상관(別遣堂上官) 현석운(玄昔運)

아라카와(荒川) 공(公)

호피(虎皮) 1점

면세(綿細) 1필

세저포(細苧布) 2필

백목면(白木綿) 2필

색지(色紙) 2권(券)

원선(圓扇) 5병(柄)

접선(摺扇) 10병(柄)

붓 20병(柄)

묵 1개

진소(眞梳) 1개

서화(書畵) 각 1쌍

병자 5월 모일

별견당상관(別遣堂上官) 현석운(玄昔運)

나가노(中野) 공(公)

세저포(細苧布) 2필

세목(細木) 2필

색간지(色簡紙) 30폭(幅)

접선(摺扇) 10병(柄)

진소(眞梳) 10병(柄)

서본(書本) 1대(對)

화본(畫本) 1대(對)

붓 20병(柄)

묵 10홀(笏)

병자 5월 모일

별견당상관(別遣堂上官) 현석운(玄昔運)

오마(尾間) 공(公)

백목면(白木綿) 2필

백면지(白綿紙) 2권(券)

원선(圓扇) 2병(柄)

접선(摺扇) 5병(柄)

붓 10병(柄)

묵 5홀(笏)

진소(眞梳) 1개

병자 5월 모일

별견당상관(別遣堂上官) 현석운(玄昔運)

요시조에(吉副) 공(公)

백목면(白木綿) 2필

백면지(白綿紙) 2권(券)

원선(圓扇) 2병(柄)

접선(摺扇) 5병(柄)

붓 10병(柄)

묵 5홀(笏)

진소(眞梳) 5개

병자 5월 모일

별견당상관(別遣堂上官) 현석운(玄昔運)

요시무라(吉村) 공(公)

백목면(白木綿) 2필

백면지(白綿紙) 2권(券)

원선(圓扇) 2병(柄)

접선(摺扇) 5병(柄)

붓 10병(柄)

묵 5홀(笏)

진소(眞梳) 5개

병자 5월 모일

별견당상관(別遣堂上官) 현석운(玄昔運)

나카무라(中村) 공(公)

백목면(白木綿) 2필

백면지(白綿紙) 2권(券)

원선(圓扇) 2병(柄)

접선(摺扇) 5병(柄)

붓 10병(柄)

묵 5홀(笏)

진소(眞梳) 5개

병자 5월 모일

별견당상관(別遣堂上官) 현석운(玄昔運)

아사야마(淺山) 공(公)

백목면(白木綿) 2필

백면지(白綿紙) 2권(券)

원선(圓扇) 2병(柄)

접선(摺扇) 5병(柄)

붓 10 병(柄)

묵 5 홀(笏)

진소(眞梳) 5개

병자 5월 모일

별견당상관(別遣堂上官) 현석운(玄昔運)

구로이와(黑岩) 공(公)

백목면(白木綿) 2필

백면지(白綿紙) 2권(券)

원선(圓扇) 2병(柄)

접선(摺扇) 5병(柄)

붓 10병(柄)

묵 5홀(笏)

진소(眞梳) 5개

　　　　　　　　　　　　　　　　　　　병자 5월 모일

　　　　　　　　　　별견당상관(別遣堂上官) 현석운(玄昔運)

　　　　　　　　　　　　　　　다케다(武田) 공(公)

백목면(白木綿) 2필

백면지(白綿紙) 2권(券)

원선(圓扇) 2병(柄)

접선(摺扇) 5병(柄)

붓 10병(柄)

묵 5홀(笏)

진소(眞梳) 5개

　　　　　　　　　　　　　　　　　　　병자 5월 모일

　　　　　　　　　　별견당상관(別遣堂上官) 현석운(玄昔運)

　　　　　　　　　　　　　　　다케다(武田) 공(公)

백목면(白木綿) 2필

백면지(白綿紙) 2권

원선(圓扇) 2병(柄)

접선(摺扇) 5병(柄)

붓 10병(枘)

묵 5홀(笏)

진소(眞梳) 5개

병자 5월 모일

별견당상관(別遣堂上官) 현석운(玄昔運)

아비루(阿比留) 공(公)

백목면(白木綿) 2필

백면지(白綿紙) 2권

원선(圓扇) 2병(枘)

접선(摺扇) 5병(枘)

붓 10병(枘)

묵 5홀(笏)

진소(眞梳) 5개

병자 5월 모일

별견당상관(別遣堂上官) 현석운(玄昔運)

오이시(大石) 공(公)

백목면(白木綿) 2필

백면지(白綿紙) 2권

원선(圓扇) 2병(枘)

접선(摺扇) 5병(枘)

붓 10병(枘)

묵 5홀(笏)

진소(眞梳) 5개

병자 5월 모일

별견당상관(別遣堂上官) 현석운(玄昔運)

쓰에(津江) 공(公)

백목면(白木綿) 2필

백면지(白綿紙) 2권

원선(圓扇) 2병(枘)

접선(摺扇) 5병(枘)

붓 10병(枘)

묵 5홀(笏)

진소(眞梳) 5개

병자 5월 모일

별견당상관(別遣堂上官) 현석운(玄昔運)

스미나가(住永) 공(公)

백면주(白綿紬) 1필

백저포(白苧布) 2필

백목면(白木綿) 2필

백접선(白摺扇) 3병(枘)

색붓 10병(枘)

진묵 5홀(笏)

끝

수신사(修信使)

시마다(嶋田) 공(公)

세저포(細苧布) 1필

세목면(細木綿) 2필

백면지(白綿紙) 5권

점선(摺扇) 10병(柄)

진소(眞梳) 1개

서본(書本) 1대(對)

화본(畫本) 1대(對)

붓 20병(柄)

묵 1개

병자 5월 모일

별견당상관(別遣堂上官) 현석운(玄昔運)

시마다(嶋田) 공(公)

백목면(白木綿) 40필

색접선(色摺扇) 120병(柄)

진소(眞梳) 120개

계

병자 5월 모일

선원[舡格]

사품(謝品)

병자(丙子) 6월

○ 예조판서(禮曹判書) 각하께

1. 마키에 고추(蒔繪行廚) 1개

1. 도기 화병(陶器花瓶) 1대(對)

1. 색사(色紗) 5권

1. 색견(色絹) 15필

1. 해기견(海氣絹) 5필

1. 연관(煙管) 3대

1. 연초대(煙草袋) 3개

1. 사진첩(寫眞帖) 2책

변변치 않은 토산물(土産物)을 받아 주시기 바랍니다.

메이지 9년 6월

외무경(外務卿) 데라시마 무네노리(寺島宗則)

○ 쓰루미(鶴見) 철도(鐵道)[3]

시나가와(品川) 철도

도쿄(東京) 신바시(新橋) 철도

도쿄 벽돌집

도쿄 엔료칸(延遼館) 1

---

3 이하는 사진첩의 목록이다.

도쿄 엔료칸 2

도쿄 해군병학료(海軍兵學寮)

도쿄 권공료(勸工寮) 1

도쿄 권공료 2

도쿄 사쿠라다몬(櫻田御門) 1

도쿄 사쿠라다몬 2

도쿄 고조(皇城) 니주바시(二重橋) 1

그 풍경 2

도쿄 황성처 앞

도쿄 성당(聖堂)

도쿄 스이도바시(水道橋)

도쿄 야나기바시(柳橋) 요로즈하치로(萬八樓)

도쿄 아사쿠사(淺草) 오중탑(五重塔)

도쿄 아사쿠사이케(淺草池)

도쿄 아사쿠사 몬제키(淺草門跡)

도쿄 가메이도(龜井戶) 풍경 1

그 풍경 2

도쿄 고햐쿠란칸지(五百羅漢寺)

도쿄 닛코(日光) 가라키몬(唐木門)

닛코 소린토(双輪塔)

닛코 간만가후치(憾滿淵)

닛코 류즈노타키(龍頭瀧)

서경(西京) 마루야마(丸山) 풍경

오사카(大坂) 지샤쿠바시(磁石橋)

고베(神戸) 난코샤(楠公社)

히고(肥後) 구마모토조(熊本城)

가고시마(鹿嶼島) 시모이치(下市)안

총 32장

○ 강화부사(江華府使) 조(趙)씨

초량공관(草梁公館)에서 멀리 바라본 부산성

초량공관

초량공관

초량공관 앞의 만(灣)

초량공관 안 용미산(龍尾山)

교동(喬桐)

강화도(江華島) 포대(砲台)

진해문(鎭海門)에서 본 통진(通津)

진해루(鎭海樓)

진해루 내(內) 둔병(屯兵)

변리대신(辨理大臣) 일행이 강화부(江華府)에 들어가는 그림

강도(江都) 남문(南門) 1

강도남문 2

강도남문

강화성(江華城)에서 바라본 한강구(漢江口)

강도남문 측면

강화부(江華府)

강화부

강화부

강화부

열무청(閱武廳) 앞에서 본 강화부청(江華府廳)

열무청

열무청

연무당(練武堂) 장막 그림

가화부청 1

강화부청 2

부사영문(副師營門)

부사영

총 29매

그 외 3장을 대지(臺紙)에 붙여 준비

병자 6월

○ 예조판서 각하께

1. 마키에 고추(蒔繪行廚) 1개

1. 도기 화병(陶器花瓶) 1대(對)

1. 색사(色紗) 3권

1. 색견(色絹) 7필

1. 해기견(海氣絹) 3필

1. 연관(煙管) 3대

1. 연초대(煙草袋) 3개

1. 사진첩(寫眞帖) 3책

변변치 않은 토산물(土産物)을 받아 주시기 바랍니다.

메이지 9년 6월
외무대승(外務大丞) 미야모토 고이치(宮本小一)
외무권대승(外務權大丞) 모리야마 시게루(森山茂)

목록(目錄)
1. 마구(馬具) 1구
1. 도기향로(陶器香爐) 1대(對)
1. 세이고오리(精好織) 2권
1. 연관 1대
1. 연초대 1대
1. 부채 1자루
이상

수신사

목록
1. 칼 1구(口)
1. 백축면(白縮緬) 1필
1. 연관 1대
1. 연초대 1대
1. 부채 1대
이상

별견당상 가선대부
별견당상 가의대부

목록

1. 연관 1대
1. 연초대 1대
1. 부채 2대
이상

상판사(上判事) 전참봉(前參奉)

상판사(上判事) 부사용(副司勇) 별통(別通)

1. 연관 1대
1. 연초대 1대
1. 부채 1대
이상

서기(書記) 부사과(副司果)

화원(畵員) 사과(司果)

군관(軍官) 전낭청(前郎廳)

전판관(前判官)

반상(伴倘) 부사과(副司果)

전낭청

1. 연관 1대
1. 연초대 1대

예단직(禮單直)

향서기(鄕書記) 김(金)

향서기 변(邊)

향서기 강(姜)

1. 연관 1자루
1. 연초대 1개

사노자(使奴子) 2명

통사(通事) 4명

1. 연초대 1개
1. 부채

중관(中官) 45명

1. 연초대 1개
1. 부채 2자루

하관(下官) 10명

항한필휴(航韓必携) 권5

표목(標目)
○ 예조판서(禮曹判書) 왕복서한
○ 예조참판(禮曹參判) 왕복서한
○ 수신사 왕복서한
○ 이사관(理事官) 이하 사령(辭令)
○ 이사관 파견 고지

예조판서 왕복 서한

○ 예조판서 서(書)

대조선국(大朝鮮國) 예조판서(禮曹判書) 김상현(金尙鉉) 증서(呈書)
대일본국(大日本國) 외무경(外務卿) 대인(大人) 각하(閣下)

○ 조선국 예조판서 김상현(金尙鉉)이 일본국 외무경(外務卿) 합하(閣下)에게 서장(書狀)을 드려, 지금 초하(初夏)에 화친을 청합니다. 엎드

려 생각은 하옵건대, 귀국(貴國)은 화평하고 즐겁고, 우리나라는 평화
롭고 편안하여, 똑같이 백성들의 즐거운 노래를 감당하고 있습니다.
우리나라와 귀국은 이웃의 정의가 매우 관곡(款曲)하여, 이것이 벌써
3백 년이나 되었으니, 입술과 이[齒]처럼 서로 의지하고 마음을 터놓고
서로 사귀는 것이 진실로 당연한 일입니다. 갑자기 사단이 일어나 피차
간에 서로 의심하고 사이가 막혔습니다. 그러나 또한 먼 곳에서 전해들
은 말을 어찌 능히 틀림이 없다고 보장하겠습니까? 근래 귀국의 대신
이 바다를 건너 왕림할 적에 우리나라에서도 또한 대신을 보내어 경기
연안[京畿沿岸, 강화도(江華島)를 이름]의 진무부(鎭撫府)에서 영접하여
담판한 지 여러 날 만에 자세히 변명되어 여러 해 동안 쌓인 것이 하루
아침에 풀리게 되었으니, 얼마나 쾌활하며 얼마나 다행인지요? 다만
우리 성상(聖上)께서는 예전의 정의를 계속할 것을 깊이 생각하시어,
특별히 예조참의 김기수(金綺秀)를 파견하여 회사(回謝)의 뜻을 표시하
시므로, 상현이 삼가 명령을 받들어 서장으로써 대의(大義)를 진술하여
고하니 살펴 받아 주시면 기쁨이 한이 없겠습니다. 삼가 몸을 보중하셔
서 멀리 있는 사람의 마음에 부응하시길 바랍니다. 이만 줄입니다.

병자년 4월 모(某)일
예조판서 김상현(인)

○ 별폭(別幅)

호피(虎皮) 2장

표피(豹皮) 2장

설한단(雪漢緞) 2필

백면주(白綿紬) 10필

　　백저포(白苧布) 10필

　　백목면(白木綿) 10필

　　각색필(各色筆) 50자루

　　진묵(眞墨) 20홀(笏)

　수행원에게 부쳐서 보잘 것 없는 예의를 표시하니 이를 받아 주시기
바랍니다.

병자년 4월 모일

예조판서 김상현(인)

　○ 데라시마 외무경의 답서

병자년 6월 17일

　이 회답은 귀력 병자년(丙子年) 4월의 공한(公翰)을 접수한 데 대한
것입니다. 귀 조정에서는 지금 예조참의 김씨(金氏)를 수신사로 삼아
우리나라에 파견하여, 옛 정의를 계속하고 아울러 지난번에 우리나라
의 특명전권변리대신(特命專權辨理大臣)이 귀국에 간 것을 회사(回謝)
한다는 등의 사항을 모두 다 잘 알았습니다. 두 나라 사이에 교의(交誼)
가 있은 지는 벌써 오래 되었으나 갑자기 소활(疎濶)해져서 정의가 점
점 멀어지는데, 지금 귀국에서 수신사를 속히 파견하여 우리나라에 오
게 하고, 수신사 또한 정중하게 사명을 진술하고 주도면밀하게 알선(斡
旋)하여, 마음을 터놓고 기쁨을 교환하게 되었으니, 두 나라의 다행함
이 막대합니다. 우리 황제 폐하께서 이를 가상히 여기시어 특지(特旨)
로써 연접(延接)해 보시고 예우가 특별하였으니, 수신사가 복명(復命)
하는 날, 합하께서도 이 사실을 들으신다면 반드시 기뻐하실 것을 나는
믿어 의심치 않습니다. 이에 귀국의 태평을 축하하고, 아울러 합하의

복을 기원합니다. 삼가 아룁니다.

메이지 9년 6월 17일

대일본 외무경(外務卿) 데라시마 무네노리(寺島宗則) 인(印)

대조선국 예조판서 김상현 합하

(한역문 번역 생략)

○ 외무경의 서독(書牘) 겉과 안【추형(雛形)】[1]

○ 서한 겉봉투의 그림

○ 서한 료지(料紙)

예조참판 왕복 서한

◎ 예조참판의 서

대조선국 예조참판 이인명(李寅命) 근봉(謹封) 예조참판의 장(章)
대일본국 외무대승 대인 각하

---

1 이하 봉투 및 서한의 그림은 영인본 389~391쪽 참조 바람.

조선국 예조 참판 이인명이 일본국 외무대승(外務大丞) 합하(閤下)께 서장을 드립니다. 여름철 더워지기 시작하는데 태후(台候)가 편안하시기를 생각합니다. 큰 바다 사이에 막혀 멀리 떨어져 있어 전해 듣는 말이 그릇되기 쉬우므로, 서로 의심하여 사이가 막힘이 벌써 여러 해가 되었으니, 인교(隣交)의 옛 정의를 생각할 적마다 개탄(慨歎)을 금하지 못하였습니다. 다행히도 귀국의 대신이 우리나라에 와서 우리나라의 대신과 명백히 담판하여 다시는 장애(障礙)될 일이 없게 하였으니, 마치 풍우가 지나간 난초(蘭草) 밭에 꽃향기만은 여전한 것과 같습니다. 이제 조정의 명을 받들어 특별히 예조참의 김기수(金綺秀)를 파견하여 수호의 사례(謝禮)를 표시하니 지금부터 옛 우의를 두텁게 하고 영원한 우호를 정하면 기쁨이 어찌 한량이 있겠습니까. 삼가 이로써 줄입니다. 조량(照亮)하시기를 바랍니다.

병자년 4월 모(某)일
예조참판 이인명(인)

○ 별폭
　표피 2장
　청서피(靑黍皮) 10장
　설한단 2필
　백면주 10필
　생저포(生苧布) 10필
　백목면 10필
　각색필 50자루
　진묵 30홀

수행원을 통해 부쳐서 대략 보잘 것 없는 예를 펴서 비웃음을 사는 것이 저의 바람입니다.

병자년 4월 모(某)일

예조참판 이인명(인)

병자년 6월 17일

귀국 올해 4월 공문을 받아 보았습니다. 귀국과 우리나라는 작은 배로 건널 수 있을 정도이고 교류가 옛날부터 있었습니다. 세월이 오래되어 귀국 사신이 우리나라에 온지 이미 60여 년이 지나니, 이로써 두 나라의 정의(情誼)가 점점 멀어졌습니다. 올해 우리 변리대신 구로다 기요타카(黑田淸隆)가 귀국에 가서 옛 외교를 거듭 닦고 새로운 맹약을 세웠습니다. 귀국 역시 속히 수신사 김기수를 우리나라에 파견하여 감사의 뜻을 전하였습니다. 우리 정부가 어떻게 접대했는지 지금 군말을 붙이지 않겠습니다만, 평소 경모하는 마음이 깊은 것이 이번에 드러난 것은 귀국 수신사 역시 알고 있을 것입니다. 두 나라의 교제가 이로부터 더욱 진보하여 더욱 친밀해질 것을 기대하고 있으니 양국 백성의 행복이 막대할 것입니다. 지금 수신사가 우리나라를 떠남에 이르러 귀하의 뜻에 응합니다. 삼가 아룁니다.

메이지 9년 6월 17일

대일본국 외무권대승(外務權大丞) 모리야마 시게루(森山茂)

외무대승(外務大丞) 미야모토 고이치(宮本小一)

대조선국 예조 참판 이인명 합하

(한역문 번역 생략)

○ 외무대승의 서독(書牘) 겉과 안【추형(雛形)】[2]

○ 겉 봉투의 그림

수신사 왕복 서한

○ **병자 6월 1일**

  삼가 왕림하시고 이어서 서신을 보내 주시며, 공문(公文) 1도를 전달하여 주시니, 마땅히 지시대로 달려가도록 하겠습니다. 특별히 귀하의 지시를 받으매 더욱 감사합니다. 이만 그칩니다.

병자년 5월 초9일

수신사 김기수

외무경 합하

  병자 5월 31일

  서한으로 계를 올립니다. 귀하가 이번에 수신사로서 오신 것을 우리 황제 폐하께 아뢰니, 폐하께서는 만족스럽게 여기시고 특별한 뜻으로 귀하의 알현(謁見)을 허가하시어, 아력(我曆) 6월 1일 오전 11시에 아카

---

2 이하 봉투 및 서한의 그림은 영인본 384~385쪽 참조 바람.

사카 황궁(赤坂皇宮)으로 참내(參內)하실 것을 이에 알려드립니다. 삼가
아룁니다.

메이지 9년 5월 31일

외무경 데라시마 무네노리(寺島宗則) 인

조선국 수신사 김기수 귀하

(한역문 번역 생략)

병자 6월3일

서간으로 알립니다. 귀국 평안도 의주(義州) 사람 이원춘(李元春)이
란 자가 작년 10월에 바다 가운데에 표류(漂流)하여 곤액(困厄)을 당한
지 수일 만에 우연히 영국선(英國船) 오스카와일호[遠須加惟留號]를 만
나 구조되었습니다. 우리나라 북해도(北海道) 하코다테항(函館港)에 있
는 영국 영사관(領事館)을 통하여 올해 1월 도쿄에 있는 영국 공사관(公
使館)으로 전송(轉送)되었습니다. 지난번에 귀국과 우리나라가 조약(條
約)을 체결하였기에 올해 4월 영국 공사(英國公使)가 우리에게 '이 사람
을 외무성(外務省)을 통하여 그의 고국으로 돌려보내 주십시오'라 하였
는데, 그 서신은 별도의 서간에 기재(記載)되어 있습니다. 전후 6개월
동안 그들의 보호를 받아 생명을 보전하였으니, 다만 의식(衣食)을 얻
은 은혜일 뿐만이 아닙니다. 대개 항해(航海)하는 사람이 길을 잃고 표
박(漂泊)하여 해안에 도착되든지, 또는 태풍(颱風)을 만나서 위난(危難)
한 지경에 빠진 사람이 있다면, 이를 보고 어느 사람이 보호와 구휼(救
恤)을 하지 않겠습니까? 이것은 천하의 공통된 법이요 만국의 공통된
도의이므로, 일찍이 그 나라와 통호(通好)가 있고 없고를 물을 필요가

없는 것이니, 영국 배가 그 사람의 위급함을 구원해 주고, 영국 관리가
그 사람을 불쌍히 여긴 것은 세상에서 항상 힘쓰는 것입니다. 다만 그
들이 수개월 동안이라는 장구한 시일까지 감히 소홀하지 않은 그 은의
(恩義)에 어찌 감동하지 않겠습니까? 지금 그 사람을 귀하에게 보내니,
귀하께서는 이 뜻을 양찰(諒察)하시고 받아 주시기를 바랍니다. 또 영
국 정부의 후의에 대해서도 귀하께서 또한 마땅히 영국 관리에게 사례
하는 말씀이 있을 줄로 믿고 있습니다. 들건대 귀국에서도 표류민(漂流
民)을 처리하는 법이 있다고 하는데, 이 사람이 곤액을 만난 것은 실로
의심이 없는 까닭으로, 그의 고향으로 돌려보내니 귀국에서도 그 사람
을 본업(本業)에 편안히 종사케 하리라는 것을 본인은 믿어 의심치 않
습니다. 이에 아울러 이를 진술합니다. 삼가 아룁니다.

메이지 9년 6월 3일

외무경 데라시마 무네노리(寺島宗則)

조선 수신사 김기수 귀하

(한역문 번역 생략)

　회답합니다. 귀국에서 보내온 표류민 평안도 의주 사람 이원춘(李元
春)을 이에 영수(領受)하였습니다. 그가 떠돌아다닐 적에 수개월 동안
보호해 주는 은혜를 받았으니, 이것은 다만 저 한 사람이 은혜를 받은
것이 아니라, 곧 우리나라의 모든 사람들이 함께 그 은혜를 받은 것이므
로 매우 감격하였습니다. 영국인은 특별히 구휼(救恤)을 베풀어 죽은
사람을 살리고, 헐벗고 굶주린 사람에게 의식(衣食)을 제공해 주었으
니, 갓난아이가 우물에 들어가면 이것을 보고 측은한 마음이 생기는

것은 비록 사람마다 다 그렇다 하더라도, 구조를 받은 사람이야 어찌 매우 감동하지 않겠습니까? 가르침대로 사례하는 것은 당연한 바이나, 측은(惻隱)한 마음은 인(仁)의 시단(始端)이니, 영국인이 애초에 구휼한 것은 다만 인인(仁人)으로서 한 일일 것인데 어찌 구구하게 지금에 와서 사례의 말을 바라겠습니까? 우리는 다만 마땅히 이 같은 감사한 마음을 마음에 새겨 길이 보답을 하여야 될 것입니다. 어찌 훗날에 영국 사람이 어려울 때에 우리나라 사람이 능히 구휼을 베푸는 일이 없을는지 알 수 있겠습니까? 다만 이 말로써 사례를 표시하는 바이니, 한 번 말을 전달하여, 영국인에게 우리나라 사람이 무한히 감사한다는 것만 알게 하면 될 것입니다. 그 밖에 이원춘을 고향에 데리고 와서 안업(安業)시키는 것은 우리들의 할 일인데, 어찌 이다지도 지나치게 염려하십니까? 이것 저것 모두 감격하여 마지않으며, 다 헤아려 주시길 바랍니다.

삼가 아룁니다.

병자년 5월 12일

조선 수신사 김기수(인)

일본 외무경

데라시마 무네노리(寺島宗則) 합하

【위는 영국인이 구휼한 조선 표류민 인도에 대한 수신사 수령의 회답서】

병자년 6월 13일

서간으로 아룁니다. 귀국의 예조판서에게 보내는 별도의 서간 1통을 감히 귀하에게 부탁하여 체달(遞達)하고자 하는데, 이는 외무대승(外務大丞) 미야모토 고이치(宮本小一)가 귀국의 경성(京城)에 가게 되는 한 가지 일입니다. 따라서 귀하께도 마음의 준비를 하시라고, 별도로 그

봉신(封信)의 안에 한역문을 첨부합니다. 삼가 아룁니다.

메이지 9년 6월 13일

외무경 데라시마 무네노리(寺島宗則)(인)

조선 수신사

김기수 귀하

(한역문 번역 생략)

병자년 6월 13일

이에 회보합니다. 우리나라의 예조판서에게 보내는 별도의 서간 2통을 삼가 영수하였습니다. 인편으로 가지고 가서 즉시 전달할 것으로 앙보(仰報)합니다. 삼가 아룁니다.

5월 22일

수신사 김기수(인)

일본국 외무경 데라시마 무네노리(寺島宗則) 합하

위는 외무경이 예조판서에 보낸 답서를 수취한 증서

병자년 6월 13일

맑은 날씨에 태후(台候)가 만복(萬福)하심을 기축(祈祝)합니다. 본인은 돌아갈 일자를 귀 외무성 소승(外務省小丞)과 의논하여 이달 27일로 정하였으니, 양력으로 6월 18일입니다. 모든 관련 사무의 지휘(指麾)와 조처에 대해서는 오로지 합하께 속하였으니, 이에 앙보(仰報)합니다. 삼가 결재(決裁)하여 주시기 바랍니다.

병자년 5월 22일

수신사 김기수(인)

외무경 합하

위는 돌아갈 날을 상정한 통지서

병자년 6월 17일

○ 오사카 조폐료 경람(經覽)의 뜻을 수신사에게 통달하는 서(書)

이에 서간으로 알립니다. 귀하께서 타고 갈 배 고류마루(黃龍丸)는 가는 길에 고베항(神戸港)에서 대략 이틀 밤낮 동안 필요한 석탄(石炭)과 잡구(雜具)를 실을 것이니, 그 동안 그곳에서 기차로 오사카부(大阪府)에 가서 그곳의 조폐국(造幣局)을 관람하시기를 바랍니다. 대개 양국 교제(交際)의 도는 단지 사절(使節)의 왕래뿐만 아니라, 두 나라가 있고 없는 것을 서로 통하고, 장점과 단점을 서로 보충하여 양국에 이익 되게 하려는 것이니, 그렇게 하자면 화폐(貨幣)의 매개(媒介)에 의지하지 않을 수가 없습니다. 화폐라는 것은 각국마다 그 모양을 달리하고 본바탕도 또한 다 같지 않으니, 다만 그것을 서로 비교 계량(計量)해야만 맹약을 체결한 나라 사이에 널리 융통하게 되는 것입니다. 그런 까닭으로 각국이 독립을 하고 못하는 것도 화폐 가치의 좋고 나쁜 그것으로써 능히 알 수 있는 것입니다. 이제 귀하께서 다행히 왕림하셨으니 친히 우리나라를 보시고 전화(錢貨)의 주조(鑄造)에 주의하시어, 혹시 신뢰(信賴) 인정(認定)함이 있다면, 이것이 우리나라가 귀국에 크게 바라는 바입니다. 귀하의 직장상(職掌上)에 있어서도 어찌 마땅히 용의(用意)하지 않겠습니까? 이 일행이 가시는 것을 미리 오사카부의 지방관(地方官) 및 지폐료 관원에게 알렸으므로 가시는 길에 지장은 없을 것이니, 감히 왕림하시기를 바랍니다. 도중의 수속 등 모든 편의는 본성

[本省, 외무성(外務省)]의 출장관원(官員)이 의논 처리할 것입니다. 삼가
아룁니다.

메이지 9년 6월 17일

외무경 데라시마 무네노리(寺島宗則)

조선국 수신사 김기수 귀하

(한역문 번역 생략)

병자년 6월 18일

○ 김기수의 답서

이에 회답합니다. 조금 전에 이미 면대(面對)하여 가르쳐주시고, 이
제 또 서신으로 알려 주시니 매우 간곡(懇曲)하며, 교호(交好)하는 점에
서 환하게 의심이 없어졌습니다. 그 풍토(風土)를 시찰하게 하고, 그
풍속을 관람하게 하고, 그 기계(器械)를 견습(見習)하게 하고, 그 의론
(議論)을 듣도록 하고, 성곽(城郭)과 산천(山川)의 험준하고 평탄한 것과
정령(政令)과 백성, 문물의 이로운 일과 병폐(病弊)로운 일까지도 알려
주지 않은 것이 없었으니, 무한히 감복하여 마음에 깊이 새기겠으며,
귀국의 감사한 뜻을 어찌 능히 잊어버리겠습니까? 거듭 말씀하신, 고
베항(神戶港)에 머무는 동안에 오사카조(大阪城)를 구경하라는 한 가지
일은 삼가 지시대로 할 것이나, 다만 유감스러운 것은 우리나라의 규범
에 제한이 있으므로 감히 어길 수가 없는 것입니다. 훗날 귀국 사신이
우리나라에 왕림할 적에는 모든 것이 변변치 못하여 지금 귀국이 본인
을 접대하는 것처럼 그렇게 친절하고 틈이 없게 할 수는 없을 것인데,
비록 넓은 마음으로 곳곳마다 편리를 보아 주신다 하더라도 어찌 미리

부터 불안한 점이 없겠습니까? 이에 감히 마음속에 있는 바를 털어놓고 말하는 바입니다. 귀하의 보중(保重)하심을 바라며, 이만 그칩니다. 삼가 아룁니다.

병자년 5월 26일

수신사 김기수(인)

외무경 데라시마 무네노리 합하

위는 오사카부 조폐료 일람 운운에 대한 답서

병자년 6월 23일

이에 조회합니다. 날마다 풍우(風雨)가 오는 이때, 귀국 조정(朝廷)이 융성하고 온갖 법도가 지금 길상(吉祥)하십니까. 우리 일행은 출발한 그 이튿날 어두운 밤에 바람을 만나서 일행이 매우 위태하였습니다. 고베(神戸)에 배가 정박해서는 본인은 병이 나서 자리를 전전하였습니다. 그런 까닭으로 이틀 동안을 체류할 적에도 오사카 구경을 하지 못하였습니다. 생각건대 이러한 성의(盛意)를 풀밭에 버리듯 하였으니, 비록 형편이 그렇게 되었다 하더라도 스스로 부끄러울 뿐입니다. 삼가 서신을 통해 널리 용서하시기를 바라며 이만 줄이겠습니다. 삼가 아룁니다.

병자년 윤 5월 2일

수신사 김기수(인)

대일본국 외무경 데라시마 무네노리(寺島宗則) 합하

이사관(理事官) 이하 사령(辭令)

○ 미야모토의 사령
외무대승(外務大丞) 미야모토 고이치(宮本小一)
이사관(理事官)으로 조선국에 파견한다.

메이지 9년 6월 7일
태정관

병자년 6월 17일
외무대록(外務大錄) 가와카미 후사사루(河上房申)
외무3등서기생(外務三等書記生) 오쿠 기세이(奧義制)
외무3등서기생(外務三等書記生) 우라세 히로시(浦瀨裕)
외무4등서기생(外務四等書記生) 이시바타 사다(石幡貞)[3]
외무6등서기생(外務六等書記生) 아라카와 도쿠시게(荒川德滋)
외무6등서기생(外務六等書記生) 나카노 교타로(中野許多郎)
외무성 13등출사(外務省十三等出仕) 니라야마 아쓰타카(仁羅山篤孝)
외무대승(外務大丞) 미야모토 고이치(宮本小一) 이사관으로 조선국
에 파견되는 데에 수행한다.

---

3 이시바타 사다(石幡貞) : 1839~1916. 후쿠시마현(福島縣) 출신의 한학자, 외교관.
1876년 11월 24일 오후 4시 부산항에 도착하였다. 12월부터 동래부사 홍우창(洪祐昌)을
만나 시를 주고받기 시작하였으며, 조계를 설치하기 위해 왜관 경계를 측량하였다. 저서
로는 『조선귀호여록(朝鮮歸好餘錄)』, 『동악문초(東岳文抄)』, 『한성조난시기(漢城遭難詩
紀)』 등이 있다.

외무3등서기생(外務三等書記生) 우라세 히로시(浦瀬裕)

외무6등서기생(外務六等書記生) 아라카와 도쿠시게(荒川德滋)

외무6등서기생(外務六等書記生) 나가노 교타로(中野許多郎)

외무7등서기생(外務七等書記生) 오마 게이지(尾間啓治)

조선 수신사(修信使) 귀국에 송선(送船)에 승선한다.

메이지 9년 6월 17일

외무등외1등(外務等外一等) 이시카와 모리미치(石川守道)

조선 수신사 귀국의 송선에 승선하는 외무3등서기생(外務三等書記生) 우라세 히로시(浦瀬裕)에 부속(附屬)한다.

메이지 9년 6월 17일

외무성(外務省)

이사관(理事官) 파견 고지(告知)

병자 6월 13일

◎ 미야모토 외무의 경성행

서한으로 아룁니다. 우리 조정의 외무대승(外務大丞) 미야모토 고이치(宮本小一)를 이사관으로 귀국 경성에 보냅니다. 이는 수호조규 제11조에 의한 것으로, 귀국과 우리나라 간의 인민 통상을 위해 필요한 각 장정 및 수호조규 중의 조관에 기초하여 재차 자세한 내용을 정하고 처리하기 위해 파출된 것입니다. 귀 조정에서도 위 건에 대해서 상의(商

議)와 결정(決定)의 권한이 있는 관리를 만나 응접하도록 해 주십시오.

메이지 9년 6월 모일

대일본국 외무경 데라시마 무네노리(寺島宗則)

대조선국 예조판서 김상현 합하

(한역문 번역 생략)

항한필휴(航韓必携) 권6

표목(標目)

○ 필담(筆譚)

　【체맹국명(締盟國名)】

　【각국 공사 영사 열명(各國公使領事列名)】

　【개항(開港)·개시장(開市場)】

　【오우(奧羽) 행차의 건】

　【도쿠가와(德川) 근상(近狀)】

　【공사(公私) 고용 외국인원】

병자 6월

교제하는 나라가 대략 몇 개국인지 그 국호를 기록하여 보인다.

체맹국(締盟國)의 이름은 다음과 같다.

미국[米利堅]

네덜란드[和蘭]

러시아[魯西亞]

영국[英吉利西]

프랑스[佛蘭西]

포르투갈[葡萄牙]

독일(獨逸)

스위스[瑞西]

벨기에[白耳義]

이탈리아[伊太利]

덴마크[丁抹]

스페인[西班亞]

스웨덴[瑞典]

오스트리아[澳地利]

하와이[布哇]

청(淸)나라

페루[秘魯]

조선(朝鮮)

지금 각국 공사(公使) 중 어느 나라 공사가 와서 머무는지 기록하여
보인다.

지금 동맹국에서 파견 온 공사는 대략 11명으로, 공사 인명표 및 주
류(駐留) 영사(領事) 인명을 기록한다.[1]

영국(英國)

특명전권공사(特命全權公使)

---

1 현재 알 수 있는 인명에만 해당 나라의 문자를 병기하고, 특정할 수 없는 경우에는
『항한필휴』 원문의 가타카나로 읽고 병기함.

도쿄(東京) 제3다이쿠 3쇼쿠 5번초 1번지

요코하마(橫濱) 거류지 야마테(山手) 120번 해리 S. 파크스(Sir Harry Parkes)

이탈리아국

특명전권공사

도쿄(東京) 제2다이쿠 1쇼쿠 도라몬내(虎門內) 산넨초(三年町) 제4번지 콘트 알렉산드로페(Count Alessandro Fe D'Ostiani)

프랑스

특명전권공사

도쿄(東京) 제2다이쿠 10쇼쿠 미타(三田) 히지리자카우에(聖坂上) 사이카이지(濟海寺) 요코하마(橫濱) 가이칸도오리(海岸通) 5초메 구스타브 듀세누 베르쿠르(Gustave Duchesne, Prince de Bellecourt)

미합중국

특명전권공사

도쿄(東京) 거류지 1번지 요코하마(橫濱) 가이칸(海岸) 20번지 존 A. 빙험(John Armor Bingham)

독일국

변리공사(辨理公使)

도쿄(東京) 제3다이쿠 1쇼쿠 나카타초(永田町) 1초메 11번지 M. 폰 브란트(Maximilian August Scipio von Brandt)

네덜란드 겸 스웨덴 노르웨이국
변리공사

요코하마(橫濱) 제1다이쿠 기타나카도오리(北仲通) 6초메 폰 웨크헤르린(フオン、ウエツクヘルリン)

벨기에국
변리공사

요코하마(橫濱) 야마테(山手) 거류지 9번 C. 드 그로테(シ、ド、グロート)

오스트리아국
변리공사

시바리에 드 세플(シバリエ、デ、シエフル)

덴마크국
대임공사(代任公使)

폰 웨크헤르린(フオン、ウエツクヘルリン)

즉 네덜란드 공사

스페인국
대리공사(代理公使) 근무

요코하마(橫濱) 야마테(山手) 거류지 53번 에밀리드 웨타(ヱミリード、オエタ)

러시아국
대리공사

도쿄(東京) 제1다이쿠 가스미가세키(霞ヶ關) 1번지 요코하마(橫濱) 야마테(山手) 거류지 9번 키를 스트로베(Струве, Кирилл Васильевич)

하와이국
대리공사

요코하마(橫濱)거류지 가이칸(海岸) 14번 로베르토 M. 브라운(ロベルト、エム、ブラウン)

페루국
대리공사

요코하마(橫濱) 그라운드 호텔 J. 페데리코 엘모르(ゼー、フェデリコ、エルモール)

스위스 합중국
총영사

요코하마(橫濱)거류지 90번 C. 브렌월드(シー、ブレンワルド)

포르투갈국
총영사

도쿄(東京) 미타(三田) 다이추지(大中寺) E. 로레로(イ、ロレーロ)

각국에서 보내온 영사관 인명

○ 미국총영사(米國總領事)

요코하마(橫濱) 토마스 B. 팬 뷰레인(トフマス、ビファンビューレン)

미국 부총영사(副總領事)

요코하마(橫濱) 헨리 도프류테니손(ヘンリー、ドフリウテニソン)

미국 부영사(副領事)

요코하마(橫濱) 조지 S. 밋챌(George S. Mitchal)

미국 영사

오사카(大阪) 효고(兵庫) 네이슨 J. 뉴위틀(ナーサン、ゼ、ニウウイットル)

미국 부총영사 겸 포르투갈 대변 영사(代辨領事)

나가사키(長崎) 도프류 B. 맨검(ドフリユ、ビー、マンゴム)

미국 부총영사 겸 포르투갈 대변 부영사

찰스 S. 홋셀(チャーレス、エス、フッセル)

미국 부총영사 겸 포르투갈 대변 부영사

하코다테(箱舘) M. C. 할리스(エム、シ、ハリス)

○ 네덜란드국 영사 겸 스웨덴 대변 영사

도쿄(東京) 요코하마(橫濱) 욜드트(ヲルドト)

네덜란드국 영사 겸 스웨덴 대변 영사

오사카(大阪) 효고(兵庫) 케레인(ケレーン)

네덜란드국 영사 겸 스웨덴 사무 취급(瑞典事務取扱)

나가사키(長崎) J. J. 폰 델 호트(ファン、デル、ホット)

○ 러시아 부영사

요코하마(橫濱) 알렉산드르 페리칸(アレキサンドル、ペリカン)

러시아 부영사

오사카 효고(兵庫) 조지 웨스트 홀(George West Hall)

러시아 영사 겸 이탈리아 대변영사

나가사키(長崎) 오랄로스키(Oralosky)

○ 영국 영사 겸 오스트리아 대변

도쿄(東京) 마틴 도메인(マルテイン、ドーメン)

영국 영사 겸 오스트리아 영사

요코하마(橫濱) 홋셀 로베르트린(ルツセル、ロベルトリン)

오스트리아 부영사
오사카(大阪) 효고(兵庫) 유톨프스 A. 엔네슬리(ヱトルフス、エ、エンネスリー)

겸 프랑스·오스트리아 대변영사
나가사키(長崎) 엘키유스 프로월스(ヱルキユス、フロウルス)

겸 프랑스 오스트리아 대변영사 독일 대임영사(代任領事)
하코다테(箱舘) 리차드 유스텐(Richard Eusden)

○ 프랑스 대영사(代領事)
요코하마(橫濱) 케레츨(Coullet)

프랑스 대변영사
나가사키(長崎) 마르키유스 프로월스(マルキユス、フロウルス)
【즉, 영국 영사】

프랑스 대변영사
하코다테(箱舘) 리차드 유스텐(Richard Eusden)
【즉, 영국 영사】

○ 포르투갈 총영사대(總領事代)
제임스 존스톤 케스윅(Johnston Keswick)

포르투갈 영사

오사카 효고(兵庫) E. 드 휏셀(イ、ド、フイツセル)

포르투갈 대변영사

나가사키(長崎) 도프류 B. 맨검(ドフリユ、ビー、マンゴム)

【즉, 미국 영사】

○ 독일국 영사관 사무 취급

도쿄(東京) 아렌스(Arrens)

독일국 영사관 사무 취급 영사

요코하마(橫濱) E. D. 사츠페-(イ、デ、サツペー)

독일국 영사관 사무 취급 영사

효고(兵庫) 후보츠케(フボツケ)

독일국 영사 당분 대리

오사카(大阪)·효고(兵庫) 오스카라프호크토(オスカラフホークト)

○ 독일국 대변영사

나가사키(長崎) 온레젠(オンレーゼン)

독일국 영사

니가타(新潟) A. 드 라이스넬(ヱ、デ、ライスネル)

독일국 대임영사

하코다테(箱舘) 리차드 유스텐(Richard Eusden)

【즉, 영국 영사】

○ 스위스 총영사

C. 브렌월트(ブレンワルト)

스위스 부영사(副領事)

오사카·효고(兵庫) 시화풀브랜트(シファフルブラント)

○ 벨기에 부영사

요코하마(横濱) E. 무르론(イー、ムルロン)

벨기에 대영사

오사카(大阪) 제훠블 그란트(ゼファーブル、ブラント)

벨기에 대변영사 겸 덴마크

나가사키(長崎) M. C. 폰 데르덴

벨기에 대변영사

나가사키(長崎) 헬뮤웰센(ヘルムイウエルセン)

벨기에 일시영사대리

효고(兵庫) 리윈 구스톤(リーウイン、グストン)

○ 이탈리아국 영사, 페루국 총영사 사무대리
요코하마(橫濱) P. 칼테리(ピーカルテリー)

이탈리아국 영사, 페루국 대변영사
요코하마(橫濱) 유프브루니(ユフブリユニー)

이탈리아국 영사, 페루국 영사
나가사키(長崎) 오랄로스키(Oralosky)
【즉, 러시아 영사】

○ 덴마크국 총영사
요코하마(橫濱) 율네스트 도바뷰(エルネスト、ドバビエー)

덴마크국 영사관 사무취급
나가사키(長崎) 아슈 M. 프레이셔(アシユ、エム、フレイシエー)

덴마크국 영사
하코다테(箱舘) 존 H. 듀스(ジョン、エツチ、デユース)

덴마크국 대변영사
오사카(大阪)·효고(兵庫) 에요게(エヲゲー)

○ 스페인국 3등 서기관 겸 요코하마 영사
요코하마(橫濱) 페트로 월가스 마스코치(ペトロ、ワルガス、マスコチ)

스페인국 서기관 겸 요코하마 도쿄 영사 주의

도쿄(東京)·요코하마(橫濱) 에밀리드 오에다(ヱミリード、オエダ)

○ 오스트리아국 영사

영국 영사 겸 근무

○ 하와이국 총영사 대신 근무

훼셀(フエセル)

○ 페루국 총영사 사무대리

요코하마(橫濱) P. 칼테리(ピーカルテリー)

【즉, 이탈리아 영사】

통상(通商)하는 곳이 몇 곳인지 지명을 기록하여 보인다.

통상항구는 7개소, 개시장(開市場)은 1곳.

요코하마(橫濱)

고베(神戶)

오사카(大阪)

나가사키(長崎)

니가타(新瀉) 이항(夷港)【사도시마(佐渡島)이다.】

하코다테(函館)

도쿄(東京)【개시장(開市場)이다.】

성상(聖上)이 어느 지방으로 행차하는지 그리고 얼마 후 환궁하는지 기록하여 보인다.

주상(主上) 행차는 오우(奥羽) 지방이고 대략 60여 일 후에 돌아오신다.

도쿠가와(德川) 씨는 어떤 관직으로 지금 어느 지방에 있는지 기록하여 보인다.

도쿠가와(德川) 씨는 정권을 내려놓은 뒤에 스루가(駿河) 시즈오카(靜岡) 번사가 되었는데, 이내 또 폐번치현의 제도가 있었다. 그래서 도쿄(東京)를 왕래할 때에 지금은 관위가 없다. 지난 날 제후로서 지위가 있는 화족들이 다 그러하니 유독 도쿠가와 씨만 그런 것이 아니다.

타국인이 귀조(貴朝)에 출사하는지 기록하여 보인다.

현재 공사에 고용된 각국의 학사(學士) 및 직공(職工) 등의 인원은 대략 877인인데 급여는 한 달에 일금 15만 5천 4백 5십 8원 91전 1리로 이에 별단(別單)에 기재한다.

병자 6월 14일

공고(公雇)

277인 영국인

84인 프랑스인

65인 미국인

3인 이탈리아인

17인 네덜란드인

36인 청국인

42인 독일인

2인 오스트리아인

3인 포르투갈인

1인 러시아인

1인 스위스인

2인 덴마크인

7인

모두 539인

이 급료는

한 달에 일금 11만 5천 백42원 53전 4리 1

사고(私雇)

154인 영국인

16인 프랑스인

83인 미국인

16인 네덜란드인

17인 청국인

23인 독일인

2인 오스트리아인

2인 포르투갈인

1인 러시아인

3인 스위스인

7인 덴마크인

3인 스웨덴인

1인 벨로루시인

10인 각국인

모두 338인

이들 급료

한 달에 일금 4만 3백 16원 37전 6리 6

합계 일금 15만 5천 4백 5십 8원 91전 1리

항한필휴(航韓必携) 권7

표목

○ 신사체경일기(信使滯京日記)【건(乾)】

5월 28일

1. 오후 기차로 무로타(室田) 중록(中錄), 오쿠(奧) 3등 서기생(書記生),
   우라세(浦瀨) 3등 서기생, 혼다(本多) 등외(等外)가 요코하마(橫濱)에
   출장하여 아이오이초(相生町)의 야마나카 덴지로(山中傳次郎) 숙소에
   머물렀음.

1. 오쿠(奧), 우라세(浦瀨) 등이 현청에 가서 당직(當直)과 만나 출장의
   취지를 고하였습니다. 미야모토 대승(宮本大丞)이 노무라 권령(野村
   權令)에게 조회장을 내어 마을회관[町會所]을 빌리는 건을 이야기하
   니, 곧 마을회관 사람을 불러들여 이야기를 끝내고, 위 당직 일동이
   마을회관에 가서 좌석의 순서를 정돈했다.

1. 접대할 다과, 술 등은 모두 덴지로(傳次郎) 쪽에서 담당했습니다.

1. 세관(稅關)에 도착하여 당직인 스기우라(杉浦) 권중속(權中屬)과 면
   회하여 소기선(小汽船) 빌리는 건을 이야기했다. 내일 29일 오전 6시

전부터 2척을 수배할 계획으로 처리하였습니다.

1. 노무라(野村) 권령(權令)을 방문하여 일단 사정을 말해 두었습니다.

1. 정거장에 이르러 도이(土肥) 대속(大屬)과 만나, 이전에 협의한 대로 기차 상등 1량, 중등 1량, 하등 2량, 화물칸 4량을 빌리는 일과 휴식소 등을 이야기 했습니다. 또 짐칸의 건은 소지품은 1량, 나머지 3량은 가마를 실어 넣는데, 아직 가마의 수는 알 수 없지만 경우에 따라 1채가 될 수도 있다고 한다면 화물칸은 2량으로 족합니다. 어쨌든, 내일 아침 입항 후에 다시 이야기하기로 전해두었습니다.

1. 인력거(人力車) 19채와 뭍으로 끌어올리는 배 10척을 고용하는 일은 등외(等外) 혼다(本多)와 오시가(押賀) 두 사람이 담당했습니다.

1. 접대품들은 내일 29일 오전 6시 전까지 준비해서 휴식소로 운송할 계획으로 확실히 정하였고, 청부한 일에 대해서는 반두(番頭) 도쿠베에(德兵衛)가 자청했습니다.

5월 29일

1. 오전 1시 지나서부터 비가 와서 뇌우(雷雨)였는데 새벽부터는 비가 그쳤습니다. 새벽 6시 몇 분 고류마루(黃龍丸)가 입항하였다고 미쓰비시 회사(三菱會社)에서 알려왔습니다. 이는 어제 미쓰비시 회사(三菱會社)에 일러두었기 때문입니다.

1. 본성[外務省]에 고류마류 입항의 건을 전보하였습니다. 이어서 미즈노(水野) 소록(小錄), 오마(尾間) 서기생(書記生)이 상륙, 면회하여 사원(使員)이 부산포(釜山浦)를 떠난 이후의 사정과 아울러 청도(淸道), 순시(巡視) 깃발은 갖고 오지 않았으며 또 상륙 후 가마를 탈 때와 내릴 때 발포하는 것은 저 나라에서는 행하는 것이지만 우리나라에

와서는 결코 시행할 수 없다는 것 등을 일러두었습니다.

1. 세관에 기선을 부두로 보낸다고 전했습니다.

1. 오전 6시 30분 오쿠(奧), 우라세(浦瀨), 무로타(室田), 미즈노(水野), 오마(尾間)는 함께 소기선으로 고류마루에 이르렀습니다. 오쿠(奧), 우라세(浦瀨)는 먼저 훈도 현석운(玄昔運)과 만나 영접의 뜻을 이야 기하고, 그로부터 안내를 기다려 사절과 만나 명함을 주고 먼 길 무 사히 온 것을 축하하고 영접을 위해 왔으며, 형편이 되는 대로 상륙 의 조치를 취할 수 있다는 뜻을 전하니 알았다는 답례(答禮)가 있었 습니다. 오쿠, 우라세가 퇴석하여 다시 훈도를 만나 상륙을 재촉하 였습니다. 소지품과 악기, 기타 일행들을 일본 목조선에 태우고, 수 순을 만들어 사절에 상륙함을 전했습니다. 소기선으로 영접괘도 함 께 일동 상륙했습니다.

1. 부두에서 오쿠, 우라세가 인력거로 인도하여 사절은 가마에 있고, 상관 이상은 인력거를 탔습니다. 악대(樂隊)의 주악으로 혼마치(本 町) 마을회관에 이르렀습니다.

   단, 왕래할 때 양측에서 경찰관이 지키고 또 따로 2명이 행렬의 앞 에 서서 인도했습니다.

1. 휴식소에 도착 후, 한 방 안에 사절 한 명은 따로 자리를 마련하고, 상관(上官) 이상과 접대괘(接待掛リ)는 함께 앉았습니다. 【차, 과일(배, 귤), 갈탕(葛湯), 카스테라, 미림술】

   단, 저들의 바람으로, 병풍(屏風)으로 사절의 자리를 가렸다. 이는 사절의 눈앞에서 상관 이상이라도 의자에 앉을 수 없기 때문이다. 또 사절 한 사람이 복통으로 아직 아침밥을 먹지 못했기에, 조금 준 비를 청하여 갑자기 1인분을 주문하였지만, 발차 시간 관계로 사절

이 이미 갈탕도 먹었다고 하고, 곧 착경하기에 미루기로 하고 식사
는 하지 않았다.

중관 이하의 생도까지 한 방 안을 4석으로 나누고 모두 의자에 앉았
다. 일본술【1홉 정도를 넣은 조쿠(猪口)로 1잔】, 빵을 준비하는 중에, 오
전 10시 45분 기차로의 상경이 정해져, 즉시 본성 및 경시청(警視
廳), 육군성(陸軍省) 중 진대(鎭臺) 등에 전보했다.

1. 입경 기차의 시각도 알기에 무로타(室田)는, 전에 미즈노(水野)가 준
   한국에서의 대화서(對話書) 등 다루고 있는 모든 상황의 보고를 위해
   9시 30분 기차로 귀경했다.

   단, 영접선을 함께 탄 등외(等外) 오타 요시나리(太田芳也)가 동행함.

1. 오전 9시 35분 사절 일행은 휴식소를 떠나 정거장에 도착했다. 행렬
   은 모두 전과 같다.

   단, 차를 내지는 않고 흡연만 했다.

1. 기차 상등실에는 사절, 그 외 상상관 1명, 그 밖에 소동(小童) 1명,
   우라세(浦瀨), 미즈노(水野), 해군의(海軍醫) 시마다 슈카이(嶋田脩海).
   중등실에는 상관 9명, 차관 3명과 아라카와(荒川), 나가노(中野), 오
   마(尾間) 생도【하등실에 끼어듦】. 하등실【2량】에는 중관 47명, 하관 10
   명, 생도 등이 함께 탔다. 10시 45분 발차로 정오 12시 17분 신바시
   (新橋) 정거장에 도착했다.

   단, 고류마루(黃龍丸)는 시나가와(品川)에 보냈는데, 화물 취급을 위
   해 저쪽의 차관 1명, 중관 8명, 우리 쪽 등외 하라 요시야(原吉也)
   1명이 이 배에 타고 있음.

1. 신바시(新橋) 정거장 안 누상의 휴게실 한 방에 사절은 따로 자리를
   마련하여 병풍으로 가리고, 상상관 2명은 한 자리에, 상관은 그 다

음으로 합쳐서 한 방, 한 자리에. 모두 차를 내었다.

1. 정오 12시 15분 정거장을 떠났고 행렬은 전과 같다. 경비인 기병은 앞에 서고, 경찰관이 출장하여 여러 가지 단속할 것들에 빈틈이 없으며 왕래에 조금의 불편함도 없었다. 신바시(新橋)를 건너 오도리(大通リ)의 고쿠초(石町)에서 왼쪽으로 돌아 하천변으로 나와 가마쿠라가시(鎌倉川岸)를 지나 하천변을 지나 우측으로 돌아 니시키초(錦町) 2초메 1번지의 여관에 도착했을 때는 오후 2시 10분 전으로, 예(例)의 기병이 문 밖에서 정례(整列)하였음으로 외무관과 사절은 기병에게 한번 인사하고【외무관은 모자를 벗고, 사절은 공수(拱手)했다. 기병은 손으로 모자를 만지면서 답례했다.】그로부터 문안에 들어가서 방중에 있던 유인(誘引) 전도관(前導官)이 사절을 향하여 무사히 착경한 것을 축하하였고 자리에 앉았다.

1. 착석한 가운데 기병(騎兵)이 물러가도 되는지 물었기에, 사절의 기병(騎兵)에 대한 인사로 훈도(訓導)가 문 앞에 가서 한 번 인사를 전하고 더불어 외무관(外務官)도 노고에 감사하고 기병을 돌려보냈다. 단, 신바시 정거장에서는 사절이 가마를 타려고 할 때, 전열한 기병 앞으로 갔기에 예식을 행함에 짬이 없이 지나감.

1. 오후 2시 지나 후루사와(古澤) 권소승(權少丞)이 와서 정부의 명으로 사절을 방문했다. 응접실에서 대화. 사절 김기수(金綺秀), 훈도 현석운(玄昔運)과 통변(通辯) 우라세(浦瀨)가 나와 인사드림. 후루사와가 외무경(外務卿)의 명을 이야기하고 내일 30일 오전 10시 외무성(外務省)에 출두하여 서간(書簡)을 제출하는 건을 상의하였는데, 이의 없이 승낙하였습니다.

1. 오늘 여관에 오쿠(奧) 3등 서기생, 우라세(浦瀨) 3등 서기생 이와타

(岩田) 12등 출사 외에 등외(等外)와 소견(小遣), 기타 사원, 동선한 사람들 미즈노(水野) 소록, 아라카와(荒川) 6등 서기생, 나가노(中野) 6등 서기생, 오마(尾間) 7등 서기생, 어용견습(御用見習) 요시조에 기하치로(吉副喜八郎), 생도 나카무라 쇼지로(中村庄次郎), 아사야마 겐조(淺山顯藏), 요시무라 헤이시로(吉村平四郎), 다케다 진타로(武田甚太郎), 다케다 구니타로(武田邦太郎), 아비루 유사쿠(阿比留祐作) 구로이와 기요미(黑岩靑美), 오이시 마타사부로(大石又三郎) 쓰에 나오스케(津江直介), 스미나가 슈조(住永琇三)가 왔다.

1. 오늘부터 숙직(宿直)은 등외(等外)와 소견(小遣) 외에 생도 2명씩으로 정했습니다.

   단, 생도의 건은, 낮에는 당분간 일동 여관에 근무하고, 또 숙직하는 2명은 여관에 머뭅니다.

1. 오후 9시 넘어 고류마루(黃龍丸)에 승선하여 시나가와(品川)로 돌아갔던 차관 1명, 중관 8명이 도착함.

5월 30일

오쿠 기세이(奧義制)

우라세 히로시(浦瀨裕)

이와타 나오유키(岩田直行)

아라카와 도쿠시게(荒川德滋)

나카노 교타로(中野許多郎)

1. 시나가와(品川)에서 보낸 짐이 도착함.
1. 오전 9시 사절이 출성하여 서간을 제출하는 방법에 대한 수속의 부

분 부분은 【서한은 상상관(上上官)이 제출한다. 인신관첩(印信關帖)[1]은 휴식소에 둔다. 폐하께 드리는 헌상품 등이다.】 사절이 우라세(浦瀨)에게 전하여 미야모토(宮本), 모리야마(森山)에 보고해 두었습니다.

1. 오전 10시에 사절이 외무성에 출두하기에 9시 5분부터 출발했습니다. 행렬(行列), 전도(前導) 모두 어제와 같습니다. 단 인원은 결국 줄었고 12시 넘어서 귀관하였습니다.

1. 소(宗)[2] 종4위(從四位)가 신사를 방문하기 위해 히라토이(平間) 아무개를 보냈다. 사절을 면회함.

1. 오후 중관 2명【김우종(金宇宗), 박정봉(朴正鳳)】이 불쾌하다고 하여 준텐도(順天堂)[3] 의사를 불러 치료하였습니다.

단, 이보다 먼저 오쿠 서기생이 준텐도에 가서 의사 오타키 도미조(大瀧富三)와 만나, 수신사 체류 중 사원 일행의 병을 도맡기로 의뢰하였더니 승낙하였습니다. 또한 오늘 저녁까지 진찰하도록 말해두었습니다.

준텐도(順天堂) 의사 3명이 출근하기로 하였는데, 그 이름은 아쿠쓰 시세이(阿久津資生), 무라카미 신지(村上辰二), 오타키 도미조(大瀧富三). 또한 중병 등의 때는 늘 올 계획이고, 매번 부를 때는 따로 그

---

1 도장과 공식문서를 가리킨다.

2 소 시게마사(宗重正): 1847~1902. 요시노조(善之允)라고도 하였다. 소 요시요리(宗義和)의 셋째 아들. 제16대 쓰시마후추(對馬府中) 번주이다. 1869년 메이지정부의 명에 따라 조선에 왕정복고를 알렸다. 1871년 폐번치현으로 번(藩)이 폐지된 후 외무대승(外務大丞)에 취임하였으며, 1872년 모리야마 시게루(森山茂)와 함께 부산에 내항하여 국교교섭을 시도하였으나 실패하였다.

3 1838년 사토 다이젠(佐藤泰然)이 도쿄에 개설한 의학교 겸 병원이다. 네덜란드식 서양의학을 가르쳤던 와다주쿠(和田塾)·사쿠라준텐도(佐倉順天堂)에 설립 기원을 둔다.

뜻을 전할 계획이라고 들었습니다.

1. 오후 미야모토(宮本) 대승, 모리야마(森山) 권대승이 들어 와서 사절과 대화함.

   단, 특별히 사절에게 천황폐하께 알현을 드리는 일을 전했다. 사절이 삼가 승낙했다. 또 일시는 내일이 될 것이라고 전하였다.

1. 내일 31일 오전 우라세(浦瀨), 나가노(中野) 두 서기생, 훈도(訓導)가 같은 길로 출성(出省)할 것을 미야모토(宮本) 대승에게 들음.

1. 오후 4시 넘어 이시바타(石幡) 서기생을 잠시 만날 수 있었습니다.

1. 오후 3시 넘어 미즈노(水野) 소록, 오마(尾間) 7등 서기생이 출두함.

1. 사절이 계두주(雞頭酒) 한 병과 약과(藥菓), 육포를 출근한 사람들에게 주었습니다.

   단, 잔을 갖고 옴.

5월 31일 【아침에 비】

오쿠 기세이(奧義制)

우라세 히로시(浦瀨裕)

이와타 나오유키(岩田直行)

아라카와 도쿠시게(荒川德滋)

나카노 교타로(中野許多郎)

1. 오전 9시 지나 우라세(浦瀨)가 본성(本省)에 출두.

   단, 지난 밤 훈도 우라세가 여관에 와서 내근(內勤)했기 때문이다.

1. 오전 10시 외무경(外務卿)이 와서 어제 사절의 출성(出省)에 대해 회례(回禮)를 베풀었다.

단, 문 밖 마차 위에서 명함을 전했다. 훈도 현석운(玄昔運)이 문밖
에 나와 맞이하고 아라카와(荒川)가 이를 통변하였다.

1. 오전에 시마다 슈카이(嶋田脩海)가 와서 정사와 면회하였습니다.

1. 오전 훈도 현석운(玄昔運), 나가노(中野) 서기생이 함께 마차로 출성
하였고 따로 부품(副品)을 지참함.

　　단, 우라세(浦瀬)는 이미 본성에 있었다.

1. 모리야마(森山)가 오쿠(奥), 아라카와(荒川) 앞으로, 사절의 천황폐하
께 드리는 헌상품(獻上品)을 오후 1시 상관(上官)으로 하여금 궁내성
(宮內省)에 제출하는 법을 전해왔기에, 오쿠, 아라카와와 상판사(上
判事) 현제순(玄濟舜) 외에 중관(中官) 2명, 하관(下官) 1명이 헌상품
을 들고 궁내성에 갔습니다. 중관은 현관 앞에서 대기하고, 현제순,
오쿠, 아라카와는 현관에 올라 안내를 신청하니, 주임이 면알소(面謁
所)에서 대기하도록 하였습니다. 나카야마 권대승(中山權大丞), 쓰다
소승(津田小丞)과의 면접이 있었습니다. 목록대로 바치고 수취서(受
取書)를 받고 돌아왔습니다.

　　단, 중관도 현관의 옆에서 대기【궁내성(宮內省) 사람이 조치】하고 있
었고 또 현제순의 대기소에는 차와 얼음을 내었습니다.

1. 궁내성(宮內省)에서 돌아오는 길에 현제순(玄濟舜)과 중관(中官) 2명
은 같은 경로로 박물관(博物館)을 일람하였는데, 심히 감탄하고 놀람
을 정사에게도 자세히 이야기하려는 뜻을 말하였다. 돌아오는 길은
도쿄 재판소(東京裁判所) 앞을 지나서 여관에 돌아왔다.

1. 외무경(外務卿)이 신사에게 서한 한 통을 보냈기에 생도를 통해 즉시
차출하였습니다.

1. 야쓰다(安田) 개척소판관(開拓少判官), 고마키(小牧) 개척 간사(開拓

幹事)가 방문하러 와서 사절을 면회함.

1. 내일 6월 1일 오전 11시 사절이 참내(參內)하고 겸하여 후키아게 정원(吹上御庭)을 배견하고 앙부드립니다. 오전 8시 반 출문할 예정으로, 노순서(路順書)를 첨부하여 위 통행의 때에 해당구에서 사람들로 번잡하지 않도록 주의하는 건을 관계자에게 보냈습니다.

1. 영국 공사관이 이와하시(岩橋) 아무개를 시켜 내일 사절의 참내 노순을 물어 왔기에 노순서(路順書)를 전달하였습니다.

1. 후루사와(古澤) 권소승과 오마(尾間) 서기생이 왔습니다.

1. 궁내성(宮內省) 문의 통행증[御門鑑] 65번은 나카노에게, 70번의 혼다(本多)는 우라세(浦瀬)에게 전했습니다.

1. 70번 통행증은 반납하였습니다.

6월 1일【흐림】

오쿠 기세이(奧義制)

우라세 히로시(浦瀬裕)

나카노 교타로(中野許多郎)

아라카와 도쿠시게(荒川德滋)

1. 오전 8시 25분전 경시(警視) 제 4방면 제1서에 근무하는 경부보(警部補) 시라사카 마코토(白坂信)가 출두하여 오늘 사절의 참내 시각을 물었다고 들었습니다.

1. 우라세 히로시(浦瀬裕)가 외무성(外務省)에 들렸고, 오마 게이지(尾間啓二)가 같은 길로 궁내성(宮內省)에 나아갔습니다.

1. 오전 8시 출문하여 오쿠(奧) 서기생이 차로 전도함. 신사는 가마(輿),

나머지는 인력거(人力車)로 10시전 황궁에 이르렀다. 신사는 현관 앞 차대는 곳까지 가마로 들어갔다. 기타는 표문 밖에서 하차. 수행원 들은 칸막이한 문 밖에서 대기하고 있었다. 사절과 상상관(上上官) 두 명은 승전. 사절은 알현을 드리고, 상상관은 알현하지 않았다. 그 밖에 서기관(書記官)【상관(上官)】 2명은 관복을 하고 참내하였지만, 신사의 대기소에 있으며 인식관첩(印信關帖)을 지킬 뿐이었다. 알현 이 끝나고 후키아게 정원(吹上御庭)을 앙부하러 니시노마루(西丸) 오 테(大手)에서 모두 하차. 수행원과 가마, 인력거는 한조몬(半藏御門) 내 후키아게 뒷문 앞으로 보냈다. 그로부터 궁내성 출장 관리의 안 내로 삼각문(三角門)에 갔을 때, 사절이 보행이 어려워 곤란하다는 뜻을 전하였지만, 점점 홍풍이궁(紅楓離宮)까지 이르렀고 모리야마 외무권대승(森山外務權大丞)이 대기소에서 있어, 잠시 의자에 앉아 휴식을 하였다. 다키미이궁(瀧見離宮)에 이르러 오찬을 준비하였다. 【시간은 오후 1시가 되었다.】 그리하여 신사가 몇 분간의 보행이 어렵다 고 하기에 궁내성 출장 관원 나이토 노부카쓰(內藤信勝)에게 문의하 여, 사절만 피로를 이유로 인력거를 쓰기로 상의하였는데, 그렇게 할 수 있다고 하여 뒷문에 보낸 인력거 1채를 오도록 조치하였는데, 뒷문 통행은 아직 협상되지 않아서 통행되지 못하였다. 그로부터 다 시 오테(大手)에서 돌아가기로 정하여 조치를 여러 가지 세웠다. 사 절이 보행할 수 있다고 하여, 곧바로 돌아가는 길 도중에 인력거를 만났지만 타지 않는다고 하였다. 그로부터 쓰리하시(釣橋)를 건너 오테로 나와【쓰리하시를 보고 크게 감복하였다.】 와다쿠라(和田倉)에서 군마국(軍馬局) 앞을 지나 이치바시몬(市橋門)을 나와 여관에 돌아 갔다.

1. 후키아게타키미이궁(吹上瀧見離宮)에서 경시청(警視廳)에 귀로 순서가 갑자기 바뀌었다는 것을 통지하였습니다.

1. 오후 후루사와(古澤) 권소승(權少丞)이 와서 모레 3일 엔료칸(延遼館)에서 사절 및 상상관(上上官) 2인의 오찬(午餐)을 향응(饗應)하고, 같은 날 저녁 상관(上官) 이하 일동에는 여관에서 동일하게 할 뜻을 전함. 또 오늘 사절이 마차를 쓰는 건도 전하였는데 승낙하여 상상관 2인도 마차(馬車)로 정하였다. 모두 마차 3량 준비함.

1. 신사 향응에 대식(對食)하는 면면들은 산조 태정대신(太政大臣), 오키(大木) 사법경(司法卿), 이토(伊藤) 공부경(工部卿)【귀경(歸京)한 이는 야마오(山尾) 대보(大輔)】, 야마가타(山縣) 육군경(陸軍卿), 이노우에(井上) 의관(議官), 가와무라(河村) 해군대보(海軍大輔), 시시도(宍戶) 교부대보(教部大輔), 마데노코지케(萬里小路) 궁내대보(宮內大輔), 하야시(林) 내무소보(內務小輔), 보조(坊城) 식부두(式部頭)와 외무경(外務卿)을 비롯한 접반괘(接伴掛). 단 외무경에서 산조 이하 각처에 향응의 일시 등을 보고하였습니다.

   단, 사메지마(鮫島) 외무대보(外務大輔)와 미야모토(宮本) 대승(大丞), 모리야마(森山) 외무권대승(外務權大丞)에는 후루사와(古澤) 권소좌가 통지함.

1. 신사가 고류마루(黃龍丸) 선장과 그 배에 승선한 해군의(海軍醫) 시마다 슈카이(嶋田脩海), 역체료(驛遞寮) 대속(大屬) 고스키(小杉) 아무개에게 증물하는 건을 말하여, 후루사와(古澤)가 미야모토(宮本)에게 문의하였습니다.

   단, 향응 당일의 착복(着服) 건도 같이 문의함.

1. 내일 2일 오후 다이카구라(太神樂)를 불러 들여 사절에 일람하는 일

을 합의하여 정함. 단 후루사와(古澤)가 처리하였습니다.

6월 2일 【맑음】

오쿠 기세이(奥義制)

우라세 히로시(浦瀨裕)

아라카와 도쿠시게(荒川德滋)

나카노 교타로(中野許多郎)

이와타 나오유키(岩田直行)

1. 오전 3시 넘어 미야모토(宮本) 대승이 후루사와(古澤), 오쿠(奧), 미
   즈노(水野) 앞으로 향응 당일의 착복과 해군 악대 차출하는 방법, 기
   타 접반 수속 등을 말해주었습니다. 후루사와가 오쿠에 조치해야 할
   것을 곁들여 써 보낸 편지가 있어 본성 당직이 보냈기에, 이른 아침
   오쿠 기세이(奧義制)가 외무경 댁에 이르러, '착복은 우리식의 소례
   복(小禮服)과 심문복은 일체 하지 말고, 처음 도래한 사절이니 우리
   사정이 통하지 않으면 난잡하게 판단하고 무례하다고 할 수 있다'고
   운운하는 미야모토의 의견을 붙여서 물었더니, 착복은 한결같은 모
   양의 색으로 할 것은 없고 또 소례복은 아마도 입을 필요가 없을 것
   이며, 저들로부터 물음이 나오면 공복(公服)을 입는다고 답하도록
   하는 지시가 있었습니다.

1. 오전 미야모토(宮本) 대승이 해군 비서관(海軍秘書官) 앞으로 내일 3
   일 엔료칸(延遼館)에서 조선국 사신의 향응이 있기에 당일 오전 11시
   넘어 부터 악대(樂隊)의 차출 방식을 협의하였습니다.

1. 모리야마(森山) 권대승이 엔료관(延遼館)에 사절이 파출할 때는 관복

을 입을 수 있다고 말해 왔습니다.

1. 향응의 대식, 착복의 건과 기타 미결의 사항들이 있어, 오후 4시 오 쿠 기세이(奧義制)가 미야모토 대승(宮本大丞) 댁에 가서 외무경의 의견을 들었는데, 그러한 법은 어쩔 수 없다고 하지만 조선인의 기 분을 살핌에 전례와 관계없이 이번은 되도록 복색을 한결같이 하고, 또 모리야마의 의견도 있다면 한번 모리야마가 외무경께 말씀드리 고, 만약 정해지면 시급히 대식하는 면면들에도 통보해야 하고, 또 사절이 각성 장관에 이름표를 나누는 것은 그 성에서 해야 하며 또 그 장관도 그에 걸맞게 하루, 이틀 중으로 여관에 회례하도록 하고 만일을 위해 이전에도 알려드렸지만 물으셨으니, 여관에 돌아가 각 각에 써 주시도록 하였습니다.

1. 다이카구라(太神樂)의 마루이치 곤노신(丸一權ノ進)이 왔다. 사절에 견물을 권하였는데 승낙하였다. 정원 가운데 가리개 밖에서 연기하 고, 사절은 정원 가운데에서 의자에 앉았다. 또 가리개 판자 2, 3장 을 놓아 그 사이에서 일람하고, 기타는 가리개 밖에 나와 일견하였 다. 사절은 의외로 흥이 나서 기뻐함.

1. 오쿠 기세이(奧義制)가 모리야마(森山) 권대승(權大丞) 댁에 가서 내 일 접대의 모양을 이야기하고, 착복의 건은 미야모토(宮本)의 의견 을 말하였다. 모리야마가 즉시 외무경(外務卿)에 증서할 예정임.

1. 사절이 소(宗) 종4위(從四位)를 방문하기 위해 훈도(訓導) 현석운(玄 昔運)을 우라세(浦瀬) 서기생과 동행시켰습니다.

1. 고류마루(黃龍丸) 선장을 비롯한 나머지 사람들에게 사절의 증물 건. 고류마루의 건은 수납할 수 있다고 하여 또 선장을 불러 들였습니 다. 가능하면 훈도 현석운(玄昔運) 목전에서 전하도록 함. 고스키(小

杉)와 시마다(嶋田) 건은 내무(內務), 해군(海軍) 두 성에 저들이 신청하였습니다. 서면을 베껴 첨부하여 물었으며 가부는 두 성의 희망에 따른다는 뜻을 미야모토(宮本)가 말해 왔기에 그 뜻을 훈도에게 전해 두었습니다.

1. 미즈노(水野) 소록이 잠깐 왔습니다.

6월 3일 【아침·오후 가랑비】

오쿠 기세이(奧義制)

우라세 히로시(浦瀬裕)

이와타 나오유키(岩田直行)

아라카와 도쿠시게(荒川德滋)

나카노 교타로(中野許多郞)

1. 오전 8시 후루사와(古澤) 권소승(權少丞)이 와서 여러 일을 협의하고 곧 엔료칸(延遼館)에 갔습니다.

1. 사절과 상상관(上上官) 2인은 마차(馬車) 3량에 탔다. 오전 9시 지나 출문하여 엔료칸(延遼館)에 출두함.

　　단, 우라세(浦瀬), 아라카와(荒川), 이와타(岩田)는 접대하기 위해 출근하였음.

1. 사절이 통행하는 곳곳이 혼잡하지 않도록 경시청(警視廳)에 전하였습니다.

　　단, 어제 가급적 협의하였으나 노순이 정해지지 않아, 오늘 아침 협의하여 따로 여관에서 가장 가까운 방면의 서(署)에 구두로 말함으로써 본청에 전해둔다는 취지 등을 보고하였습니다.

1. 오전 사절이 각성(省)의 장관(長官)을 방문하기 위해 속관(屬官)을 차출했다. 아사야마 겐조(淺山顯藏)가 안내함.
1. 오전 본성에서 수신사의 각성 장관 방문의 건에 대해, 해군성(海軍省)으로부터 오늘이라면 오전, 내일은 휴무이기에 모레 방문 조치한 일을 전하여 서면을 보내어 주었습니다.
1. 신사는 엔료칸(延遼館)에서 하마리궁(濱離宮)를 배견하고, 돌아가는 길에 박물관(博物館)에. 미야모토(宮本) 대승도 같은 길로 이르렀다. 일람을 마치고 오후 6시 지나 귀관하였다.
1. 상관(上官) 이하 일동에 일본 요리로 정부가 만찬 향응하고 또 신사(信使) 및 상상관(上上官)에도 일본 요리로 한다는 뜻을 전하고 만찬을 제공했다.

6월 4일 【흐림】

오쿠 기세이(奧義制)

우라세 히로시(浦瀨裕)

이와타 나오유키(岩田直行)

나카노 교타로(中野許多郎)

1. 오전 아라카와 도쿠시게(荒川德滋)가 병으로 결석
1. 미야모토 대승(宮本大丞)이 오늘 사절이 외출할 장소도 없기에 무료하다면 사회(寫繪), 마술(手品), 만경(晚景)을 준비할 수 있다는 뜻을 전해 와서, 마술로 결정하였습니다.
   단, 후루사와(古澤) 권소승(權少丞)이 같은 일을 전하러 왔습니다.
1. 히로쓰 히로노부(廣津弘信)가 사절을 방문하려고 왔는데 훈도가 면

회하고 사절은 면회하지 않았습니다. 이유는 공교롭게 낮잠을 청하고 있는 때이기 때문으로, 히로쓰도 다른 날 올 수 있다고 말해두었습니다.

1. 오전 소(宗) 종사위가 방문하러 왔다.
1. 동 상판사 고영희(高永喜) 외 2명이 신사의 이름표 배포를 위해 이노우에(井上) 의관, 구로다(黑田) 참의 댁에 갔습니다. 돌아오는 길에 박물관(博物館)을 일견하고 돌아왔습니다.

    단, 안내 마차로 생도가 동행함.
1. 오후 6시 지나 마술사 야나가와 잇초사이(柳川一蝶齋)가 왔다. 7시 넘어서부터 연기(演技)하고 9시 지나 끝났다.

    단, 사절과 그 외 사람들이 크게 흥이 났다고 합니다.
1. 사법경의 방문으로 사법대록(司法大錄) 미즈타니 유하라(水谷弓腹)가 왔다. 훈도(訓導) 현석운(玄昔運)을 면접함
1. 사절이 접대괘에 생주(生酎) 한 소도(小陶), 약과 한 사발, 준재(蹲材) 한 사발, 북어·말린 문어·말린 전복 한 사발을 보냈습니다.

6월 5일 【맑음】

오쿠 기세이(奧義制)

우라세 히로시(浦瀨裕)

이와타 나오유키(岩田直行)

아라카와 도쿠시게(荒川德滋)

나카노 교타로(中野許多郎)

1. 중관(中官) 4명이 병이라고 하여 준텐도(順天堂)에 전하였더니, 오타

키(大瀧) 아무개가 진찰하러 왔습니다.

1. 오쿠 기세이(奧義制), 아라카와 도쿠시게(荒川德滋)가 그제 미야모토 대승(宮本大丞)이 말을 전해왔기에 출성하여 응접하는 일을 맡아 또 요즘 여관의 정황을 이야기하려는데 모리야마 권대승(森山權大丞)이 이미 여관으로 가버렸다. 상상관(上上官) 등을 우에노 공원(上野公園)에서 아사쿠사(淺草) 주변에 유도할 예정으로 곧 돌아올 것이라는 말이 있었다. 일단 귀관함.

1. 모리야마 권대승(森山權大丞)이 왔다. 내일 6일 육군 연병(練兵)을 일람하기에 출장의 취지를 전하였다. 또 오늘 우에노 공원(上野公園)과 아사쿠사(淺草) 주변 유람할 것을 권하였는데, 사절이 연병을 배견하는 건은 나가지만, 오늘 유람의 건은 거절한다고 하였으나, 속관(屬官)은 보낼 수 있다고 하여 승낙하였다. 훈도(訓導) 현석운(玄昔運)을 비롯하여 18인이 저로부터 오게 되어 마차(馬車) 2량을 준비하였다. 상관(上官) 이상은 마차, 나머지는 인력거(人力車)에 태웠다. 모리야마(森山)와 오쿠(奧), 아라카와(荒川) 기타 생도 등이다. 먼저 지폐료(紙幣寮), 그로부터 우에노 공원(上野公園)과 아사쿠사(淺草)의 혼간지(本願寺) 이어서 관음경상(觀音境象)의 관물(觀物), 관상 정원 및 히로세(廣瀬)의 전기 기계(電氣器械) 등을 일람하였다. 그 하나하나에 크게 놀랐다. 특히 지폐료와 히로세 기계에 감복했다고.

단, 아사쿠사 혼간지에 들어갔는데, 시노하라(篠原) 권소정(權少正)이 대접하여 각별히 정중하게 대하고 다과를 내었습니다. 또 훈도에게 좋아하는 것을 묻고 체류 중 사절을 초대하고 싶다고 간곡하게 이야기하였습니다.

1. 야마가타(山縣) 육군경(陸軍卿)의 사절 방문 명목으로 명함을 들고

대위(大尉) 가미료 요리카타(上領賴方)가 왔다.

1. 내일 훈련의 건은 사절이 병이 난 사람은 제외하고, 일행을 남기지 않고 인솔할 뜻을 전하였습니다.

1. 후루사와(古澤) 권소승(權少丞)이 왔습니다. 사절에의 선물로서 목록(目錄)을 지참하여 사절과 면회하고 수납함을 감사한다고 하였습니다.

단, 소고기 200근, 닭 100마리, 오리 100마리, 날생선 100마리, 파 200단, 무 200단입니다. 또 후루사와가 위의 물품은 필요하다면 그만큼만 매번 보내드리오니 말씀해달라고 하니, 위 물품은 내일 반정도만 수납하고 싶다는 뜻을 사절이 다시 전하였습니다.

1. 모레 7일 사절이 미야모토(宮本) 대승(大丞)을 방문하는 일을 전하였는데 이참에 오지(王子)에 유인할 예정입니다. 단 출문의 시간과 인원 등은 미야모토에게 통보하였습니다.

단, 당일은 미야모토가 오찬을 준비할 것이다.

6월 6일 【맑음】

오쿠 기세이(奧義制)

우라세 히로시(浦瀨裕)

이와타 나오유키(岩田直行)

아라카와 도쿠시게(荒川德滋)

나카노 교타로(中野許多郎)

1. 오후 8시 30분 신사 일행 상하 66인이 출문하여, 9시 지나 사쿠라다(櫻田) 밖의 연병장(練兵場)에 이르렀더니 모리야마 권대승(森山權大

丞)이 대기하고 있었다. 신사, 상관에 이르기 까지 의자에 앉히고 그로부터 보병(步兵), 기병(騎兵), 포병(砲兵)이 모두 3단으로 조련하는 것을 일동이 배견하였다. 사메지마(鮫島) 외무대보(外務大輔)가 출장하고 후루사와(古澤), 기타 접대괘 오쿠(奥), 우라세(浦瀬), 아라카와(荒川), 나가노(中野), 이와타(岩田)【이와타는 외무성(外務省)에 나아가 오찬을 준비】 등외 및 생도에 이르기까지 왔고, 11시 50분 넘어 조련이 끝났다. 모두 외무성에 출두하여 오찬을 하였다. 오후에 곧바로 유람 장소에 보냈더니, 사절이 피로하다고 하여 돌아가는 길은 히비야(日比谷)를 빼고 도쿄 재판소(東京裁判所) 앞을 지나서, 고후쿠바시(吳服橋)를 통해 가시도리(河岸通リ)의 류칸(龍閑)에서 에이후쿠초(永富町)를 지나 곧바로 니시키초(錦町)로 가서 귀관함.

단, 신사가 문 안에 들어서자마자 흥을 떨어뜨렸습니다. 현관 발판에 제대로 누워 크게 노성(怒聲)을 내었습니다. 통사(通事) 2명을 엎드리게 하고 엉덩이를 벗겨 관례의 곤장으로 5대를 때렸습니다. 그 이유를 물으니, 귀로를 돌아서 가는 것을 그냥 두고 접대괘에 아무 말도 하지 않았고, 사절의 피로를 돌아보지 않은 것은 실책이기에 벌한다고 했습니다. 접대괘가 우리나라에서 이제까지 해외 사신이 처음으로 도래한 때에는 왕래에 가능한 주의하며, 오고 가는 길을 다르게 하여 그 사신을 싫증나지 않게 한다고 하는 등의 말을 사절에 전해두도록 훈도(訓導)에 전하였습니다.

접대괘의 평에 이 분격(憤激)은 조련장(調練場)에서 영국공사 파크스(Sir Harry Parkes)[4]와 이탈리아 공사 페가 면회하여 불비(不備)함이

---

4   해리 파크스(Sir Harry Parkes) : 1828~1885. 영국의 외교관으로 18년간 주일 영국공

생겼기 때문이다.

단, 영국, 이탈리아 두 공사도 조련을 배견하러 와 있었다. 어떤 사정으로 갑자기 연루하게 되었다.

1. 가와무라(河村) 해군대보(海軍大輔)가 하야시(林海) 해군대좌(軍大佐)로 하여금 사절을 방문케 하여 명함을 내었습니다. 또 모레 8일 오후 1시부터 수뢰(水雷)와 학교 등 일람에 나올 수 있다고 전해왔기에 신사는 부재하여 상관(上官)에게 전해 두었는데, 귀관 후 유무를 물었더니 수뢰의 건은 자국에도 있고 또 배견해도 지금 전습(傳習)도 못하며 더하여 눈병도 있어 거절하였습니다.

1. 사신을 전도하려고 오쿠 기세이가 외무성에 출두하는 중에, 서적관장보 나가이 규이치로(永井久一郎)가 대소승 앞으로 보낸, 서적관에 신사가 오는 것은 전전일부터 알리도록 하는 합의서가 도래한 것인데, 신사가 나가는 건은 아직 목적이 세워지지 않았고 직급에 따른 것이다.

1. 사절이 해군성(海軍省)에 보내는 단서(斷書)와 통사(通事)를 문안에서 장죄(杖罪)하여 시행한 건 등을 상부에 보고하기 위해 오쿠 기세이(奧義制)가 출성하였는데, 도중에 미야모토(宮本) 대승(大丞)과 만나 자세히 이야기하였다. 미야모토가 해군성 가는 일 등에 대해 후루사와(古澤) 권소승(權少丞)이 여관에 올 예정임으로 그와 다시 상의할 것이라고 이야기하였는데, 후루사와도 오는 중이라 오쿠는 같은 차로 여관에 돌아왔다.

1. 오전 8시 전 시노하라(篠原) 권소승(權少丞)이 와서, 오쿠 기세이(奧

사를 역임했다.

義制)와 만난 히가시혼간지(東本願寺)의 건에 대해 조선 사신에 대한 구호(舊好)도 있어 겸하여 사자를 보내 사절에 인사를 전하였다. 또 경(卿)도 선물하고 또 매우 간절하게 회담을 하고 언제 나가도 문제 없기 때문에, 나중에 허락해 주십사하는 뜻을 전하였기에 사절과의 대화 등의 건은 저들에게 일단 전해 그 정황을 물을 수 있다고 답해 두었습니다.

단, 어제 혼간지에 이르렀을 때 모리야마(森山)에게 시노하라(篠原)가 대화 도중에 차차 조선에 혼간지(本願寺)에서 설교사를 파출하여, 종교를 그곳에 선포하고 싶다는 뜻을 전하였습니다.

1. 후루사와가 여관에 와서 의논한 뒤에 후루사와가 다시 사절에 전하였더니, 사절은 피로를 이유로 만나지 않고 훈도가 응대하여 문답하였습니다. 후루사와부터 나카노, 아라카와를 포함하여 대기소로 퇴거하였는데 결국 해군성(海軍省)에도 가기로 되었기에 해군성에 이 뜻을 전해두었습니다.

1. 사절이 동래부(東萊府)로 보내는 서간(書簡)을 송달하는 법을 물었기에 본성에 보내었습니다.

6월 7일 【비】

오쿠 기세이(奧義制)

우라세 히로시(浦瀬裕)

나카노 교타로(中野許多郎)

아라카와 도쿠시게(荒川德滋)

이와타 나오유키(岩田直行)

1. 오전 9시 지나서 신사가 미야모토(宮本) 대승 댁에 방문하기로 선약
   하였는데 밤이 되고 강우(强雨)로 오찬이 끝나자마자 즉시 출문하기
   로 정했다.

1. 오후 1시 지나 사절과 속관(屬官) 상하는 모두 출문하고 접대괘 우라
   세(浦瀨), 나가노(中野), 이와타(岩田)가 갔습니다.

1. 내무성 8등 출사 니나가와 노리타네(蜷川式胤)와 본성 가와노(河野)
   권소록(權小錄)이 조선인의 복색과 기타 취조를 위해서 왔다. 상관
   아무개와 대화하고 다시 오기로 약속하고 갔다.

1. 외무성(外務省)에서 어제 사절이 의뢰하여 동래부(東來府)에 보낸 서
   장(書狀)의 수취증서(受取證書)가 와서 사원에게 전했다.

1. 오후 9시 20분 지나 사절이 귀관함.

   단, 이날 미야모토가 향응하고 다나베(田邊), 시오다(塩田) 두 대승
   (大丞), 구리모토(栗木)[5], 아사다 소하쿠(淺田宗伯)[6], 아토미 가케이
   (跡見花蹊)[7]와 그의 생도【화족 여자】가 석상(席上)에서 서로 시화(詩

---

5 구리모토 조운(栗本鋤雲) : 1822~1897. 막부 말기의 막신(幕臣)이자 메이지 초기의
신문기자. 본성은 기타무라(喜多村), 이름은 곤(鯤), 통칭은 세베에(瀨兵衛), 별호는 호안
(匏庵)으로 1866년 아키노카미(安藝守) 직을 맡게 되는데 훗날 제1차 수신정사 김기수(金
綺秀)는 구리모토 조운이 이미 막부의 신하가 아님에도 불구하고 그의 직책을 '아키노카
미'라고 기록한다. 주일프랑스공사 레옹 롯슈(Leon Roches)의 통역으로 근무하며 막부에
의해 가이코쿠부교(外國奉行) 직을 맡게 된다. 그러나 메이지 신정부에 가담하지 않고
1873년 호치 신문(報知新聞)의 주필이 되어 이후 저널리스트의 삶을 살게 된다.

6 아사다 소하쿠(淺田宗伯) : 1815~1894. 에도 후기의 한방의(漢方醫)이자 메이지 초기
의 관료. 도쿠가와(德川) 장군가의 전의(典醫)였다가 1875년 궁내성(宮內省)의 시의(侍
醫)가 되었다. 의사로서 주일프랑스공사 레옹 롯슈(Leon Roches)와 요시히토 친왕(嘉仁
親王)의 생명을 위험으로부터 구해낸 일이 알려져 있다. 메이지정부의 관료로서 제1차
수신정사 김기수(金綺秀) 및 제2차 수신정사 김홍집과 나눈 창수시가 남아있다.

7 아토미 가케이(跡見花蹊) : 1840~1926. 일본 근대의 교육가, 화가, 서예가이다. 17세

畵)하였다. 오곡(五曲)【거문고, 소궁(小弓), 삼현(三絃), 샤쿠하치(尺八)[8]】
은 야먀세(山瀬) 검교(檢校) 외 5명. 그밖에 접대괘, 외무관원이 열을
지어 앉았다.

신사는 오늘 실로 매우 즐거웠으며 지극히 만족하고 있는 모습이었
다고.

6월 8일 【맑음】

오쿠 기세이(奧義制)

우라세 히로시(浦瀬裕)

이와타 나오유키(岩田直行)

나카노 교타로(中野許多郎)

아라카와 도쿠시게(荒川德滋)

1. 오전 9시 전 후루사와 권소승(古澤權小丞)이 왔다. 내일 사진 찍을
   일을 사절에 전하니 승낙하였습니다.
1. 오후 1시 지나【오전부터 출문해야 할 곳은 관례의 인습으로 지체됐다.】사
   절 및 의관이 출문하여 해군성(海軍省), 병학료(兵學寮)에 가서 대포
   와 화살, 수뢰 그 학교, 교장 등을 견열(見閱). 6시경 이노우에(井上)
   의관(議官) 댁에 갔다. 오후 9시 40분 지나 귀관함.

에 교토로 유학을 가서 그림과 서예를 배웠고, 1870년 도쿄로 이주하여 사숙을 열었고
1875년에는 아토미 여학교를 설립하였다. 옛 문화와 풍속을 중시하여, 한학, 서예, 다도,
체조 등을 여학교에 도입하였다. 1872년과 1893년에는 천황 앞에서 글씨를 쓰는 영예를
얻어 교육자뿐만 아니라 화가로서도 이름을 얻게 되었다. 서예가로서 "아토미류(跡見流)"
라는 서풍을 구축하였다.

8 길이가 한 자 여덟 치이고 앞에 네 개, 뒤에 한 개의 구멍이 있는 통소.

단, 병학료에서는 해군대보(海軍大輔) 등이 유도. 외무경보(外務卿輔) 및 모리(森) 공사(公使), 미야모토 대승도 일람하러 왔습니다. 이 날 접대괘 후루사와 권소승과 오쿠(奧), 우라세(浦瀬), 아라카와(荒川), 나카노(中野) 등이 동행. 단 후루사와는 본성에서 바로 해군성에 이르렀습니다. 이노우에 댁에 사절이 도착 후, 상관 이하는 대체로 귀관시켰습니다. 오쿠와 생도 등도 즉시 문 앞에서 돌아갔습니다.

항한필휴(航韓必携) 권8

6월 9일 【오후3시 잠시 비】

오쿠 기세이(奧義制)

우라세 히로시(浦瀨裕)

이와타 나오유키(岩田直行)

나카노 교타로(中野許多郎)

1. 아라카와(荒川) 병으로 결석

1. 오전 9시 지나 후루사와(古澤) 권소승(權少丞)이 와서 사절을 방문하고 약속대로 사진 찍는 건을 알렸습니다.

1. 오전 사진사(寫眞師) 우치다 구이치(內田九一)가 와서 사절 및 속관 대부분이 사진을 찍었습니다. 그 중에는 사진을 좋아하지 않는 자가 있어 제외했습니다.

1. 오전 육군대위(陸軍大尉) 히라가(平賀) 아무개가 와서 육군경(陸軍卿)

의 명으로 오는 12일 근위 병영과 포병본창(砲兵本廠) 일람의 뜻을 사절에게 전하였는데, 작금에 계속되는 피로로 당장 즉답하기는 어렵지만 만일 나가기 어려워질 때는 속관 중에서 배견하러 갈 것이라고 답하였습니다.

1. 오마(尾間) 서기생이 왔습니다.
1. 오후 황녀 우메노미야 시케코 내친왕(梅宮薰子內親王)께서 돌아가심에 따라 가무·음곡 금지의 명령이 있음을 사절에 전하도록 하는 등 등의 지시가 왔기에 사원(使員)의 여관에서의 자기 주악과 다른 출도 중의 주악 등의 건에 대해 물었습니다.
1. 오후 사원(使員)이 접대괘(接待掛)의 면면에 준 물품은 수납할 수 있고, 답례의 건은 각각의 주의사항에 따라 하지만, 별단(別段)의 품물을 줄 필요는 없다는 본 성에서의 지도가 있었습니다.
1. 전조의 가무·음곡 금지의 건을 사절에 요청하는 건을 물었으나 아직 지시가 없다. 오마(尾間) 서기생이 퇴관하면서 오후 6시 모리야마 권대승에게까지 문의하였는데, 오후 9시 20분까지 지시가 없었기에 당직자에게 말해두고 퇴근함.
다만 오늘밤은 사절에 금지의 건을 요청하지 않음.

6월 10일 【흐린 날】
오쿠 기세이(奧義制)
우라세 히로시(浦瀬裕)
나카노 교타로(中野許多郎)
이와타 나오유키(岩田直行)

1. 아라카와(荒川)는 병으로 결석

1. 오전 9시 지나 소(宗) 종4위가 오늘 사절 초대를 위해 앞서서 길 안내
   하는 심부름꾼이 왔다. 10시 10분 일행은 출문하여 고가와초(小川町)
   에 나와 야나기하라(柳原) 토제에서 료고쿠바시(兩國橋)를 건너 모두
   들 차례로 후카가와구(深川區) 히가시다이쿠마치(東大工町)의 별장
   에 도착했다. 오후 8시 귀관(歸館)함.

   단, 미야모토(宮本) 대승, 모리야마(森山) 권대승, 후루사와(古澤) 권
   소승, 기타 오쿠(奧) 3등 서기생 등은 초대에 응하여 대식(對食)했다.
   오쿠하라 세이코(奧原晴湖)을 비롯하여 세키셋코(關雪江) 등 6, 7명
   이 향응을 위하여 석상(席上)에서 서화(書畵)를 하여 흥이 있었다.
   단, 출문할 때에 관례의 나팔 등을 불기 시작한 것에 대해 물었는데,
   이는 의장(儀仗)의 호령으로 소가쿠(奏樂)의 종류는 아니라고 하였다.

1. 육군성(陸軍省)에서 내일 모레 12일 사절에 수행할 인원과 우리 접대
   관 동행의 인원 등을 두 번 문의하였는데, 사절 외에 상관 8인, 차관
   3인, 중관 7인, 하관 13인 도합 33인과 접대괘(接待掛) 7, 8인이라고
   답하였습니다.

1. 외무경보가 신사에 회례 선물을 드렸습니다.

   단, 외무경은 사절을 초대할 것이라고 운운, 구두로 말하면서 별단
   의 사탕 및 과자, 안주 3종을 드렸습니다.

1. 오후 4시 넘어 하관 2명이 문밖에서 대기하고 있는 인력거를 잡아
   빌려서 한 사람은 타고 한 사람은 끌고 좀 동분서주할 때 그 끌던
   한인이 손을 놓쳐 바로 전복하여 차를 파손함에 이르니 차부(車夫)가
   통행하던 순사(巡査)에게 이를 말하였더니, 순사 유키모토 도쿠타로
   (行本德太郞)【3등 순사】가 출두하여, 이상의 건은 분청에 나와서 한

인의 성명을 알려야 한다고 말하였더니 한인이 화해하고 싶다는 뜻을 전하여, 그것으로 좋다고 하고 파손의 부분을 보고 차부의 말대로 수선료 75전을 건네어 무사히 끝내고 순사는 돌아갔습니다.

단, 부재했던 군관이 위의 이야기를 전해 듣고 바로 그 두 사람을 불러 현관 앞에서 관례의 장죄(杖罪)에 처했다.

1. 오전 1시 모리야마가 외무대보에게 물어, 가무 금지의 건을 사절에게 요청한다는 뜻을 전해왔기에, 당직이 우라세를 여관에 보내고 이른 아침 그가 훈도에게 요청하여 사절에 전하였는데, 국상의 건은 처음 들었지만 주악은 말할 것도 없이 아침, 저녁의 군악 모두 그만할 수 있다고 하였습니다.

6월 11일 【맑음】

오쿠 기세이(奧義制)

이와타 나오유키(岩田直行)

아라카와 도쿠시게(荒川德滋)

나카노 교타로(中野許多郎)

1. 우라세 히로시(浦瀬裕)가 병으로 하루, 이틀 요양의 뜻을 전했습니다.
1. 어젯밤 신사가 내일은 국기일(國忌日)이기에 한번 장소를 역람하는 것 외에 음악 등을 내보내는 것은 그만둔다고 말하여, 육군(陸軍), 공부(工部) 두 성에 그 뜻을 전하였습니다.
1. 오전 궁내성에 이번 신사에 물품을 하사하는 일시 등은 모레 13일 오전 9시로, 칙사를 보내고 또 그때는 저쪽 상관 1인은 현관까지 송영하고 신사는 착석하여 다음 방까지 송영할 계획임을 전하였습니다.

1. 지난 날 사원 일행이 당지(唐紙)를 내어 서가(書家)의 첨필을 의뢰함에 대해, 미야모토 대승에게 말하여 하기와라 슈간(萩原秋巖)[1]에 반절을 8매, 전지를 2매, 이치카와 쓰이안(市川逡庵)[2]에 반절 10매, 전지 3매를 인방(認方, 서기)에게 부탁해두었습니다.
1. 오늘 위의 약 오후 1시 넘어 신사와 속관, 기타 접대괘(接待掛)과 함께 모리야마 권대승에게 갔다. 오후 8시 전에 귀관함.

   단, 오늘 사키바(崎場), 치하라(地原) 아무개를 비롯하여 류호(柳圃), 바산(波山) 등 4, 5인이 석상하여 서화(書畵)의 홍을 붙였다. 본성 관원은 후루사와(古澤) 권소승, 아라카와, 나카노 두 서기생.

6월 12일 【흐림】

오쿠 기세이(奧義制)

이와타 나오유키(岩田直行)

아라카와 도쿠시게(荒川德滋)

나카노 교타로(中野許多郞)

1. 우라세 히로시(浦瀨裕)의 병은 어제와 같다.
1. 후루사와(古澤) 권소승이 왔다. 사절의 유도 때문이다.
1. 오전 8시 히라가 육군대위가 마차를 끌고 신사를 맞이하였다. 9시 지나 출문하고 곧 근위병영(近衛兵營) 그로부터 포병본창.

---

1 하기와라 슈간(萩原秋巖) : 1803~1877. 자는 문후(文侯). 에도시대 후기의 서가(書家). 마키료코(卷菱湖)의 제자로 일파를 이루었다. 송나라 휘종(徽宗)의 서체인 수금서(瘦金書)를 좋아했다. 편저로는 「묵원이찬(墨苑異纂)」이 있다.

2 이치카와 쓰이안(市川逡庵) : 1804~1884. 막말(幕末)·메이지시대의 서가.

단, 그곳에서 오찬 준비가 있다. 오후에는 공학료(工學寮)에서 아카바네 제작소(赤羽根製作所)를 일람하고 그로부터 오야마(小山)의 이토(伊藤) 공부경 댁에서 만찬을 준비할 예정이다. 또 공부에서 송영마차를 고이시카와(小石川)의 포병본창까지 차출할 예정. 후루사와(古澤) 권소승과 나카노, 아라카와 양 서기생이 동행함.

1. 관척사(關拓使)가 강화부 유수 조병식(趙秉式)을 비롯하여 도총부(都摠府) 부총관(副摠管) 윤자승(尹滋乘), 판중구 부사(判中樞府事) 신헌(申櫶) 및 오경석(吳慶錫), 현석운에 보내는 증물 5개를 종이로 싸서 본성에서 준비했습니다.

1. 외무경이 현석운에게 선물을 보내 왔는데, 현석운의 부재로 맡겨두었습니다.

1. 포병본창에서 신사가 나간 자리에 코 닦는 류의 하얀 수건이 있다는 신고가 들어왔습니다.

1. 오후 8시 신사가 귀관함.
   단, 오늘 정한대로 근위영에서 포병본창에 이르러 먹고 공학료에. 그로부터 아카바네 제작소, 그곳에서 주물이 있어 일람한 후 오야마의 이토 공부경 저택에서 주찬을 내었다. 또 제작소에 공부경이 출장하여 유인하였습니다.

1. 오쿠 기세이(奧義制)가 본성에 출두했는데, 내일 13일 조정에서 신사에 내리는 증품의 건이 정해졌다는 것을 미야모토 대승에게 들어, 귀관 후, 그 뜻을 신사에게 전하였습니다.

6월 13일 【맑음】
오쿠 기세이(奧義制)

나카노 교타로(中野許多郎)

우라세 히로시(浦瀬裕)

이와타 나오유키(岩田直行)

1. 아라카와 도쿠시게(荒川德滋) 병으로 결석.
1. 오전에 문부대승(文部大丞)이 왔다. 오는 15일 오후 1시부터 학교와 서적관 일람의 건을 신사에게 전하였는데, 출범일이 이미 다가오고, 불참도 측량하기 어렵지만은 속관은 나갈 수 있다고 사절이 대답했다.
1. 오전 10시 현석운은 본성에 출두하여 출범일시를 재촉하였는데, 정오 지나 귀관하여 드디어 18일 출발이 정해졌다는 뜻을 말했습니다. 단, 출발의 건은 별단(別段) 서면으로 본성에 의정(意情)을 신청하도록 본성에서 훈도에 요청했다는 것임.
1. 오후 외무경이 현석운에게 주는 증물 목록을 갖고 왔는데 훈도가 부재하여 맡겨두었습니다.
1. 오후 본성 모리야마 권대승이, 신사 착경 때인 지난 5월 29일 나가사키현(長崎縣)까지 전보하고 그곳에서 초량공관(草梁公館)에 전달하여, 6월 5일 동관에서 별차로 전하였고 또 시모노세키, 고베에서 보내진 서장도 같은 날 모(某)시에 도달하였다는 뜻이 초량관으로 부터 전해 왔음으로 그 뜻을 보고하도록 하여 즉시 사원에게 전하였습니다.
1. 오후 외무경이 신사에 서간 한 통과 예조판서(禮曹判書) 김상현(金尙鉉)에 한 통 또 한역을 첨부하고, 신사에 차출할 것이라는 뜻을 이와시로(岩城) 12등 출사(出仕)가 말해왔기에 차출하였습니다.
1. 후루사와 권소승이 와서 신사의 승선일정 결정 건에 대하여 수속하

고 미리 상의함이 있었습니다.

1. 미야모토 대승이 신사와 속관에게 주는 증물이 있었고, 또 그의 명의로 자식 아무개가 와서 신사 내실에서 대화함.
1. 오후 7시 반 신사가 외무경에 서간을 보냈습니다.
1. 모리야마 권대승이 신사와 속관에게 보내는 증물이 있었음.
1. 오전 9시 넘어 원로원(元老院) 권대기관 후지사와 쓰구요시(藤澤次謙)가 왔다. 모레 15일 오전 10시 의사당 일람의 건을 신사에게 전하였는데, 어제 문부에 답하기를 역시 속관을 보낼 것이라고 답하였습니다.
1. 오후 경부보(警部補) 아무개가 왔다. 야간에 한인이 창문에서 방뇨하니 위와 같은 일이 없도록 주의하도록 요청하였기에 사원에게 일러 두었습니다.

6월 14일 【맑음】

오쿠 기세이(奧義制)

우라세 히로시(浦瀬裕)

이와타 나오유키(岩田直行)

나카노 교타로(中野許多郎)

1. 아라카와(荒川)는 병으로 결석
1. 오전 8시 넘어 후루사와(古澤) 권소승이 왔습니다. 모레 16일 엔료칸(延遼館)에서 신사와 상상관 2인에게 정부에서 잔별의 향응 오찬을 내리신다는 것을 전하였더니 받아들였습니다. 전에 후루사와가 학교와 서적관, 원로원 등에 유도하는 건을 조금씩 전하였지만 응하지

않았는데, 서적관에 공자묘도 있다니 꼭 일람해야 한다고 하였습니다. 공자묘를 받들어서는 뵙지 않을 수 없는데 다른 것보다 더 문학(文學)의 의(儀)가 있으니 일동 배견하고 싶다고 답하니, 오쿠 기세이(奧義制)가 문부성에 가서 쓰지(辻) 권대승에 면회하고 신사도 오늘 나갈 예정. 그러나 이상은 공자묘를 배하는 것은 제일의 주의로 공자묘의 체재(體裁)는 한층 주의하고 싶다는 뜻을 고하여, 즉시 문부성에서 서적관에 알릴 계획을 정하고 후루사와(古澤)는 본성에 출두했습니다.

단, 오후 1시에 여관을 나올 예정.

1. 오전 원로원 중서기 하타케 히데카즈(畑秀和)가 와서 내일 15일 수신사 일행 중 올 인원과 시간 등을 미리 상의하였는데, 시간은 오전 10시에 출문할 예정이고 인원은 미정이라고 답하였습니다.

1. 신사가 오후 4시 출문하는데 그때까지 쉴 수가 없기에 달리 나가기가 어렵다고 하여 문부성에서 시간을 문의하러 온 사람에게 그 취지를 말하였습니다.

1. 오후 우라세, 오쿠 두 사람이 출성해야 한다고 미야모토 대승이 말하러 와서 출두하였는데 단, 후루사와(古澤)가 내일은 원로원(元老院)을 마치는 대로 시바사키(芝崎) 이궁에서 사메지마(鮫島) 대보(大輔)가 향응을 할 예정이었는데 점차 저들의 승선 때가 다가와 내일 사메지마의 향응 건은 보류했다. 내일 정부가 엔료칸(延遼館)에서 향응하게 되어, 이에 대해 신사는 할 수 있다고 했지만, 다망(多忙)하여 불가능하였다. 또 사메지마 대보가 동행하여 한발 앞서 개성학교에 갈 생각이기 때문에 특히 대보로부터 신사 출문은 3시에 하도록 하는 지시가 있어 곧 귀관함.

1. 신사에 출문 시간과 사메지마가 먼저 가서 개성학교에서 기다리신 다는 정황을 전하여 알고 있었지만, 사절이 먼저 공자묘를 배견하지 않고서 결단코 다른 곳에 갈 수 없다고 하였다. 문부성에서 서적관을 나중으로 하고, 동관에서 일단 주효를 내는 순서를 이미 정하여서 대승 등도 개성학교에서 대기하고 있었다. 반드시 개성학교를 먼저 하는 뜻을 타협하여 와서, 다시 신사에게 '공자묘에 가는 것은 반드시 개성학교의 문전을 역행하니 지리적으로도 공자묘를 뒤로하는 것이다' 등등 간곡히 말하였지만 듣지 않았기에 그 뜻을 개성학교와 본성에 알림.

1. 오후 4시 신사와 속관이 출문하여 개성학교 문 앞을 지나 서적관에 달하였다.【개성학교 문전을 지나는 것이라고 이미 설득을 계속하였지만 세울 수 없었다.】대성전(大成殿)에서 신사를 비롯한 속관 모두 국궁숙배(鞠躬肅拜)를 마치고 일람하고 원강당(元講堂)에서 다과 및 주효를 내었다. 그로부터 여자사범학교를 일람하고 다과를 하였다. 개성학교에 도착하여 또 다과를 하였다. 두 학교의 생도 교습의 모습을 일람하고 또 개성학교에서 전기(電機) 등의 경험을 하였다. 오후 8시 귀관함.

단, 여자사범학교에서 여자 생도의 글 전지 2매를 가리켜 그대로 갖고 돌아가게 하였다. 개성학교에서 그림을 주었다. 오늘 사메지마 대보 그 외 문부대소승 등이 출장하고 접대괘(接待掛) 오쿠, 우라세, 나카노 등이 동행함.

6월 15일【맑음】

오쿠 기세이(奧義制)

우라세 히로시(浦瀬裕)

이와타 나오유키(岩田直行)

나카노 교타로(中野許多郎)

(생략)

1. 아라카와(荒川)는 병으로 결석

1. 오전 10시 신사와 속관 등이 출문하여 원로원(元老院)에 갔다. 의사
당을 일람하고 다과를 함께한 후 곧 엔료칸(延遼館)에 이르렀다. 향
응이 있어 식사를 마치고 무악(舞樂)을 연주하고 마상 타구(馬上打球)
를 겨루었다. 더욱이 신사의 바람에 따라 한 경기를 더하였다. 그리
고 향응은 신사 외 상상관 1인, 기타 속관 등은 도시락을 배당하였
다. 오후 7시 넘어 귀관함.

단, 대식(對食)은 이하와 같았다.

태정대신(太政大臣) 산조(三條)

외무경(外務卿) 데라지마(寺島)

참의(參議) 구로다(黑田)

육군경(陸軍卿) 야마가타(山縣)

공부경(工部卿) 이토(伊藤)

해군대보(海軍大輔) 가와무라(河村)

외무대보(外務大輔) 사메지마(鮫島)

가나가와 현령(神奈川縣令) 노무라(野村)

개척소판관(開拓少判) 아쓰다(安田)

외무대승(外務大丞) 미야모토(宮本)

개척간사(開拓幹事) 고마키(小牧)

외무권대승 모리야마(森山)

외무권소승(外務權少丞) 후루사와(古澤)

외무3등서기생(外務三等書記) 우라세 히로시(浦瀬裕)

1. 위 향응이 끝나고 태정대신과 외무경 등은 곧바로 퇴관. 구로다 참의 등이 남아서 타구(打球)를 일견하고 그동안에 태정대신이 미야모토 대승 앞으로 영가단책(咏歌短冊) 1엽과 자신의 사진 1엽을 봉상(封箱)에 넣어서 신사에게 보내왔기에, 미야모토 대승이 신사에 전했습니다.

1. 신사는 오는 18일에 출발하기에 미쓰비시 회사에서 화물의 적재는, 고류마루는 요코하마에 보내어 두었기에 시나가와로 보내서 거기서 짐을 실어 보내는 편이 모두 편리하다고 운운하여 후루사와(古澤) 권소승에게 조회하여 그 뜻을 전하였습니다. 또 여관의 하물을 운수하여 본선에 실어 넣을 때까지는 모두 착선의 때와 같이 파악하도록 조처해야 한다고 지도를 하였습니다.

1. 역체료(驛遞寮)에서 고스키(小杉) 권대속(權大屬)이 신사가 보낸 증물의 수취인으로서 서면을 보내왔기에 즉시 보낸 수취증서를 처리하였습니다.

1. 해군의 시마다 슈카이(島田脩海)가 출두. 신사 귀국의 때 그 사선에 탄다고 합니다. 지난 날 미야모토 대승으로부터 이야기가 있었는데 좀 전 오사카마루(大阪丸)의 충돌 건에 대해 작금에 조사를 받게 되며 과연 승선한다고 한다면, 서둘러 승선의 허가를 받고 싶다고 운운 이야기하였습니다. 그것도 후루사와(古澤)에게 이야기했는데, 위의 건은 외무성(外務省)에서 모두 협상하여 두겠지만 내일 충실히 조사하고, 동 씨에 대해서는 합의할 예정입니다.

1. 김용원(金鏞元)이 열망하여 운류스이(雲龍水)와 류도텐류스이(龍吐天龍水)³ 철포기계 각 1개의 모형을 요코야마초(橫山町) 1초메 오카자키(岡崎) 아무개에게 주문해두었는데, 그가 가져왔지만 한인이 출타 중이어서 내일 아침 다시 오도록 전하고 기계는 받아두었습니다.

1. 후루사와(古澤) 권소승이 왔습니다. 지난 13일 외무경이 예조판서께 보내는 서한 1통을 본성의 이와시로 12등 출사가 서면(書面)으로 신사께 드려야 한다는 뜻을 전하였기에, 즉시 전하였는데 위는 전혀 틀린 번역임을 들어 위의 서간 1통을 되돌려 받아 가지고 돌아갔습니다.

   덧붙여, 내일 저녁은 상관 이하에게 승선에 대한 향응을 여관에서 내릴 예정. 모두 착경의 때에 내린 수순과 같습니다. 후루사와에게 들었습니다.

1. 하기와라 슈간(萩原秋巖)에 부탁한 휘호물이 완성되었습니다.

1. 본성에서 오쿠, 우라세, 나카노, 아라카와 4명은 내일 모레 17일 오전 10시 정원에 출두하지 말라는 지시가 있었습니다.

6월 16일 【맑음】

오쿠 기세이(奧義制)

이와타 나오유키(岩田直行)

우라세 히로시(浦瀨裕)

나카노 교타로(中野許多郎)

---

3 류도스이(龍吐水) : 에도시대에서 메이지시대까지 쓰였던 소화도구. 명칭은 용이 물을 뿜는 것과 같은 모양에서 유래하였다.

1. 아라카와 도쿠시게는 병으로 결석

1. 오전 9시전에 오마(尾間) 서기생이 와서 미쓰비시 회사(三菱會社)에 짐을 본선에 싣도록 분부하였는데, 어제 미쓰비시 회사에 가서 이야기를 해보니 기차로 짐을 운송하는 건은 미쓰이구미(三井組)가 담당하여 요코하마(橫濱)의 모토하마초(元濱町) 3초메의 미쓰비시 지사(三菱支社)까지는 미쓰이구미에 운송을 부탁해 주십사 하기에 그대로 하였습니다. 오늘 아침 미쓰이구미가 당관에 출두한다고 들었습니다.

1. 미쓰이구미(三井組)가 출두함에 오마(尾間)가 짐을 운송하는 수속을 듣고, 무거운 짐은 모두 내일 아침부터 운송할 예정이고 쌀 및 장작, 잡구 총 19품은 오늘 운송하기로 하고 실어 보냈습니다.

1. 요코야마초(橫山町) 1초메(壹丁目) 오카자키(岡崎)라는 사람이 와서 김용원(金鏞元)과 대면시켰습니다. 실지(實地)의 경험상 대금 14원 60전을 지불했습니다.

1. 미야모토(宮本) 대승(大丞)이, 육군대소승(陸軍大小丞) 앞으로 모레 18일 오전 11시 신사 귀국의 출발을 미리 허가 받는 대로 여관에서 신바시(新橋) 정거장까지의 기병(騎兵) 차출을 전하고, 또 공부대소승(工部大小丞) 앞으로 같은 건으로 기차를 빌리고 신바시(新橋), 요코하마(橫濱) 정거장 안의 휴식소 차용 등을 이야기하고, 구스모토(楠本) 도쿄부권지사(東京府權知事) 앞으로 같은 건으로 통행 중 해당 구에서 사람들로 혼잡하지 않도록 전하고, 가와지(川路) 대경시(大警視) 앞으로 마찬가지로 통행 중 사람들의 혼잡함이 없도록 주의하는 뜻을 전하고, 또 펌프 조련을 일람하지 않고 사신의 귀국함도 함께 설명하였습니다. 노무라(野村) 가나가와 권령(神奈川權令) 앞으로 같

은 건으로 마을회관을 빌린 뒤 사신이 잠시 휴식하는 건 등을 전했습니다.

1. 지난 날 사원이 의뢰한 휘호물 즉 이치카와 스이안(市川遂庵)과 하기와라 슈간(萩原秋巖)의 서(書)를 김(金) 아무개에게 전달했습니다.

1. 고마키 마사나리(小牧昌業)가 우라세(浦瀨)에게 서면을 첨부하길, 신사(信使) 및 훈도(訓導)가 구로다(黑田) 참의(參議)에게 증물하였는데 정사 분의 목록에 구로다 의관(議官)이라 쓰고 귀하(貴下)라고 칭하한 것은 예가 아님을 논하여 증물을 반납하고 왔고 그 뜻을 신사에 유해(諭解)하는 건을 말해왔습니다.

1. 후루사와(古澤) 권소승(權少丞)이 와서 출범전의 수순을 해오던 대로 논의했습니다. 그동안에 우연히 가쿠베에지시(角兵衛獅子)[4]가 문 밖을 지나갔는데 신사에게 일람할 수 있다고 하여 불러들이고 신사가 일람했습니다.

1. 상관 이하 일동에게 일본 요리로 향응을 내렸기에, 신사와 상상관에도 차출하는 건을 전했습니다.

1. 사원 중 병든 자가 있어 준텐도(順天堂)에서 의사 오타키(大瀧)가 왔는데, 서원(書員) 박영선(朴永善)과 이야기하던 중 종두(種痘)의 일에 미치매, 결국 오타키와 동행하여 준텐도(順天堂)에 갔다. 종두법을 전습하고 돌아왔다. 박영선이 서원이라고 하지만 아마도 의사를 겸하는 자로 보였다. 약품의 저장도 있었을 것이다.

1. 사원의 짐 바구니를 선적하는 수속이 있어서 내일 아침부터 승선 때

---

4 가쿠베에지시(角兵衛獅子) : 니가타현(新潟縣) 니가타시(新潟市) 남부에서 시작된 향토예능이다. 에치고지시(越後獅子) 또는 간바라지시(蒲原獅子)라고도 불린다.

까지 정부가 처리함에 잡동사니 정돈의 건을 신사에 전하였고 그대
로 하였습니다.

1. 김용원의 바람대로 아연(鋞鉱) 2매와 연납, 기타 소인 및 아연을 잇
   는 용으로 염산을 매입하여 보냈습니다.

6월 17일 【맑음】

오쿠 기세이(奧義制)

이와타 나오유키(岩田直行)

1. 오전 9시 30분 오쿠 기세이(奧義制)가 정원에 출두. 단, 우라세, 나카
   노, 아라카와(荒川) 3명의 대리인이었는데 오마(尾間) 서기생이 한발
   앞서 출두하여 이 사람들 모두를 대신하여 지령서를 받을 일을 사관
   (史官)에게 들어 곧 본성에 출두하여 지령서를 받으니, 이사관(理事
   官)으로서 미야모토(宮本) 대승이 조선에 갈 때에 수행을 명받은 자
   는 우라세(浦瀬), 아라카와(荒川), 나카노(中野)로 이전과 같다. 또 우
   라세(浦瀬), 아라카와(荒川), 나카노(中野)는 수신사 송선에 함께 탈
   것을 명받음.

   단, 오늘 조선행을 명 받은 인원은 다음과 같다.

   가와카미(河上) 대록(大錄), 오쿠(奧) 3등 서기생, 우라세(浦瀬) 3등
   서기생, 아라카와(荒川) 6등 서기생, 나카노(中野) 6등 서기생, 이시
   바타(石幡) 4등 서기생, 니라야마(仁羅山) 14등출사(出仕), 오마(尾間)
   7등 서기생, 그 밖에 등외(等外) 이시카와 모리미치(石川守道). 단 가
   와카미, 오쿠, 이시바타, 니라야마는 오로지 이사관을 수행하고, 오
   마(尾間), 이시카와는 오로지 운반선에 같이 타고, 우라세, 아라카

와, 나카노는 송선에 같이 타며 이사관 수행을 겸임한다.

1. 오전 10시 출문하는 신사가 외무성에 출두하여 외무경이 예조판서에게 회답서 및 선물, 대승이 참판에게 회답서 및 선물을 전하고 조정에서 신사에게 준 물품을 전하였다. 기타 외무성에서 속관 상하를 불문하고 일동에 물품을 하사하였다. 외무경이 신사에 고베 체류 중 오사카의 조폐국을 일람할 것을 전하였지만, 돌아갈 마음이 화살과 같다(歸心如矢)고 하여 이를 거절하였다. 외무경이 퇴석한 후 서화(書畫)로 조폐료 일람의 뜻을 전하였는데, 신사가 귀관한 후 서답할 예정. 오후 1시 지나 귀관함.

1. 운송하는 미쓰이구미가 와서 사원의 짐을 옮기려고 했지만, 아무래도 오늘 중으로 끝날 것 같지 않아 남은 분량은 오늘 밤 중으로 정돈하여 내일 아침 실어 넣는 것으로 하였습니다.

1. 오쿠 서기관이 육군성 당직(當直)에게 어제 미야모토(宮本) 대승이 육군대소승에게 보낸 내일 기병 차출의 건에 대해 전달되었는지 물으니, 가미료(上領) 대위(大尉)로부터 이미 전달해 두었다는 답신이 있었다.

1. 오후 6시 신사가 외무경에 서한을 제출하였습니다.

1. 구로다(黑田) 참의(參議)가 되돌려 준 물품들은 오늘 아침 다시 오기(誤記)의 뜻을 사과하고 사절이 고영희(高永喜)로 하여금 지참시켜 보냈기에 수납(收納)하였습니다.

6월 18일 【맑음】

오쿠 기세이(奧義制)

이와타 나오유키(岩田直行)

나카노 교타로(中野許多郞)

아라카와 도쿠시게(荒川德滋)

1. 우라세 히로시(浦瀨裕)가 한발 앞서 정거장에 갈 예정으로 출두하지
   않았습니다.
1. 오전 11시 15분 전에 신사 일행이 출문. 귀국시에 지나갈 노정 및
   경비 기병(警備騎兵) 등 모두 착경의 때와 같다. 11시 30분 신바시(新
   橋) 정거장에 도착하여 잠깐 쉬어 차를 내었다. 원래는 오전 11시에
   출문하여 오후 1시 15분의 기차(汽車)로 출발할 예정이었지만, 정오
   12시의 기차로 정하고 일동은 요코하마(橫濱)에 도착.【후루사와(古澤)
   권소승(權少丞) 오쿠(奧) 3등서기생(三等書記生), 미즈노(水野) 소록(少錄)
   등이 동행】정거장에서 잠시 쉬어 차를 내었다. 오후 1시 10분 그곳을
   떠나 휴게소【혼초(本町)에 있는 마을회관[町會所]이다.】에 도착함.
1. 휴게소에서 차와 다과【카스텔라, 무시가시(蒸菓子, 증기로 찐 화과자)】,
   과일【비파열매(枇杷實), 복분자(覆盆子)】 그리고 메밀국수를 내었고,
   노무라(野村) 권령(權令)의 방문으로 이를 마쳤다. 오후 4시 10분 휴
   게소를 떠나, 노무라 권령에 회답의 예로 현청에 들렀는데 권령이
   공무로 출타 중이어서 훈도 현석운에 인사를 전해두었다. 부두에 가
   서 소기선(小汽船)【세관(稅關) 관할의 배를 빌려 받았다. 이러한 수고 등을
   위해 등외(等外) 1명이 어제부터 출장했다.】을 함께 타고, 악대(樂隊)와
   기타는 압송선(押送船)에 함께 타고 4시 15분 본선에 도착. 배웅하는
   일동이 무사 승선함을 축하했다.
   단, 선중 방의 분배는 상경(上京)의 때와 같다.
1. 요코스카(橫須賀) 조선소(造船所) 일람하는 건에 대해 경보(卿輔)의

명도 있었다. 따라서 선장(船長)은 원양항해는 시의에 따라 일단 조
선(造船)의 검사를 받아 항해해야 하고, 수신사 출발은 그다지 급할
필요는 없으며 아직 그 일이 끝나지 않아 도중에서 요코스카에 잠시
기박하여 검사받는 일을 전하였다. 후루사와(古澤) 권소승(權少丞)도
이에 대해서는 불안하여 끝까지 지켜보기 위해 동행해야 한다는 뜻
을 신사에 전하고 마침내 그대로 하였다. 이에 후루사와(古澤) 및 오
쿠(奧)을 뺀 미즈노(水野) 소록(小錄)을 비롯한 등외(等外) 등은 상륙
하였다. 5시 45분 닻을 올려 출항하여 6시 45분 요코스카(橫須賀)에
입항을 했지만 신사의 방은 없었다. 육지에서 묵어야 함을 고하고,
후루사와(古澤), 오쿠(奧) 두 사람은 상륙 즉시 조선소에 가서 당직을
만나고 사정을 말하였는데, 당직이 장관인 아카마쓰(赤松) 소장(小
將)이 상경 중임을 전하고, 당직이 소사(小使)를 붙여 도다케(遠武)
비서관의 집에 안내하였는데 그 사람이 오사키(御岬)에 가서 부재한
고로, 시미즈(淸水) 아무개 집을 방문하였는데 부재, 와타나베(渡邊)
아무개 집에 갔는데 집에 있어 고류마루(黃龍丸)의 입항 수순과 도다
케(遠武) 이하의 부재 등을 이야기하였다. 그가 승낙하여 내일 오전
10시【우리가 협상하였기 때문에】배 검사를 위해 승선하고 또 기타 일람
의 수순은 내일 아침 이야기할 것으로 후루사와(古澤), 오쿠(奧)는 가
이간 다마히로야 주지로(海岸玉廣屋重次郞)에서 묵었음.

1. 선중에서 현석운(玄昔運)이 고류마루(黃龍丸)에 외국인이 함께 타 있
   는데 이대로 부산까지 동행하는 것은 신사에게 모욕이 되기에 도중
   에 상륙하여 주기를 우라세에게 말하였습니다. 그에게 전해 들어 그
   뜻을 선장에게 이야기하였는데, 외국인이 승선하지 않으면 항해할
   수 없으니 타협하여 고베(神戶)에서 상륙하는 건을 본사에 전하고 오후

9시 15분 역체료(驛遞寮)와 교섭하여 본성에 전보(電報)하였습니다.
【외국인은 아카마가세키에 상륙하였다.】

6월 19일 【비】

1. 오전 8시 전에 오쿠 기세이(奧義制)가 고류마루(黃龍丸)에 와서 배 검
사의 시간 등을 신사에 전하였습니다.

　단, 조선소(造船所) 일람에 대한 수속을 어제 이야기하고, 그 취지를
우선 우라세에게 전하고, 신사의 기분을 물었는데 상륙은 도저히 못
한다는 뜻을 들어, 오쿠는 여관에 돌아가 후루사와에게 보고하고 다
시 의견을 정하여 후루사와가 조선소에 왔습니다.

1. 오전 10시 해군 비서관 겸 조선조(造船助) 도부 히데유키(遠武秀行)가
고류마루에 와서 상판사 현제순과 접하여, 도부가 명함을 건네고 방
문의 뜻과 곧 배 조사의 관원을 파출한다고 전하니, 신사의 답사(答
辭)가 있었다. 복통으로 틀어 박혀 있는 사이 면접을 거절하는 뜻을
비쳤다. 이에 도부가 고류마루 입항의 뜻을 해군성에 전보하였기에,
해군성의 가와무라 대보가 사선 검사를 위해 기항하는 바는 다행히
전부터 신사에 전해둔 것이기도 해서 잠시 상륙하여 휴식하도록 전하고,
곳곳을 일람함에 불편함이 없도록 접대해야 한다고 함이 지금 전보로
왔다는 것을 전하려고 하였지만 강하게 면접을 거절했습니다.

　단, 회례(回禮)로 속관을 차출시키는 것이 보통의 교류의 예라는 뜻
을 우라세가 알아듣게 이야기하여 현석운(玄昔運)에 전하였습니다.

1. 후루사와(古澤) 권소승이 고류마루에 와서 신사에게 동정(動靜)을 물
었습니다.

　단, 이때 배 검사의 수수(手數)가 있었다.

1. 정오 12시 전 현석운이 하관 1명을 불러서 데리고 우라세와 동행하여 조선소에 오고, 도부 비서관과 만나 회례를 풀고, 아카마쓰 소장도 조금 전 일을 마치고 돌아가는데 만나 차와 비파 열매를 내었다. 도부 및 기타 안내로 조선의 장소【천성(天城) 배 제작이 있었다.】와 각처를 구경하며 오후 2시 지나 귀선함.

   단, 현석운은 끊임없이 비파 열매를 칭찬하며 맛보았기에 선중(船中)에도 보내 주었습니다.

1. 오후 3시 넘어 후루사와(古澤), 오쿠(奧)가 신사 등과 이별하고 여관에 돌아왔는데, 이어서 고류마루(黃龍丸) 선장이 와서 귀선 후 즉시 발묘(拔錨)할 것이라고 알리고 돌아갔다.

1. 오전 4시전 출범 수속이 준비되었는데, 조금도 발묘하지 않았기에 생도가 소형 보트를 타고 다시 상륙했습니다. 그런데 어떤 일인지 고하지 않고 너무도 수상하게 여겨지고 두 번째이기 때문에 취조를 하여 추궁하고자 했는데, 아사야마 겐조(淺山顯藏), 다케다 지타로(武田知太郎), 다케다 진타로(武田甚太郎), 구로이와 기요미(黑岩淸美), 오이시 마타사부로(大石又三郎) 4명이 오전 11시 넘어 상륙한 채로 아직 돌아오지 않았습니다. 출범에 지장이었기에 전부터 2번씩 이곳저곳을 조사하였지만 알 수 없었습니다. 신사가 빈번히 출범을 재촉하고 심히 그 불편함을 이야기하여, 할 수 없이 이미 1시간 반이나 기다렸기에 그대로 출범하고 서서히 발묘해야 한다고 들었습니다.

1. 오후 5시 10분 고류마루(黃龍丸)가 발묘(拔錨)함.

1. 후루사와(古澤), 오쿠(奧)는 즉시 귀경하려 했지만 풍우(風雨)로 인해 늦어졌다. 또 승선이 늦어진 자는 잘 알아보아, 내일 아침 조선소(造船所)에서 요코하마(橫濱)로 가기에, 소기선(小汽船)에 함께 타는 것

으로 정함.

1. 오후 7시 생도 다케다 지타로(武田知太郎)외 1명은 여관에 와서 승선
   이 늦어진 사정을 고하고, 진퇴의 명을 기다리는데, 선중에서 고류
   마루가 2, 3일씩 여기에 체류한다는 설도 있다.【누가 이렇게 이야기하
   는지 모른다.】 오전 11시 지나 본성의 소사(小使) 히라이시(平石), 산파
   (三八)와 사다키치(定吉), 군의 부속 간병부(軍醫附屬看病夫) 나카쿠
   마(中隈), 도쿠지로(德二郎) 모두 6명이 상륙하여 조선소를 일견하고
   목욕탕에 이르렀다. 오후 1시 지나 소추안(小中庵)【나카마치(仲町)에
   있음】에서 식사를 하고, 5시 30분 산파, 도쿠타로 두 사람이 부두에
   가서 고류마루가 이미 출범함을 전하고 소추안에 돌아와 보고하니
   상의한 후, 다시 나가사키야(長崎屋)【요릿집이다.】를 빌려 있으라고
   말하기 위해 서면으로 그 뜻을 적고, 제출하도록 하였습니다.

1. 오후 8시 다케다 진타로(武田甚太郎)는 전조(前條)의 건에 대해 진퇴
   문제를 서면-모두 6명의 연인(連印)을 내고, 해당지[當地]에서 명을
   기다린다고 하였는데, 각 부성에서 본성에 도쿄에서 명령을 기다리
   도록 서면을 제출하고 중개를 신청하였고, 도쿄에서 내일 출발하는
   소기선에 승선하는 것도 함께 신청하였다.

6월 20일 【날이 개고 바람】

1. 오전 8시 전 후루사와(古澤), 오쿠 두 사람이 여관을 나와 8시 출범
   의 소기선을 타고, 11시 넘어서 요코하마에 도착. 현청에 이르러 노
   무라 권령과 만나 신사 왕환의 수속을 사례하고 또 마을회관을 빌림
   에 비용이 들었다면 이를 되갚아야 한다는 뜻을 후루사와가 표시하
   니 즉시 마을회관의 사람을 불러 들여 취조하였는데, 별단의 비용

등은 없지만 회관의 심부름꾼 몇 사람이 누구는 차리고, 누구는 청소하는 등 사역을 이미 하여, 밖에서 고용해 들인 것은 아니지만, 모처럼의 취지로 취조하여 신청할 수 있기에 돈 4원의 서부(書附)를 제출하니 즉시 지불하였습니다.

단, 승선이 늦은 6인은 전조의 소기선으로 요코하마에 가서 부두에서 착경한 후 여숙하고 본성에 이야기하도록 하였습니다.

1. 정오 12시 출발 기차로 후루사와, 오쿠가 착경하고 본성에 출두. 신사의 요코스카 발묘까지의 사정을 경보 앞에서 풀어내고 퇴석.

   단, 고류마루에 함께 탄 외국인은 시모노세키에서 상륙하기로 역체료와 교섭한 것을 사메지마 대보에 이야기하였습니다.

1. 생도 등이 승선에 늦은 이유를 미야모토 대승에게 말하였는데, 어쨌든 생도의 분은 자비로 내일 21일 오후 4시 요코하마를 출범하는 도쿄마루로 돌아가고 어떤 처치도 할 수 있으며 또 간병부의 건은 해군성에 전하고 본성의 소사 건도 해당 처분이 있을 것이라고 합의하여 정함.

1. 오후 2시 지나 생도 구로이와 기요미(黑岩淸美)가 출두하여 료뇨초(笒入町) 14번지의 가네코야 마고하치(金子屋孫八)에서 투숙할 뜻을 고하여 자비로 내일 오후 4시 요코하마 출범의 도쿄마루로 귀거하고 만약 고류마루를 만나면 갈아탈지 진퇴의 여부는 추후 지도할 것이라고 후루사와가 답하였습니다.

1. 오후 3시 넘어 고베 무역회사는 외무성 관원 앞으로, 승선이 늦은 6명 중, 생도는 내일 도쿄마루로 귀거하니, 맞으면 고류마루에 승선하도록 전보했다.

1. 미야모토 대승이 해군 비서관 앞으로, 신사 송선에 탄 사네요시(實

吉) 중군의(中軍醫)를 불러 간병부 나카쿠마 도쿠타로(中隈德太郎)가 요코스카 기박 중 상륙 운운하고 출범의 시간을 놓쳐 오늘 귀경하는 것에 대해 처치한다는 뜻을 전함.

1. 오전 7시 생도 다케다 지타로(武田知太郎)를 비롯한 4명은 오쿠 기세이(奧義制) 편에 가서 오늘 도쿄마루에 승선하는 건은 여비가 조금도 없음으로 1명당 4원 50전씩 선실료를 빌려야 한다고 말하였으나, 기세이의 힘으로도 부족하여 미야모토 대승, 후루사와 권소승에게 말하여, 기세이가 빌리는 요량을 하였다. 서무에게 18원을 수취하고 본성에서 다케다 지타로에 내주었다. 또 생도가 기세이에게 차용증문을 조치하여 서무(庶務)에 제출하였다.

단, 생도는 오후 1시 15분의 기차로 요코하마에 갔다.

6월 22일

1. 내무대소승으로 부터 수신사가 귀국할 때에 오사카에 들른다는 풍문이 있어 이에 대우를 하는데 오사카에서 온 전신에 이르길, 위의 접대는 외무성에서 오사카부(大坂府)를 지휘해야 한다고 전보를 부쳐 조회하였다. 이에 즉시 오사카부에 지휘하여 상륙의 때에 관원 1명이 마중 나가고 나머지는 접대 채비에 임하라 전보했다.

1. 오늘 오전 10시 40분 우라세 히로시, 오마(尾間)가 고베(神戸)에서 전신으로, 수신사(修信使)는 요코스카(横須賀)에서 발묘한 후 큰 풍우로 항해가 어려워져 보슈오키(房州沖)에 묵었는데, 오늘 7시 30분에 고베항에 착선했다. 자세한 사항은 공신으로 상신할 것이라고 보고가 왔다. 미야모토(宮本), 모리야마(森山) 양승께 전했다.

1. 오늘 같은 시각 효고현(兵庫縣)에서 전신이 있어, 수신사가 승선한

배가 오늘 아침 7시 반에 착항했다고 보고가 왔다. 미야모토(宮本), 모리야마(森山) 양승께 전했다.

6월 23일

1. 오늘 오후 1시 우라세(浦瀨) 3등서기생, 오마(尾間) 7등서기생에게 전보가 왔다. 그에 이르길 신사가 고베(神戸)에 도착하였지만 병환으로 상륙하지 않았다. 오늘 오전 8시 상륙하였지만 오사카 조폐료(大坂造幣寮) 일견은 사퇴한다고 한다.
1. 오늘 오후 7시 55분 다시 위의 두 사람에게서 전신. 신사는 오늘 오후 12시 고베(神戸)에서 발묘의 건을 보고했다. 미야모토(宮本), 모리야마(森山) 양승께 전했다.

6월 25일

1 나가토(長門)의 아카마가세키(赤間關)에서 히로시(裕), 게이지(啓次) 두 사람이 전신으로, 만사(萬事) 형편이 좋아 오늘 오후 4시 시모노세키(下關)를 출범했다고 전하였다. 미야모토(宮本), 모리야마(森山) 양승에 전했다.

航韓必携

○ 凡例

○ 今茲明治九年五月朝鮮ノ修信使禮曹參議金綺秀以下ノ各員來朝土宜ヲ獻シテ天皇陛下ニ謁シ奉リ龍頭ヲ拜ス叡感斜ナラス特別寵遇ヲ蒙リ院省寮廳回覽ヲモ許サレ數日滯京本國ニ歸航ス爾後勅シテ外務大丞宮本小一ヲ理事官ト爲シ韓國ニ發遣サラル因テ一時携帯ノ爲此書ヲ編纂ス解纜切迫夜ヲ日ニ繼キ來朝記錄數部ヲ點檢シ其樞要ヲ抄錄漸く稿ヲ脱スルニ到リ督促嚴密再校ノ餘暇誤謬必ラス多タルベシ。

○ 信使滯京中筆譚ヲ載セシハ締盟國名及公使領事ノ列名公私雇外國人員等ノ事アレハナリ。

○ 皇韓修好條規 本省職制事務章程等モ編載シテ滯韓ノ中供ス。

○ 朝鮮日記竹島顛末琉球封藩事略殊號事略等セ修メテ一部中トス
明治九年六月

外務大錄　坂田諸遠輯

航韓必攜券之一

標目
○ 信使前報
○ 前報上申
○ 迎艦上申
○ 艦內規則
○ 示誥違罪目
○ 信使同伴指令
○ 旅館上申

信使前報

○ 條陳

一, 修信使乘船日字, 定於四月二十五日。

一, 抵貴國外務卿大丞之我國禮曹判書參判書契賷去。

一, 一行人員, 爲八十人。

一, 行期在邇, 水路且遠, 我國船隻, 未及營造, 又難迅涉, 貴國火輪船一隻可容一行人員及什物者賃騎爲便。以此轉達貴朝廷, 火輪船一隻指揮出送四月二十日內, 抵釜山然後, 可以趁期發行。

一, 賃船價, 依貴國指數, 以銀子計之, 書示多少於火輪船出來便。

一, 使事凡務, 不可無審愼, 船旣賃騎, 則貴國船格勢將同騎, 相當有御下禁雜之人。

一, 貴國舌官幾人, 使之同騎往來。

一，上官下陸後所騎以車馬間賃騎。

一，信使一行所住處地名及水陸路程，書示於火輪船出來便。

一，一行廚供，自我準備，或有窘乏之需，則臨時貿辦。

○ 丙子三月十五日　訓導　玄昔運

○ 修信使一行

修信使禮曹參議　金綺秀【正三品】

別遣堂上嘉善大夫　玄昔運【上上官】

上判事前參奉玄濟舜【上官】

副司勇　高永喜【上官】

別遣漢學堂上嘉義大夫　李容肅【上上官】

書記副司果　朴永善【上官】

畫員司果　金鏞元【上官】

軍官前郎廳　金汶植【上官】

前判官　吳顯耆【上官】

伴倘副司果　安光默【上官】

前郎廳　金相弼【上官】

書記二人【上官】

中官　四十九名

下官　十八名

○ 金綺秀の出發期通獻書

我朝廷特命禮曹參議金綺秀爲修信使，將於本年四月二十五日發船，前往貴國。故玆先相通凡係條陳，詳悉於任官書付，竝卽轉達貴國朝廷，是希。

丙子三月十五日

大朝鮮國　東萊府使　洪祐昌

○ 草梁館の回答書

貴國遣差修信使及需借火船事，竝不得不申稟之我國朝廷。故稟遣
尾間書記生于東京，從速面報，而但時日甚迫矣，諒之。

明治九年四月十日　館長代理(印)

訓導公前

前報上申

○ 丙子四月二十二日

太政大臣　三條實美殿　外務卿　寺島宗則

朝鮮國ヨリ修信使渡來ニ付上申

今般朝鮮國ヨリ修信使渡來之義ニ付該國東萊府使口陳書并訓導ヨ
リ條陳書ヲ以テ草梁館在勤外務四等書記生山之城祐長迄申出候義ニ
付同館在勤外務七等書記生尾間啓次一昨二十日上京致候間則別紙
使員姓名書等相添比段上申候也。

明治九年四月二十二日

條陳

一，修信使乘船日字，定於四月二十五日。

一，抵貴國外務卿大丞之我國禮曹判書參判書契賚去。

一，一行人員，爲八十人。

一, 行期在邇, 水路且遠, 我國船隻, 未及營造, 又難迅涉, 貴國火輪船一隻可容一行人員及什物者賃騎爲便。以此轉達貴朝廷, 火輪船一隻指揮出送四月二十日內, 抵釜山然後, 可以趁期發行。

一, 賃船價, 依貴國指數, 以銀子計之, 書示多少於火輪船出來便。

一, 使事凡務, 不可無審愼, 船旣賃騎, 則貴國船格勢將同騎, 相當有御下禁雜之人。

一, 貴國舌官幾人, 使之同騎往來。

一, 上官下陸後所騎以車馬間賃騎。

一, 信使一行所住處地名及水陸路程, 書示於火輪船出來便。

一, 一行廚供, 自我準備, 或有窘乏之需, 則臨時貿辦。

丙子三月十五日 訓導 玄昔運

修信使禮曹參議金綺秀【正三品】

別遣堂上嘉善大夫玄昔運【上上官】

上判事前參奉玄濟舜【上官】

副司勇高永喜【上官】

別遣堂上嘉義大夫李容肅【上官】

書寫官副司果朴永善【上官】

畵員司果金鏞元【上官】

軍官前郎廳金汶植【上官】

前判官吳顯耉【上官】

伴倘副司果安光默【上官】

前郎廳金相弼【上官】

書記二人【上官】

中官四十九名

下官十八名

我朝廷特命, 禮曹參議, 金綺秀, 爲修信使, 將於本年四月二十五日發船, 前往貴國。故玆先相通凡係條陳, 詳悉於任官書付, 竝卽轉達貴國朝廷, 是希。

丙子三月十五日

大朝鮮國 東萊府使 洪祐昌

貴國遣差修信使及需借火船事, 竝不得不申稟之我國朝廷。故稟遣尾間書記生于東京, 從速面報, 而但時日甚迫矣, 諒之。

明治九年四月十日 館長代理(印)

訓導公前

迎艦上申

○ 丙子四月二十四日

太政大臣 三條實美殿 外務卿 寺島宗則

○ 朝鮮國修信使渡來ニ付迎送船其他ノ義

今般朝鮮國ヨリ修信使差越候趣申來候就テハ彼國ノ船隻粗惡ニシテ迅速ノ航海難相成ニ付御國蒸氣船借用釜山浦ヨリ直ニ渡海イタシ度素ヨリ諸費用ハ彼ノ方ニテ相弁ジ候趣賴談有之候處右修信使ノ儀ハ先般弁理大臣御發遣相成兩國ノ尋交親密ニ相整候ヨリ差越候儀ニ付當方ニ於テモ益懇親ヲ表シ鄭重ノ御取扱有之候方可然候間特別釜山浦迄海軍省付屬運送船一艘ヲ以迎送爲致尤航海費用船中賄トモ被

給候様イタシ度存候此段相伺候也。

　　　　　　　　　　　　　九年四月二十四日
　伺之赴聞届別紙之通内務省ヘ相達候條同省ヘ可及協議事。
　　　　　明治九年四月二十六日　太政大臣　三條實美(印)

　○
　内務省
　朝鮮國修信使渡來二付迎送汽船壹艘釜山浦迄被差遣候條於其省
雇上ケ可差出尤貴用ハ外務省ヨリ請取諸事同省ヘ可及協議此旨相達
候事。

　　　　　　　　　　　　明治九年四月二十六日
　　　　　　　　　　　　　太政大臣　三條實美

丙子四月
　太政大臣　三條實美殿　外務卿　寺島宗則

　朝鮮國修信使迎船ヘ醫官乗組ノ義
　今般朝鮮國修信使渡來朝迎船トシテ郵便汽船一隻被差出候二付海
軍中軍醫島田修海乗組ノ儀御達有之度尤右ハ既二海軍省ト照會濟二
有之候此段上申候也。

　　　　　　　　　　　　明治九年四月二十六日

○ **丙子五月**
　太政大臣　三條實美殿　外務卿　寺島宗則

○ 修信使渡來二付騎兵警備ノ伺

今般朝鮮國修信使渡來ニ付使員入京ノ日新橋停車場ヨリ錦町旅館
ニ至ルノ間幷信使歸國ノ節旅館ヨリ停車場迄都合顚末兩度警備トシ
テ騎兵十騎又ハ十四五騎ヲ以テ使員ノ前列ニ相備度就テハ其筋ヘ御
下命相成候樣致度此段相伺候也。

伺之赴聞届別紙ノ通陸軍省ヘ相達候事。

　　　　　　　　　明治九年五月十二日　太政大臣　三條實美(印)

陸軍省
別紙外務省上申朝鮮修信使渡來ニ付騎兵警備ノ儀聞朱書ノ通及指
令候條騎兵差出方可取計此旨相達候事。
但騎數ノ儀ハ上申ノ赴ヲ以テ適宜可取計事。
　　　　　　　　　明治九年五月十二日　太政大臣　三條實美

艦内規則

○ 丙子四月二十六日
○ 今般郵船黃龍丸ヲ釜山浦ヘ被差向朝鮮修信使ヲ迎引相成候ニ付
テハ同國ノ義從來我政府ト阻隔ノ情アリシ末先般辨理大臣發遣條約
取結相成較其情實氷解信使渡來ノ運ニ至リ候得共元來孤疑深キ風俗
加之洋製ノ大船ニ乘組候ハ上下一般初テノ義ニ付總テ不案內ニ有之
於船中水火夫其外粗暴ノ擧アランヲ深ク畏懼候趣ニ申出候勿論黃龍丸

船司其外右樣ノ擧動可有之筈ハ毛頭無之事ト存候得共左ノ條條ハ爲念御通達有之度候。

○一, 船中ニテ韓人ニ接スルハ惣テ溫和ヲ主トシ彼不案內ニテ船規ヲ犯シ或ハ操運ノ妨ト相成候節ハ承組譯官ヲ以丁寧ニ其妨害ニ相成候趣ヲ喩シ示後ヲ戒メ置ベシ若又彼ヨリ質問等ニ及候廉ハ 委曲ニ其 柄ヲ說明スベキ事 韓人無禮ノ擧アル時ハ乘組外務省官員ヘ許ヘ其處分ヲ乞ツベシ直ニ韓人ヘ迫ル事ハ決テ不相成候事。

○一, 今般ノ韓人乘組御用中ハ一般ノ諸員末末ニ至ル迄飲酒ヲ禁ス若飲マント欲スルモノハ自己房內ニ於テ竊ニ用ユベシ韓人ニ對シ盃爵ヲ勸ル等決テ不相成事。

○一, 韓人ヨリ贈與品有之トモ受納致スベカラス萬一彼ヨリ强テ寄贈スル分ハ伺テ經候上受納ス可シ

○一, 韓人ノ荷物ハ外務省官員ニテ取締世話スト雖モ人員寡少ニ付自然助力ヲ乞ツ時ハ十分ニ注意シ且船艙等可成荷物ノ損傷セサル場所ヘ差置事ヲ用意ス可シ。

○一, 釜山出帆時日馬關兵庫下碇等ノ義ハ外務省官員ヨリ申談次第其都合ニ隨フベシ其外天氣ノ見計ヲ以船ノ進行寬急ニスルハ船司ノ權ニ委ス乍去可成丈一日モ早早東京ヘ安着候事晝夜盡力可致事。

○大凡右等件件ニ有之候尤韓人ヘモ船中規則別紙ノ如ク相示シ候積ニ有之船中禁酒ノ廉ハ出張ノ外務官員ヘモ遵守爲致候事ニ有之候依テ至急黃龍丸船司ヘ右ノ趣御下命有之度候也。

明治九年四月二十六日

森山外務權大丞

宮本外務大丞

前嶋驛遞頭殿

丙子四月

艦內規則

一, 艦內各房, 定有上中下等級, 須聽艦長指示, 各就其室。

一, 艦內, 切戒火燭, 須小心注意, 吸煙, 亦有時有處, 非就其處, 則雖時限內, 不得吸之, 非得其時, 則雖就其處, 不得吸之。嚴禁房內密鑽燧吹吸。

一, 每室必有燈, 限時消滅。故秉別燭出入, 亦有所嚴禁。

一, 艦內設有廁圊, 非就其處, 不可濫尿溺。

一, 艦內禁濫吐唾, 要於唾壺, 或艦外而吐。

一, 盥漱有場, 使水一切於其處, 禁他所氾濫。

一, 水火夫行船, 極爲劇甚, 不可近切傍觀, 或妨張網轉舵之事。其或誤觸汽罐, 踐鐵鎖, 入器械場, 則害及其身。

一, 甲板上, 禁快譚壯語, 艦內遇昏夜戌牌亦然, 莫喧聒亂運艦號令。

一, 甲板上, 限逍遙步趨之處, 禁限外隨意步趨。

一, 噉飯有定所有時限, 必要一齊同食, 不得各自隨意就席. 若其疾病, 有不能出房室者, 則告情蓐食, 亦無妨。

一, 艦內有不許乘客進入之處, 切戒勿強迫濫過。

一, 所帶有之行李物品, 須付之監督員收藏, 若其或有易爆發, 或脆弱易腐敗之物, 則要詳明其性質, 以便特殊藏。但有朝夕心需物料, 或坐間不可須臾離之打包小籠, 置之房內, 亦無妨。

一, 會食時禁酒, 若或嗜之者, 於房內就臥寢時飲少許, 亦無妨。若使酒狂噪紛譁違者, 以犯禁論。

是係船客搭載禁例, 士君子一見知了, 無敢犯之。若其僕隸, 不可不揭示切戒。茲譯述以告, 敢煩諸君子丁寧告戒. 豫防一船之患。

明治九年四月日

○

第一條

火輪船黃龍號ヲ艤裝シテ迎引之需メニ應ス是皆我政府營辦ニ係ル
貴官員貰騎スルヲ用ヒス。

第二條

外務少保水野誠一外務七等書記生尾間啓治ヲシテ一船迎接ノ事務
ヲ負荷セシム。

第三條

通譯及遠客延接トシテ外務六等書記生荒川德滋其他生徒十一名ヲ
シテ同乘セシム。

第四條

東京第四大區一小區錦街第二街一番地ニ於テ旅館ヲ設ク邸圖ヲ
附ス。

第五條

廚供自便ノ儀ハ船中自他混肴辨別ニ難シ故ニ自我一切之ヲ供給ス
諸君意ニ介スル勿レ。

第六條

船中醫員一名ヲ備ヘ置ク。

第七條

馬關兵庫兩港ニ於テ數時間碇泊以航客航洋ノ勞ヲ醫ス其間或ハ上
陸散步又ハ旅亭ニ休憩シ入浴スルノ備ヲ爲ス。

第八條

橫濱港ヨリ上陸東京ニ前往ス同港ニ外務省ヨリ更ニ迎接官ヲ出張
セシメ前導スヘシ。

第一條

艤火輪船黃龍號, 應貴信使一路航行之需, 如其煤炭諸費, 悉任我政府營辦, 不須貴信使僱賃。

第二條

本省, 派外務少保水野誠一, 七等書記生尾間啓治, 負荷貴信使一行旅航事務。

第三條

外務六等書記生荒川德滋, 同中野許多郎及生徒十一名, 負荷通譯及延接事務。

第四條

旅館, 設在東京第四大區錦街第二街一番地, 今豫附館圖一枚。

第五條

船內廚饌一切, 自我供給之, 是爲船內一竈同炊, 其費用, 難辨主客也, 莫煩貴慮。

第六條

軍醫員一名, 在船內。

第七條

船到馬關、兵庫兩港, 數時間碇泊, 以療航客之憊。此時上陸閒行, 或投旅舍, 灌浴梳髮攝養, 俱有準備。

第八條

船由橫濱港上陸, 汽車一鶩前往東京, 到該港, 別有外務官員辦理貴信使入京之鹵簿。

示詿違罪目

丙子五月

○ 我四月十日, 接到貴國東萊府使洪公丙子三月十五日單簡及玄訓導條陳書。現今貴國, 爲派修信使我邦, 要借用我火輪船, 乃使在本館尾間書記生, 賫貴書, 駛往東京, 以轉啓我朝廷, 朝廷深喜貴國之速有此擧也, 卽發遣火輪船一隻, 搭載接伴外務官員數名, 本日旣已到達此港矣。貴信使啓行日時, 唯任其便。若夫在船及京地旅館等, 諸項一切要需, 覼縷于別簡, 幸勿勞貴意。敬具。

大日本　釜山公館長代理
明治九年丙子五月十四日　外務四等書記生　山之城祐長

詿違罪目

一, 狹隘小路를 乘車馬하여 馳走하는 者。
一, 夜中의 無提燈하여 挽諸車하고 又乘馬하는 者。
一, 無斟酌하여 疾驅車馬하고 使行人障碍하는 者。
一, 挽人力車者强勸乘車하여 且過言하는 者。
一, 置於馬車及人力車、卜車往來處所하여 妨害行人或橫牛馬於街衢하여 妨碍行人하는 者。
一, 投棄往來禽獸之死者或汙濊之物者。
一, 以沐浴家로 爲生業者戶口放開하며 或樓上不垂簾者。
一, 家屋前怠掃除하며 或不浚汙水하는 者。
一, 婦人이 無謂로 斷髮하는 者。
一, 卜車及人力車轕合之時의 妨害行人하는 者。
一, 掃除大小便 不蓋糞桶하여 搬運하는 者。

一, 以羈亭으로 爲生業者 不記止宿人名하며 或不爲進告之者。

一, 破毀街衢號札及人家番號姓名票並其所標招牌者。

一, 喧嘩爭論及妨人之自由와 且爲應驚愕悰鬧者。

一, 戲消減街衢常燈하는 者。

一, 依疏忽하여 抛澆於人汗穢物及石礫等者。

一, 通行田園種藝之無路處하며 又牽入牛馬者。

一, 於往來道路로 放尿於非便所處者。

一, 於戶前에 向往來하여 使幼穉爲大小便하는 者。

一, 竝挽卜車及人力車하여 妨碍通行者。

一, 誤放牛馬하여 使入人家者。

一, 使鬪犬하며 且戲令嚙唻人者。

一, 飛揚巨大紙鳶하여 爲妨害者。

一, 乘醉하여 戲妨車馬往來者。

一, 打撥窓戶하며 攀墻壞하여 徒出顔面하여 瞰視行人 且嘲哢者。

一, 用三尺以上之長網으로 牽馬하는 者。

一, 折遊園及路傍花木하여 或害植物하는 者。

一, 於道路及人家에 强乞錢兩 或爲强賣者。

信使同伴指令

丙子四月二十一日

外務六等書記生 中野許太郎

朝鮮國修信使來朝二付迎船乘組出京申付候事

明治九年四月二十一日
外務省

丙子四月二十六日
吉副喜八郎
中村庄次郎
吉村平四郎
淺山顯藏
黑岩淸美
武田甚太郎
武田邦太郎
阿比留祐作
大石又三郎
津江直助
住永琇三

朝鮮國修信使來朝二付同伴出京申付候事。
明治九年四月二十六日
外務省

旅館上申

○ 朝鮮國修信使旅館之儀上申
今般朝鮮國ヨリ修信使渡來二付第四大區一小區神田錦町貳町目壹番地ヲ以右信使旅館二取設ケ駐留爲致候間此段上申候也。

明治九年五月十二日, 外務卿 寺島宗則

太政大臣 三條實美殿

航韓必携卷之二

標目
○ 着京上申
○ 信使一行列名
○ 迎官復命
○ 迎引次第
○ 迎官心得
○ 旅館分課

着京上申

丙子五月二十七日
○ 太政大臣 三條實美殿 外務卿 寺嶋宗則

○ 朝鮮國修信使着京之儀上申
朝鮮國修信使一昨二十五日午後十二時神戶港着今二十七日午前六時同港發錨明後二十九日午前六時橫濱入港ノ積リ電報到來候間不取敢此段及上申候也。

明治九年五月二十七日

信使一行列名

○ 朝鮮國修信使一行姓名

修信使禮曹參議 金綺秀【正三品】

別遣堂上嘉善大夫 玄昔運【上上官】

上判事前參奉玄濟舜【上官】

副司勇 高永喜【同】

別遣漢學堂上嘉義大夫 李容肅【上上官】

書記副司果 朴永善【上官】

畵員司果 金鏞元【同】

軍官前郎廳 金汶植【同】

前判官 吳顯耆【同】

伴倘副司果 安光默【同】

前郎廳 金尙弼【同】

禮單直 盧命大【次官】

使奴子 漢金【中官】

漢甲【同】

一行奴子十一名【列名末二見エタリ。同】

卿書記 金漢奎【次官】

邊宅浩【同】

姜益洙【同】

通引 洪致肇【中官】

朴永浩【中官】

小童 朴文燦【同】

李章昊【同】

通事 金福奎【同】

金應祺【同】

朴淇宗【同】

金采吉【同】

及唱奴 得尹

今石

刀尺 奴章五

敬五

日傘直奴 鶴伊

節鉞手 朴日成

趙文哲

巡令手 陳業伊

朴正奉

喇叭手 朴化俊

梁致雨

後陪使令 金[1]以宗

金明植

朴用安

姜光玄

乾粮馬徒 金弘基

廚房使嗅 方成玉

朴同伊

李宗伊

金大業

---

1 "金": 底本에는 奎로 되어 있으나 문맥에 따라 "金"으로 고친다.

宋萬宗

尹桂安

金性信

熟牛 朴永五

樂工 李云伊

朴俠伊

柳尙用

陳長命

李鐘明

金弗伊

轎軍十名

金道明

徐啓化

邊永執

金光甫

金士賢

金德伊

洪聖洛

李平心

趙元默

朴孫儉

一行奴子十一名

韓仲祿

劉永云

雀孫伊

張漢吉

張漢五

李吉伊

金景石

李福伊

洪昔伊

倉順得

金順得

迎官復命

復命書

◎ 信使着發の次第

明治九年四月二十八日橫濱ヨリ郵船玄海丸ヘ乘組出發同月三十日
午前二時神戶港着直二兵庫縣令ヘノ公書携時出縣令ヘ面接ニテ相渡
信使辱問ノ儀等委詳御陳史ヨリ主任ノ官員ヘ旅宿取設方屢々引合ノ
海岸通リ貿易會社借受ノ事二決シ賄向等其節ヘ豫メ談示ヲ遂ケ置候
事黃龍丸大坂ヨリ回艦遲延二付三菱社員ヘ引合候處大坂川口ニテ連
日風浪ノ爲メ積米陸上ケ淹滯竝二從來乘組ノ外國人ト引替ノ機關司
延着等ノ事情申出候間追々遷延期日ヲ衍リ候樣ニテハ不都合二付水
野少錄荒川書記生尾間書記生五月五日大阪出張黃龍丸船內一覽候
處元來同船ハ刻日發港ノ郵船二無之臨時回船荷物ヲ重二致候由ニテ
中甲板下ハ凡テ敷板無之中々八十人餘ノ人員體載能乘組不相成候二
付米陸上中二棚部屋取建吹烟所貳ケ所缺品取整方等船長及會計主務

ノ者ヘ相談シ賄方臨時四人雇上ケノ事等一々申談卽日神戸ニ歸ル五
月七日午後六時黃龍丸神戸入港同七日驛遞寮ヨリ乘組ノ權大屬小杉
雅三ヘ面會中檣號旗ノ事及船中取締向ノ儀ニ付熟儀ノ事夫ヨリ船中
小繕モ落成船足砂礫入方等相果十日午後ヨリ兼テ神戸ニテ買上ノ賄
方物品等悉裝載同夜十貳時神戸拔錨同月十二日午前八時下ノ關着
港卽時上陸ノ處縣官出張無之ニ付區長井上保申ヘ引合山口縣令ヘノ
公書送達方申談修信使渡來ノ儀竝取扱振等申聞旅館ハ海岸東細江町
永福寺ト決シ賄向竝端舟都合等其節相談シ同日午後四時下ノ關拔錨
同十三日午前八時朝鮮釜山浦着卽時上陸公館ニ到リ山之城四等書記
生以下一同ヘ面接公信書類相達豫テ宮本大丞殿ヨリ被申含候生徒出
京ノ儀ニ付委詳口陳ノ處山之城書記生ヨリ差支筋無之旨申出同人ヨ
リ一同ヘ出京御達書相渡候事同日訓導玄昔運來館候樣通達ス翌十四
日訓導玄昔運來館引合ノ事委詳對話書ニアリ爰ニ略ス十七日訓導玄
昔運再來館引合向前同斷此日訓導玄昔運ヨリ迎接官一同竝小杉驛遞
權大屬船長鳥谷保ヘ酒肴ヲ贈ラル衆議ノ上受納シ答禮トシテ紋紙二
百葉愛日樓文壹部ヲ贈ル十九日ヨリ廿二日午前迄ニ修信使一行荷物
大小六百十六箇積入相果ツ日ニ迎接官及附屬生徒等割合出張取締致
候事五月十八日兼而十七日應接ノ節申出有之候東萊府使ヨリノ贈物
酒肴訓導玄昔運手翰相添差越其品北魚七十連鷄卵五十箇燒酒二瓶
ナリ受納ノ上折半ヲ黃龍丸ヘ分送ス廿一日訓導玄昔運及上判事高永
喜來館直ニ黃龍丸ヘ罷越部屋割彼ノ都合ニ因テ相改ム信使ノ部屋ハ
上房ト題ス上官ノ分ハ官姓ヲ記ス水野少錄荒川書記生尾間書記生立
合居候得共廉立候儀ハ過般兩回ノ應接ヲ累申セシノミ餘ハ雜談耳故
ニ記セス廿二日午後二時修信使一行七十六人上船ス艦中客席ニテ水
野少錄中野書記生尾間書記生島田中軍醫小杉驛遞權大屬面謁ス荒
川書記生船長鳥谷保ハ甲板出迎ノ節相濟

修信使曰,

今般遠ク滄溟ヲ超テ我輩迎引ノ爲御出張御太儀ニ存候。

水野少錄曰,

修信使トシテ我國ヘ被來候段御苦勞ニ存候。

右畢各自其房ニ就き休息ス午後四時釜山拔錨廿三日午前七時四十分下ノ關着暫アツテ上陸旅館永福寺ヘ入ル高島山口縣十三等出仕兼常二等警部能一三等警部巡査二十人山口縣ヨリ出張ニテ旅館警衛等嚴カナリ兼テ陸上夜泊ハ不致積申入置候處一行ノ者船ニ慣れス頗困難今猶氣分常ニ復せス旁本夜ハ是非陸上ニ一泊ノ勞苦ヲ慰メ度段申立候ニ付碇泊船ハ動搖無之陸地ト異ナルナク從是向瀨戶內ハ海波穩ナル事且本省ヨリハ少シモ早ク着京候樣屢電信モ有之着發日時相違ニ付テハ諸般ノ手順齟齬不都合ノ趣懇諭スレトモ聞入ス緊ク請求已マス仍テ此段本省ヘ電報シ彼ノ意ニ任セ永福寺ヘ一泊爲致翌廿四日午後四時下ノ關拔錨ス下ノ關滯留中修信使ヨリ東萊府使ヘ書狀達方倚賴ニ付長崎縣令ヘ照會シ山之城書記生ノ手ヲ經テ屆方取計候事滯在中食膳茶菓我方ヨリ仕賄候ニ付厚ク謝ス廿五日夜十二時神戶着翌廿六日午前七時三十分修信使已下一同上陸兼テ取設ノ旅館貿易會社ニ入ル神戶市中人民ヨリ修信使安着祝賀トシテ菓實大籠入壹箇進呈致度旨縣官阿部誠一紹介ニテ申出乃玄昔運ヘ申入披露ノ處落手相成厚ク謝辭申述フ彭城兵庫縣大屬出頭兼テ縣令尋問ニ不及段御指示ニハアレトモ今同盟國ノ使節我管地ニ滯留スルニ不問ハ如何ニモ不安存候間御指令ヲ參酌シ某名代トシ彭城大屬差出候旨申述候間玄昔運ヨリ披露信使面謁ス爲答禮上判事玄濟舜縣廳ヘ出頭ス譯官中野書記生出張ノ事晝間ハ市中一般國旗ヲ揭ケ夜ハ街頭ニ紅燈ヲ張リ壯觀ヲナセリ縣官ノ注意諸般大ニ都合能修信使モ饗應ノ厚きヲ陳謝ス卽日午後五時乘艦翌廿七日午前六時神戶拔錨此際東萊府使ヘノ書狀達方依

賴ニ付先規ニ因リ取計尤右等ノ費用ハ彼ヨリ仕拂可致旨申出候間入
費相分候上猶御相談可致旨申置廿九日午前四時横濱着港八時上陸
會議所ヘ入リ休息十時四十五分ノ汽車便ヨリ出京直ニ錦街旅館ヘ入
ル時一時半ナリ黄龍丸直ニ品川ヘ回船同日中荷物端舟ヘ相移シ神田
橋下迄運送翌卅日無滯旅館ヘ運搬諸事御用相濟候此段復命仕候也。
　　　　　　　　明治九年五月　外務少錄　水野誠一
　　　　　　　　　　　　　　外務六等書記生　荒川德滋
　　　　　　　　　　　　　　外務七等書記生　中野許太郎
　　　　　　　　　　　　　　外務七等書記生　尾間啓治

迎引次第

丙子五月
○ 修信使迎引手續書
(略)
一，兵庫ヨリノ電報ニ依リ當日又ハ前日迎接官員判任及ヒ通辨ヲ
横濱ヘ出張セシメ信使ヲ待タシムヘシ。
一，使員一行上陸ノ節小汽船一隻幷馬車一輛相備ヘ人力車多數用
意ノ義心得ヘシ。
但シ雨天ナラハ上官以上ハ指傘ヲ用意シ中官以下ハ都テ管笠及ヒ
合羽ヲ用意スヘシ。
一，使船入港致サハ不取敢本省ヘ電報シ迎接官兩名小汽船ニテ使
船ニ至リ遠涉無事ヲ賀シ迎引ノ旨ヲ陳ヘ上陸後入京旅館迄ノ通行手
續ヲ打合セ一名ハ上陸車馬ヲ波戸場ヘ差出シ其次第ヲ更ニ本省ニ電

報シテ新橋須停所ノ車馬用意ノ便ニ供スヘシ。

一，使員上陸信使及ヒ上々官迄都合三名ハ馬車ニ上官ハ人力車ニ乘セテ休憩所ニ誘引スヘシ。

但シ強雨ノ節ハ上陸見合セノ事。

一，休憩所ハ町會所ヲ以テ之レニ當ツ義テ取設置ヘシ。

一，上陸前船中ニテ飲食ヲ濟マセ休憩所ニテハ唯茶菓ノミ備ヘ置クモノト心得ヘシ。

一，兼テ鐵道寮ヘ打合セ信使一行借切ノ車室ニ上京マシムヘシ但シ信使及ヒ上々官ハ上等ニ上官ハ中等ニ中官下官ハ下等ノ車室ニ乘組セ發車ノ前何時乘車トノ事ヲ本省ヘ電報スヘシ。

但シ横濱ステーション內ニ暫時休息所設クヘシ。

一，信使一行行李ハ横濱ヨリ汽車ニ付シテ旅館ニ送ルヘシ尤手廻リハ信使ノ乘車ニ付スルモ其他ハ後車ヨリ時宜運搬スルモ苦シカラス。

【附札】行李陸揚ノ前後モ有ヘケントモ可相成前車ニ送リタシ尤其場ノ都合ニ寄リ注意有リタシ。

一，新橋停車場ニ休憩所ヲ設ケ信使到著セ、其所ヘ迎引スヘシ本省ヨリ更ニ旅館ヘ誘導ノ爲メ迎接官判任ヲ派スヘシ本日同所ニ可相備車馬左ノ如シ。

馬車　一輛

右ハ信使及我迎接官員幷通辯計三名

同　一輛

右ハ上々官上判事三名幷我通辯計四名

同　一輛

右ハ上官四名幷我通辯計五名

【外ニ】馬車　一輛

乘馬　五疋

　　右ハ上官軍官ニ宛

　　但シ車馬ノ用意ハ馬關及神戸ヨリノ電報ニ依ル且中官以下ハ乘車
或ハ歩行ノ義打合セノ都合タルヘシ。

　　一，信使ノ警備トシテ騎兵一小隊ヲ以テ行列ノ前列ニ備ナフヘシ

　　但シ陸軍省ヘ可申入置事。

　　韓人八十人ノ内行粧内外有ルヘシ取調ノコト。

　　一，信使入京ノ日ハ旅館迄ノ通行順路書ヲ添ヘテ東京府及警視廳
ヘ懸ケ合使員通行ノ節不體裁無之様注意セシムヘシ。

　　一，道筋ハ停車場ヲ出テ新橋ヲ渡リ本石町ニ至リ右折鎌倉川岸ヘ
出神田橋前ヨリ旅館ニ入ルヘシ。

　　一，信使旅館ニ着イタサハ慰勞トシテ接待官【奏任】往テ尋問アル
ヘシ。

　　一，既ニ旅館ニ入リ奥書院ニ於テ茶菓ヲ進メ迎接官ヨリ一行ニ各房
ヲ配附スヘシ。

　　但シ別ニ旅館取締規則ヲ作リ之ヲ付與スヘシ。

　　一，迎接官ヨリ外務省ヘ信使出願ノ日時ヲ約シ【着翌日或ハ翌々日ヲ過
タヘカラス】本省ヘ申立ヘキ事。

　　但シ外務卿以下ハ平服ニテ接見セシコトナレモ別段彼方ヘ告ル及ハ
ス彼ヨリ其辺尋問アラハ迎接官ヨリ其所以ヲ申聞ケシ。

　　一，旅館詰迎接官員幷雇夫ニ至ル迄凡如尤。

判任　三名

同通弁　三名

生徒　拾壹名

等外吏　貳名

小遣　貳名

雇夫　拾名

【附札】

此人配リニテハ手回兼ルナラン別ニ人配ハ設ケタリ。

一，第何日約ノ如ク朝何時馬車ヲ遣ハシ信使ヲ本省ヘ誘導スヘシ尤本日ハ上々官以下車馬ヲ用ユルモ亦歩行セシムルモ前日豫メ協議シテ其備ヘアルヘシ道筋ハ神田橋ヲ渡リ右ヘ内務省ノ前ヲ通リ龍ノ口ヨリ日比谷ヲ過キ堀端通リ櫻田門前ヨリ尤折本省ヘ前往スヘシ。

一，本省ニ來ラハ信使及ヒ上官ハ本玄關ヨリ昇ラシメ休憩所ニ誘引スヘシ但シ軍官及ヒ樂人等ハ 門内ニアラシメ中官ノ信使ニ従フモノハ内玄關ヨリ昇ラシメ別ニ其休憩所ヲ設タヘシ。

○ 一，卿輔始メ大丞面謁ノ席ヘ班列セハ迎接官員信使ヲ引テ其席ニ進ミ信使ヲシテ直チニ禮曹判書ノ書簡ヲ外務卿ヘ參判ノ書簡ヲ大丞ニ差出セシムヘシ。

但シ其時信使ニ隨カフモノハ上々官兩人及ヒ上判事ノミト心得ヘシ。

○ 一，外務卿及大丞書簡ヲ受取一禮畢テ退席亦信使ヲ休憩所ニ退カシメ茶ヲ進ム迎接掛リ大丞其席ニ 至リ遠渉ノ慰勞ヲ伸ヘ歸館セシム。

但シ歸路行列前ト同シ道筋ハ本省ヨリ櫻田門ヲ入リ兩丸下ヲ通リ和田倉門ヲ出テ大藏省裏門前ヲ過キ神田橋ヲ渉リ旅館ニ入ルヘシ。

○ 一，信使出省ノ翌日迎接掛大丞其旅館ニ到リ答禮ヲナスヘシ。

○ 一，外務省ヘ信使出願相濟ムトキハ都合次第遲緩セサルヲ要ス外務卿輔邸ニ到リ挨拶アルヘシ且兩大臣及各省使長官邸ヘ信使出願シテ各紙ヲ差出サシムヘシ。

【附札】

　兩大臣諸省長官外務輔ヘ

　但シ此辺ハ迎接官ニテホトヨク取計ラヒ尤延遼館ニ於テ饗應有之前ニ行ハシムルヲ要スルナリ。

○ 一，第何日延遼館ニ於テ信使及上々官饗應有之旨幷第何日上官同斷第何日旅館ニ於テ中官以下同斷ノ旨其前日信使ヘ申入レ置キ當日時刻迎接官ヲ乘セ馬車ヲ遣ハシ步行セシムルトキハ馬車ヲ差出スニ及ハス上官饗應ノ日ハ人力車或ハ步行ノコト信使ヲ牽ヒ直ニ延遼館ニ至リ濱離宮ヲモ拜見セスネ上官ノ節モ亦同シ卿輔出席アラハ饗應ノ席ニ就カシムヘシ。

　但シ饗應ノ日ハ正服タル旨ヲ彼方ヘ告ケ置クヘシ上官ノ日亦同シ。

○ 一，饗應席次如尤。

　但シ使員隨從ノ輩ヘ弁當ヲ賜ルヘシ。

○ 一，信使對食中奏樂ノ設ケ有之事。

【附札】

　海軍省ヘ通達ノコト。

○ 一，饗應相畢リ歸路行列始メノ如シ道筋延遼館ヨリ新橋ニ出テ大通リ本石町ニ至リ尤折鎌倉川岸ヘ神田橋前ヨリ旅館ニ入ルヘシ。

○ 一，上官饗應ノ日ハ判任官對食ノ事。

　但シ隨從ノ者ヘ弁當ヲ賜ルヘシ。

○ 一，中官以下ハ旅館ニ於テ酒饌賜ルヘシ。

　　　　　　　　　　　但シ對食ニ及ハス。

　　　　　　　　　　　右之通相定候也。

　　　　　　　　　　　明治九年五月

迎接官心得

丙子四月二十七日

○ 迎接官心得書

(略)

一，使員迎接トシテ官船乘組中ハ洋服タルヘシ尤襯衣等ハ可成見苦シカラサル樣可心懸事。

一，迎船乘組中幷上陸ノ節トモ我迎接官ハ一統飲酒ヲ嚴禁ス且韓人ニ對シ無禮ヲ加ヘ或ハ議論スル等都テ溫和ヲ失ナフ事ハ切ニ戒愼スヘキ事。

一，船中幷釜山逗留中彼ヨリ贈與品有之トモ一切辭謝シテ受クヘカラス釜山ニ於テ彼ヨリ一夕ノ招キ有之位ハ其招キニ應スルモ不苦事

一，彼レ淸道巡視ノ旗ヲ持來ルハ是ヲ拒ムヘシ武番ハ戈矛ノ類儀仗ニ飾ルハ不苦ト雖モ大小銃砲ヲ多數鹵簿中ニ整列スルハ堅ク拒絶シテ許ス可カラサル事。

但シ火藥等發火ノ類ハ預リ置船司ニ付シ搭護セシムヘシ。

一，迎船往キ懸ケ神戸港ニ着イタサハ兵庫縣令ヘノ書簡ヲ差出シ追テ使員到着同所上陸ノ節休憩所取設ケ有之トモ夜泊ハ不致且入浴食料等モ其節打合セヘク尤使員ヨリ縣令ヲ訪問スルノ禮ナキ筈ナレハ縣令モ亦其旅館ヲ問フニ及ハサル等接待ノ手順委ハシク可打合置事。

但同所ニ於テ大阪府ヨリ受取シ銅ヲ積入ルヘシ。

迎船往キ懸ケ馬關ニ下着イタサハ暫時授錨同所出張山口縣官吏又ハ區戶長ニ面シ縣令ヘノ書簡ヲ遞シ使船上京ノ節上陸休憩所取設ケノ義前條同樣可打合置事。

但同所ニ使員着港イタサハ出帆ノ前拔錨ノ時刻ヲ外務省ヘ電報ス

ヘシ。

　一，迎船若シ對州ニ寄泊スル事アラハ使員上京ノ節ハ該州ニ寄ラス直航可致ニ付別ニ取設ケニ不及旨長寄縣支廳ヘ告ケ置クヘキ事。

　　但風順ニ依リ臨時寄泊ノ事アルモ兵庫馬關上陸ノ手續ヲ以テ可及打合事。

　一，迎船釜山浦着訓導就館イタサハ此度修信使ヲ差立ラルルハ好誼ヨリ所出ニシテ我朝廷深ク嘉納セラルノ旨ヲ逑ベ山之城書記生ヲシテ口陳書及條陳書等ヲ遞サシメ一一條辨熟諭可致事。

　一，吉副喜八郎及語學生徒拾名合セテ拾壹名迎船乘組上京スヘキ旨相達シ通辯トシテ上官以下ニ　配付シ本條其他心得書ノ趣意ニ不悖様度　可申聞事。

　一，使員發船ハ五月十八日ヲ期スルノ約ナレハ迎船釜山浦着後右日限一兩日以前荷物等悉皆積込マセ船中起居ノ都合ヲ傳授シ且船中規則幷上陸ノ節可相守內地ノ規則等ヲ遞シ使員一行ヘ通達ノ旨可打合事。

　一，使員乘船前我金銀貨及楮幣貨與イタサバ證書ヲ取置ヘシ返辨方幷彼丁銀價位ノ義ハ東京ニ於テ可商議旨答置ヘキ事。

　一，使船神戶ヨリ出帆ノ前揚碇ノ時刻ヲ外務省ヘ電報スヘキ事。

　一，黃龍丸ハ橫濱ニ着同所ヨリ上陸一應休憩所ニ揃ヒ鐵道ヨリ入京スヘシ且諸荷物モ同所ニテ陸揚ケヲナシ汽車ニ付シテ運輸スヘシ尤使員ト同伴上京スルモノト荷物ニ周旋スルモノト銘銘各自ニ擔當スヘキ事。

　一，鐵道ハ上中下三等ニ分テ下等ニハ等外ノ者幷語學生徒附添居ルヘキ事。

　一，東京着當日ハ直ニ旅館ヘ案內シ翌日外務省ヘ信使ヲ誘導スル積リナレハ豫メ彼ヘ申聞置ヘキ事。

一，信使以下上官ノ輩陸上車馬ノ都合篤ト打合セ馬關若シクハ兵庫ヨリ委シク電信ヲ以テ可相報事。

明治九年四月二十七日
外務省

旅館分課

丙子四月
修信使迎接中分課左ノ如シ

外務少錄　水野誠一

庶務
船司ヘ引合受付
金銀出納
會斗
韓使金銀預リ【但尾間書記生兼任之事】
〆

外務七等書記生　尾間啓次

食料賄方
食料諸品預リ
諸縣引合幷公信電信【但水野少錄兼任之事】

外務六等書記生　荒川德滋
外務六等書記生　中野許太郎

日記幷文書預リ

使員一行ノ保護及取締

通辯

　〆

　　　　　　　　　　　　　　外務省等外一等　原吉也

韓人ノ火元

韓人荷物ノ總轄

韓人人數調

　〆

　　　　　　　　　　　　　　外務省等外一等　太田芳也

韓人荷物ノ出入引受

【但今井孝衛兼任之事】

　〆

食料之注意

【但太田芳也兼任之事】

　〆

　右之通分課相定候ニ就テハ若シ所任中ニ於テ失錯アルハ主任ノ者ハ固ヨリ其責ヲ免シスト雖モ同心協力互ニ其遺漏ヲ補神シテ政府ノ失體ニ相成ナラサル様愼ムヘキ事。

　　　　　　　　　　　　　　　　　　明治九年四月

　　　　　　　　　　　　　　　　外務大丞　宮本小一

　　　　　　　　　　　　　　　　外務權大丞　森山茂

丙子四月二十五日

○ 通辯分課

修信使　浦瀬裕

上上官　荒川德滋

中野許太郎

右三名一行惣體之通辯ヲ相兼

上官拾名　荒川德滋

中野許太郎

吉副喜八郎

中村庄次郎

中官四十九名　吉村平四郎

淺山顯藏

黑岩淸美

武田甚太郎

武田邦太郎

下官十八名　阿比留祐作

大石又三郎

津江直助

右之通通辯分課相定置候得共上官附吉副以下ハ下官附幷中官ノ者ト五日目ニ輪直交代可致事。

但非常ノ節ハ勿論平日タリ供相互ニ不足ヲ補ヒ可申候。

　　　　　　　　明治四月二十五日　外務大丞　宮本小一

　　　　　　　　　　　　　　　　　外務權大丞　森山茂

航韓必携卷之三

標目

○ 參內順路

○ 內謁見式
○ 獻品
○ 賜品
○ 舞樂
○ 省寮拜觀
○ 遊覽箇處

參內路順

丙子六月一日

◎ 參內路順

一，午前八時半旅館ヲ出堀端通リ淸水門前ヨリ九段坂ヲ上リ堀ニ浴フテ半藏門前ヘ麴町一丁目ヨリ大通リ四ツ谷門ヲ出河岸通リ皇宮ニ到ル

○ 歸路

一，皇宮ヲ出テ四ツ谷門ヲ入リ麴町通リ半藏門外ヘ出右折堀ニ浴フテ櫻田門ヲ入リ西丸大手門ヲ入リ吹上御庭拜見了テ

一，吹上裏門ヲ出代官町通リ近衛兵營表門前ヨリ竹橋ヲ出一ツ橋經テ旅館ヘ歸ル右之通候也。

五月

吹上ヨリ半藏門ヲ出通行ノ積ノ處事情有之俄ニ西丸大手ヨリ元老院前ヲ過キ左折和田倉門ヲ出左折　內務省表門前ヨリ一ツ橋門ヲ出直

二河岸通リ旅館ニ歸ル。

　吹上出張本省官員ヨリ警視廳ヘ通知ス。

內謁見式

　丙子五月三十一日

　　　　　　　朝鮮國修信使參內ニ付次第圖面等御面シ申入候也。

　　　　　　　　　明治九年五月三十一日，式部寮

　　　　　　　　　　　外務省

　　　　　　　　　　　　御中

　◎ 朝鮮國修信使內謁見式

一，當日午前第十一時修信使ヲ外務官員同伴參內ノ事。

但修信使出旅館注進外務省等外之ヲ勤ム。

一，當日關係ノ官員大禮服着用ノ事。

一，修信使御車寄ニ至リ下車昇殿ノ事。

但修信使通行ノ莭番兵捧銃式ヲ行フ。

一，式部官員修信使ヲ迎ヘ假ノ扣所ニ誘導ス。

一，衣冠整了テ更ニ扣所ヘ誘導ス。

一，外務卿宮內卿式部頭之ニ接ス。

一，式部頭修信使參內ノ旨ヲ言上ス。

一，內宮出御。

一，修信使ヲ召ス式部頭之ヲ外務卿ニ告ク卿修信使ヲ引テ御前ニ
進ム。

一，立御。

一，修信使進ンテ立ツ外務卿名ヲ披露ス修信使拜禮ス。

一，御默答アリ。

一，禮畢リ修信使退ク。

○ 一，扣所ニ於テ茶菓ヲ賜フ。

獻品

丙子六月一日

○ 朝鮮國修信使ヨリ獻上品之儀

今般朝鮮國修信使來朝別紙目録之通陛下ヘ獻上致度旨申出右ハ御受納相成可然ト存候此段上申候也。

明治九年六月一日　外務卿　寺嶋宗則
太政大臣　三條實美殿

上申ノ通

明治九年六月九日　太政大臣　三條實美(印)

○ 別紙　獻上品

雪漢緞　伍疋

虎皮　伍令

豹皮　伍令

靑黍皮　貳拾張

白苧布　貳拾疋

白綿紬 貳拾疋

白木綿 貳拾疋

采花席 貳拾疋

鏡光紙 貳拾卷

黃密參 拾斤

○ 記

一, 黃蠟　櫃　一

一, 靑黍皮　櫃　一

一, 綿紬　櫃　一

一, 漢緞　櫃　一

一, 豹皮　櫃　一

一, 白苧　櫃　一

一, 白木綿　櫃　一

一, 采花席　二包

一, 虎皮　櫃　一

一, 紙　櫃　一

　〆拾品

右朝鮮國獻上品正ニ受取候也。

明治九年五月三十一日　宮內省

外務省

御中

賜品

○ 修信使禮曹參議金綺秀へ下賜品

目錄

一, 刀 壹口

一, 漆器 六個

一, 薩摩陶花瓶 壹雙

一, 筆 五握

一, 赤地錦 壹卷

一, 紅白錦 貳疋

一, 甲斐色絹 拾貳疋

一, 越後白縮布 拾貳疋

一, 越後生縮布 拾貳疋

一, 奈良白曝麻布 拾五疋

記

一, 黃蠟 櫃 一

一, 靑黍皮 櫃 一

一, 綿紬 櫃 一

一, 漢緞 櫃 一

一, 豹皮 櫃 一

一, 白芧 櫃 一

一, 白木綿 櫃 一

一, 朵花席 二包

一, 虎皮 櫃 一

一, 紙 櫃 一

〆拾品

右朝鮮國獻上品正二受取候也

明治九年五月三十一日　宮內省

外務省

御中

舞樂

○ 朝鮮使節滯京中舞樂拜見爲致候儀上申

朝鮮國修信使滯京中饗應之節舞樂拜見爲致度隨テ式部寮ヘモ其趣御相成候樣イタシ度右奏樂日限等之手續ハ其節二至リ同寮ヘ打合可申存候此段及上申候也。

明治九年五月十六日　外務卿 寺嶋宗則

太政大臣 三條實美殿

上申ノ趣聞屆候事。

明治九年五月廿二日　太政大臣 三條實美(印)

丙子六月五日

朝鮮國修信使饗應之樂別紙之通取調候二付及御打合候右目錄ハ候ハノ原因モ取調有之候也。

九年六月五日　式部頭 坊城俊政

外務省

御中

○ 目錄
東遊

催馬樂
呂
安名尊
律
更衣

舞樂
萬歲樂
延喜樂
陵王
納曾利

○ 舞音說明
○ 東遊
吾國風俗ノ一部ナリ古昔駿河國有度郡有度濱ニ神女降リテ哥舞セシ事ノアリシニ起レリト云傳フ。
○ 催馬樂
呂
安名尊
律
更衣
○ 催馬樂ハ國風ノ一部ナリ其名義濫觴トモ古來衆說アリ一定セス衆說左ニ催馬樂ト云名ハ其初メニツイデタル吾駒ノ歌ニヨレルモノ也

其歌ハ伊天安加己未云々コハ本ト萬葉十二ニ乞吾駒早去欲云々トア
ル歌也ハシメノ二句馬ヲ催ス詞アルヲモテ催馬樂トハ名ヅケタリ樂ハ
唐ノ樂曲トモノ名某樂々タト云ニヨリテ添ヘタルニテヤガテ其字音ヲ
トリテ良トヨブ也サテ此吾駒ノウタヲ初メトスル故ニ其名ヲモクノ曲
ノ摠名トセル也 催馬樂ハ昔諸國ヨリ貢物ヲ大藏省ヘ納メシ時民ノロス
サヒニウタヒテル歌ナレハ催馬樂トハ名ヅクル也馬ヲ催スト書ルハ貢
物ヲ員スル馬ヲカリ催ス心也催馬樂ハ神樂ニ前張アリソレカ拍子ニウ
タフ故ニ是モサイバリノ名ヲ員セモノ也ハ前張一首ナルヲソレガ調ベ
ニウタフ神樂ヲ皆大小ノ前張ノ中ニコケレイヘリ。

　○ 儛樂

　萬歳樂

　用明天皇御製作也云云。

　一說古聖王之時鳳凰來儀唱聖王萬歳象其聲製此曲云云。

　延喜樂

　延喜八年製作也樂ハ左近衛權小將藤原忠房【一ニ云笛師和邇部逆丸】舞
ハ式部卿親王以年號爲曲名云云。

　陵王

　北齊蘭陵王勇武ニシテ容貌義ナリ常ニ假面ヲ着テ臨ム向フ所前ナ
シ齊人之ヲ壯ナリトシテ此曲ヲ作ルト云。

　納曾利

　高麗樂ノ一ナリ起原詳ナラス雙龍交遊ノ狀ヲ摸スト云傳フ。

　修信使饗應樂之原因漢譯

　東遊

　國風之一也昔者駿河國有度郡有度濱有神女降哥舞馬擬以作此
樂云。

催馬樂

呂

安名尊

律

更衣

催馬樂亦國風之一其名義起原古來有衆說今擧其近是者曰催馬樂者在昔四方人民被德澤競貢獻京師馬夫 唱歌相率以催他人馬也。

儛樂

萬歲樂

用明天皇御製云。

一說古聖王之時鳳凰來儀唱聖王萬歲此曲象其聲而作之云。

延喜樂

左近衛權小將藤原忠房作是樂舞則式部卿親王所作成于延喜八年故以爲曲名云。

陵王

北齊蘭陵王勇武義容貌常着假面臨敵所向無前齊人壯之作此曲云。

納曾利

高麗樂部之一也起原不詳摸雙龍交遊之狀云。

省寮拜觀

○ 修信使滯京中諸省寮之體裁一覽爲致候儀ニ付上申

今般朝鮮國修信使滯京中海陸軍調練一覽爲致候儀ニ付上申之節

諸省寮之體裁幷兵營等ヲ巡視爲致且公園其他處々遊覽セシメ候儀倂
陳候處右御指令中但書ヲ諸省ヘハ追テ御建相成候條巡視之都合等更
二上陳可致 御指令有之右ハ巡視之場處二依リ其技術等モ目擊爲致候
ハハ大二彼レカ見聞ヲ開ク之楷梯ニテ我情勢ヲモ熟知致スベクト存候
依テ場處並技術等別紙之通リ撮錄仕尤候東京府外遠隔之場處ハ多分
誘導不致積二候得共時宜二寄一覽ヲ願出候節ハ案內可致積二有之且
該使誘引之日限ハ其節二至リ前以本省ヨリ直二其所轄ヘ申入候二付
右之趣兼テ其節ヘ御建相成候樣致度段及上申候也。

　　　　　　　明治九年五月二十六日　外務卿　寺島宗則
　　　　　　　　　　太政大臣　三條實美殿
　上申ノ趣聞屆諸官使廳ヘ別紙ノ通相達候事。
　　　　　　　明治九年五月三十一日　太政大臣　三條實美(印)

○ 修信使滯京中並歸國途中誘導之爲ノ一覽可爲致見込之箇所書
【但省廳轄內之分】
宮內省轄內
一，吹上禁園
一，濱離宮
陸軍省轄內
一，陸軍練兵
一，軍馬局
一，同局廐
一，同局蹄鐵製所
一，近衛步兵營
一，同局箱馬場運動
一，士官學校

一, 同營兵數整頓泫

一, 同校理化學器械幷石版褶

一, 同校教場

一, 戶山學校

一, 同校 體操場 體操技術場

一, 同校射的

一, 同校擊劍術

一, 砲兵本廠

一, 同廠木工

一, 同廠火工

一, 同廠銅分析

一, 同廠鑄物

一, 同廠大砲小銃

一, 同廠見本器械

一, 同廠鞍具製造

一, 同廠銃器製造

一, 同廠園庭

海軍省轄內

一, 海軍調練

一, 同省中練砲場發砲

一, 橫須賀造船所

一, 東艦

一, 越中島鐵板發彈試驗跡

一, 兵學寮

一, 同寮帆前調練

內務省轄內

一, 博物館

一, 淺草文庫

一, 勸業寮出張所植物園

一, 衛生局司樂所

一, 石川島懲役場

一, 上州富岡製絲場

一, 市ヶ谷囚獄所

一, 橫濱製鐵所

一, 泉州堺紡績所

工部省轄內

一, 工學寮

一, 同寮教場

一, 同寮理化學器械幷蒸氣船雛形等

一, 同寮風船

一, 同寮博物

一, 同所鑄物

一, 赤羽根製作所

文部省轄內

一, 書籍舘

一, 同舘孔子其他木像及釋奠器

一, 師範學校

一, 同校教場

一, 女子師範學校

一, 同校教場

一, 英語學校

一, 同校教場幷理化學器械

一, 同校西洋樂器並解剖圖

一, 同校敎場幷理化學器械

一, 外國語學校

一, 同校敎場幷理化學器械

一, 開成學校

一, 同校電氣

一, 同校博物

一, 小石川植物園

一, 同校製作敎場

一, 同校解剖幷治療器械顯微鏡等

一, 醫學校附病院

大藏省轄內

一, 紙幣寮

一, 同寮銅版彫刻

一, 同寮版摺幷紙截

一, 同寮製肉

一, 同寮女工職

一, 同寮所轄王子抄紙局

一, 活版局

一, 同局活字鑄造

一, 同局版摺幷製本

一, 同局石版

一, 驛遞寮郵便取扱

一, 大坂造幣寮

司法省轄內

一, 東京裁判所

警視廳轄內

一, 消防ポンプ調練

開拓使轄內

一, 北海道生産博物館

一, 勸業試驗場

　右之箇所取調置候尤使臣滯在日數及彼之都合二寄リ往見ヲ不願場所モ可有之依テ右之箇所必ス往見可致取極二無之候事　明治九年　五月二十六日　驛遞寮郵便取扱ヘ內務省二屬スヘキモノト存候仍同省ノ部ヘ加入シ御達相成候條此旨申入候也。

五月三十一日　史官

外務大少丞

丙子五月三十一日

內務省

大藏省

陸軍省

海軍省

文部省

工部省

司法省

宮內省

開拓使

警視廳

朝鮮國修信使滯京中各廳及ヒ寮ノ體裁ヲ始メ別紙ノ箇所一覽爲致候條日限等外務省ヨリ及通知候ハノ不都合無之樣可取計此旨相達

候事。

明治九年五月三十一日　大政大臣　三條實美

遊覽箇處

(略)

朝鮮國修信使滯京中一覽可爲致箇所幷日割【印ハ到ルモノ無ハ不到】

第一

○ 一, 延遼館

○ 一, 濱離宮

右饗應ノ節刻限ノ前後ヲ見計縱覽之事。

第二【午前】

○ 一, 博物館

同【午後】

○ 一, 書籍舘

　 一, 師範學校

○ 一, 女子師範學校

第三【午前】

○ 一, 紙幣寮

　 一, 活版局

同【午後】

　 一, 東京裁判所

　 一, 消防ポンプ調練

第四

　一，吹上禁園【但茶菓ヲ出シ】

　一，骨董【十軒店】大坂屋

第五【午前】

○一，上野公園【幷】不忍池弁天

○一，淺草本願寺

○一，淺草觀音【幷】奧山

　一，電氣器械 廣瀬

但シ廣小路住屋ニ而午餐ヲ了

　一，骨董【諏訪町】富山

　一，淺草文庫

　一，喜世留【米澤町】村田

第六【魚十二早メニ午飯】

　一，順天堂病院

　一，神田社

　一，湯島天神

○一，砲兵本廠

　一，小石川植物園

第七

○一，陸軍練兵

第八

　一，海軍調練

第九【牛込割烹店ニテ午飯】

○一，竹橋近衛兵營

　一，士官學校

　一，戶山學校

第十

　一，書畫【日本橋】赤松

　一，書林　北畠茂兵衞

　一，筆文房具【日本橋】文魁堂

　一，漆器【日本橋】黑江屋

　一，墨【日本橋】古梅園

　一，西洋裁縫【吳服町】鈴木

　一，西洋枰座【乘物町】森谷

但シ賣茶亭ニ而午餐ヲ了【精養軒シカルヘシ】

○一，赤羽根製作所

　一，芝山內德川墓所

第十一

　一，巢鴨植木屋【長太郎　條次郎】

　一，飛鳥山【幷】王子抄紙所

但シ扇屋ニテ午餐ヲ了

　一，川口ノ鑄物師

　一，千住屠牛場

第十二【午前】

　一，陶器【今川橋】今利屋

　一，三ツ井洋館

　一，吳服及絲店　越後屋

同【午後】

　一，工部省中製絲所

　一，愛宕山

　一，北海道物産博物

　一，獨乙博物

一，瓦斯燈製造所【芝金杉】

但シ神明前日陰町通リヨリ歸ル

第十三【午前】

○一，兵學寮

一，蒔繪漆器【竹川町】工商會社

同【午後】

一，醫學校【并】病院

一，同藥場

第十四【午前】

一，軍馬局

同【午後】

○一，開成學校

一，外國語學校

一，英語學校

第十五【午前】

○一，議事堂

一，工學寮

同【午後】

一，藥種及外科道具【本町】鰯屋

一，吳服 大丸

一，金物屋【大門通リ】

一，筆及文房具【大傳馬町】高木

一，刃物【油町】炭屋

一，綿繪【横山町】蔦屋

一，漆器細工所【元濱町】荒井

一，玩弄物【照隆町】宮川

第十六【午前】

一, 擬氈紙【四日市】竹屋

一, 烟草入羊羹【四日市】竹屋

一, 郵便取扱振 驛遞寮

一, 國立銀行

一, 日報社【銀座】

一, 時計【銀座】

同【午後】

一, 陶器師 高田

一, 拓魂社

第十七

一, 深川八幡

一, 洲崎弁天

但シ斗間猿江材木【幷】石置場ヲ看過ス。

一, 龜井戸

但シ橋本ニ而午餐ヲ了

一, 柳島妙見

一, 蒔繪物【油堀】肥前屋

第十八

一, 堀切菖浦

一, 製革場【土手下】

一, 墨隄花屋敷

但シ八百松ニ而午餐ヲ了

一, 佐竹園庭

一, 瓦燒【本所太平町】

一, 金魚【石原】

第十九
　　一, 目黑不動
　　一, 目黑火藥庫【但, 外見】
但シ 屋ニ而午餐ヲ了
　　一, 池上本門寺
第二十【午前】
　　一, 橫濱縣廳
　　一, 燈臺寮
　　一, 瓦斯製造所
但シ ニ而午餐ヲ了
同【午後】
　　一, 稅關波戶場荷物ノ出入
　　一, 收稅ノ手續
　　一, 各國商館二三ヶ所
　　一, 製鐵所
　　一, 山手邊一覽
但橫濱ニ止宿
第二十一【午前】
○ 一, 橫須賀造船場【但シ橫濱ヨリ船ニテ到ル】
同【午後】
　　一, 鎌倉ニ一泊【橫須賀ヨリ舟行】
第二十二
　　一, 八幡宮
　　一, 大佛
　　一, 建長寺幷圓覺寺
　　一, 繪島岩本本院

但シ午餐ヲ了
　一，弁天社等一覽人力車ニ而神奈川邊戻ル鐵道ヨリ歸京
第二十三
　一，越中島鐵板打拔試驗場
　一，東艦
但平清ニテ午飯
第二十四【午前】
　一，市ヶ谷囚獄
同【午後】
　一，【石川島】懲役所
第二十五
　一，上州富岡
但一泊
第二十六【午前】
　一，製絲場
但シ午餐ヲ了
　一，中小坂鐵山
但　一泊
第二十七【午前】
　一，桐生織物
但　一泊
第二十八
　一，日光
但　一泊
第二十九
　一，日光見物了テ出立

第三十
　　一，東京ニ歸ル
第三十一
　　一，堀內妙法寺
第三十二
　　一，四ッ谷勸業寮出張
　　一，青山勸業試驗場【開拓使】
外二
　　一,魯公使館
　　一，英公使館
　　一，打球
　　一，競馬
　　一，角觝
○　一，太神樂【旅館ニ於テ見ル】
　　一，能狂言
○　一，角兵衛獅子【旅館ニ於テ見ル】
　　一，花火
　　一，奏樂
　　一，三曲
　　一，中村樓三曲サラヒ
　　一，劇場
○　一，手品【旅館ニ於テ見ル】

航韓必携卷之四

標目
○ 贈品受否申議
○ 贈品
○ 謝品

贈品受否申議

丙子六月一日
○ 朝鮮國修信使ヨリ差出候書翰幷贈品受納ノ儀伺
　今般朝鮮國修信使來朝同國礼曹判書金尙鉉ヨリ拙者ヘ宛タル別紙
甲号並礼曹參判李寅命ヨリ外務大丞ヘ宛タル乙号之書翰及丙丁号之
別幅二通二現品ヲ添差出候右ハ拙者並外務大丞二於テ受納致シ可然
哉尤右品受納御聞濟ノ上大丞ヘ相送分大丞三名ヘ分配可致哉或ハ使
節接伴主任ノ丞又ハ大小丞一同ヘ分配可致哉此段併テ相伺候也。
　　　　　　　　　明治九年六月一日　外務卿　寺嶋宗則
　　　　　　　　　太政大臣　三條實美殿

　伺之通受納可致候事。
　但大丞宛贈品分配ノ儀ハ接伴主任ノ正權大丞ニテ受納可致事。
　　　　　　　　明治九年六月十二日　太政大臣　三條實美(印)

贈品

○
細苧布　參疋
細木綿　伍疋
摺扇　拾柄
色間紙　三拾幅
眞梳　壹同
書本　貳對
畫本　貳對
筆　貳拾柄
眞墨　壹同

　　　　　　　　　　　　　丙子五月　別遣堂上官　玄昔運

古澤外務權少丞尊公

○
細苧　貳疋
細木綿　三疋
色間　三拾幅
摺扇　拾柄
眞梳　拾箇
書本　壹張
畫本　壹張
筆　二十柄
眞墨　十笏

　　　　　　　　　　　　　丙子五月　別遣堂上官　玄昔運

奧外務三等書記生公

○

細苧　貳疋

細木　貳疋

色簡紙　參拾幅

摺扇　拾柄

眞梳　壹同

書本　壹對

畫本　壹對

筆　貳拾柄

墨　壹同

　　　　　　　　　　　　　丙子五月　別遣堂上官　玄昔運

水野外務少錄公

○

虎皮　壹令

綿細　壹疋

細苧布　貳疋

白木綿　貳疋

色紙　貳券

團扇　伍柄

摺扇　拾柄

墨　壹同

筆　貳拾柄

眞梳 壹同
書畫各 壹雙

        丙子五月日 別遣堂上官 玄昔運

荒川公

虎皮 壹令
綿細 壹疋
細苧布 貳匹
白木綿 貳匹
色紙 貳劵
團扇 伍柄
摺扇 拾柄
筆 貳拾柄
墨 壹柄
眞梳 壹柄
書畫各 壹雙

        丙子五月日 別遣堂上官 玄昔運

中野公

細苧布 貳匹
細木 貳匹
色簡紙 參拾幅
摺扇 拾柄
眞梳 拾柄
書本 壹對
畫本 壹對

筆 貳拾柄

墨 拾笏

丙子五月日 別遣堂上官 玄昔運

尾間公

白木綿 貳匹

白綿紙 貳券

團扇 貳柄

摺扇 伍柄

筆 拾柄

墨 伍笏

眞梳 壹個

丙子五月日 別遣堂上官 玄昔運

吉副公

白木綿 貳匹

白綿紙 貳券

圓扇 貳柄

摺扇 伍柄

筆 拾柄

墨 伍笏

眞梳 伍個

丙子五月日 別遣堂上官 玄昔運

吉村公

白木綿 貳匹

白綿紙　貳券

圓扇　貳抦

摺扇　伍抦

筆　拾抦

墨　伍笏

眞梳　伍個

丙子五月日　別遣堂上官　玄昔運

中村公

白木綿　貳匹

白綿紙　貳券

圓扇　貳抦

摺扇　伍抦

筆　拾抦

墨　伍笏

眞梳　伍個

丙子五月日　別遣堂上官　玄昔運

淺山公

白木綿　貳匹

白綿紙　貳券

圓扇　貳抦

摺扇　伍抦

筆　拾抦

墨　伍笏

眞梳　伍個

丙子五月日　別遣堂上官　玄昔運

黑岩公

白木綿　貳匹
白綿紙　貳券
圓扇　貳柄
摺扇　伍柄
筆　拾柄
墨　伍笏
眞梳　伍個

丙子五月日　別遣堂上官　玄昔運

武田公

白木綿　貳匹
白綿紙　貳券
圓扇　貳柄
摺扇　伍柄
筆　拾柄
墨　伍笏
眞梳　伍個

丙子五月日　別遣堂上官　玄昔運

武田公

白木綿　貳疋
白綿紙　貳券
圓扇　貳柄

摺扇　伍柄

筆　拾柄

墨　伍笏

眞梳　伍個

丙子五月日　別遣堂上官　玄昔運

阿比留公

白木綿　貳疋

白綿紙　貳券

圓扇　貳柄

摺扇　伍柄

筆　拾柄

墨　伍笏

眞梳　伍個

丙子五月日　別遣堂上官　玄昔運

大石公

白木綿　貳疋

白綿紙　貳券

圓扇　貳柄

摺扇　伍柄

筆　拾柄

墨　伍笏

眞梳　伍個

丙子五月日　別遣堂上官　玄昔運

津江公

白木綿 貳疋
白綿紙 貳券
圓扇 貳柄
摺扇 伍柄
筆 拾柄
墨 伍笏
眞梳 伍個

　　　　　　　　　　　丙子五月日 別遣堂上官 玄昔運

住永公

白綿紬 壹疋
白苧布 貳疋
白木 貳疋
白摺扇 參柄
色筆 拾柄
眞墨 伍笏
際

　　　　　　　　　　　　　　　　修信使

嶋田公

細苧白 壹疋
細木 貳疋
白綿紙 伍券
摺扇 拾柄
眞梳 一同
書本 壹對

畫本 壹對

筆 二拾柄

墨 壹同

丙子五月日 別遣堂上官 玄昔運

嶋田公

白木 四十疋

色摺扇 一百二十柄

眞梳 一百二十箇

計

丙子五月日

舡格

謝品

丙子六月

○ 禮曹判書閣下【江】

一, 蒔繪行廚 壹箇

一, 陶器花瓶 壹對

一, 色紗 五卷

一, 色絹 拾五疋

一, 海氣絹 五疋

一, 烟管 三對

一, 烟草 三箇

一, 寫眞帖 貳冊

不腆土宜 收是祈

明治九年六月 外務卿 寺嶋宗則

○ 鶴見鐵道

品川鐵道

東京新橋鐵道

同煉 石家

同延遼館【其一】

同景【其二】

同海軍兵學寮

同勸工寮【其一】

同景【其二】

東京櫻田御門【其一】

同景【其二】

同皇城二重橋【其一】

同景【其二】

同皇城處前

同聖堂

同水道橋

同柳橋萬八樓

同淺草五重塔

同淺草池

同淺草門跡

同龜井戶景【其一】

同景【其二】

同五百羅漢寺

日光唐木門

同双輪塔

同含滿測

同龍頭瀧

西京丸山景

大坂磁石橋

神戶楠公社

肥後熊本城

鹿峴島下市中

宀三拾貳葉

○ 江華府使趙氏

自草梁公館遠望釜山城

草梁公館

草梁公館

草梁公館前灣

草梁公館內龍尾山

喬桐

江華島砲台

自鎭海門望通津

鎭海樓

鎭海樓內屯兵

辨理大臣一行入江華府之圖

江都南門之壹

江都南門之貳

江都南門

自江華城望漢江口

江都南門側面

江華府

江華府

江華府

江華府

自閱武廳前望江華府廳

閱武廳

閱武廳

練武堂帳幕之圖

江華府廳之壹

江華府廳之貳

副師營門

副師營

〆貳拾九枚

外三枚振張込用意

丙子六月

○ 禮曹判書閣下【江】

一，繪行廚　壹箇

一，陶器花瓶　壹對

一，色紗　三卷

一，色絹　七匹

一, 海氣絹 三匹
一, 烟管 三對
一, 烟草袋 三箇
不腆土宜 收是祈

明治九年六月
外務大丞 宮本小一
外務權大丞 森山茂

目錄
一, 馬具 壹具
一, 陶器香爐 壹對
一, 精好織 貳卷
一, 烟管 壹對
一, 烟草袋 壹對
一, 扇 壹本
以上
修信使

目錄
一, 刀 壹口
一, 白縮緬 壹匹
一, 烟管 壹對
一, 烟草袋 壹對
一, 扇 壹對
以上
別遣堂上 嘉善大夫

別遣堂上 嘉善大夫

目錄
一, 烟管 壹對
一, 烟草袋 壹對
一, 扇 貳對
以上
上判事 前參奉
上判事 副司勇
別通

一, 烟管 壹對
一, 烟草袋 壹對
一, 扇 壹對
以上
書記 副司果
畵員 司果
軍官 前郎廳
前判官
伴倘 副司果
前郎廳

一, 烟管 壹對
一, 烟草袋 壹對
禮單直
鄉書記金

同　邊
同　姜

一, 烟管　壹本
一, 烟草袋　壹箇
使奴子二名
通事　四名

一, 烟草袋　壹箇
一, 扇
中官四拾五名

一, 烟草袋　壹箇
一, 扇　貳本
下官拾名

航韓必携卷之五

標目
○ 禮曹判書往復
○ 禮曹參判往復
○ 信使往復
○ 理事官以下辭令
○ 理事官發遣告知

禮曹判書往復

○ 禮曹判書の書
禮曹判書往復
大朝鮮國禮曹判書金 尙鉉(印) 呈書
大日本國外務卿大人 閣下

○ 維時首夏淸和伏惟貴國雍熙本邦輯寧均堪驩誦本邦之與貴國隣誼懇款, 蓋有三百年之久, 則脣齒攸依, 心膽相照, 固其宜也, 忽因事端, 彼此疑阻, 抑亦遐夐之地, 傳聞之言, 何能保無差爽, 迺者, 貴國大臣, 航海辱臨, 本邦亦遣大臣, 迎接於畿沿鎭撫之府, 談晤歷日, 辨理精詳, 積歲含蘊, 一朝開繹, 何等快活, 何等忻幸, 惟我聖上, 深念舊好之續修, 特派禮曹參議金綺秀前往, 庸寅回謝之義, 尙鉉, 祗承寵命, 謹將尺幅, 陳告大義。庶幾照領。欣慰無斁。恭希若序保愛。以副遠懷。不備。

丙子四月日。

禮曹判書 金尙鉉(印)

○ 別幅
虎皮 貳張
豹皮 貳張
雪漢緞 貳匹
白綿紬 拾匹
白苧布 拾匹
白木綿 拾匹

各色筆五 拾柄

眞墨貳 拾笏

憑付隨員, 略伸菲儀, 哂收是望。

丙子年四月日

禮曹判書 金尙鉉(印)

丙子六月十七日

貴曆丙子年四月附ノ貴簡接到致披見候貴政府今般禮曹參議金氏
綺秀ヲ以テ修信使トナシ本邦ニ派出セラレ舊好ヲ續修シ且本年我特
命全權辨理大臣黑田淸隆貴國ニ前徃セシ回謝ノ儀ヲ寓スルノ旨趣等
具ニ了承致シ候抑兩國ノ交誼アルヤ日久シ一旦契濶ナルニオヨヒ情味
漸ヤク疎ナリ貴政府今信使ヲ派シ速ニ弊邦ニ來ラシム信使亦鄭重使
命ヲ述ヘ周旋愼密大ニ兩國ノ交懽ヲシテ暢敍スルノ地ヲ爲セリ兩國ノ
欣幸之ヨリ大ナルハ無ク我皇帝陛下深ク之ヲ嘉賞シ特旨ヲ以テ信使
ニ引見ヲ賜ハリ寵遇淺カラス信使復命ノ日閣下亦此事ヲ聞滿足セラ
ルヘシト信用致シ候, 玆ニ貴國ノ雍熙ヲ祝シ併セテ閣下ノ福祉ヲ祈ル。

　敬具。

明治九年六月十七日　大日本國　外務卿　寺島宗則(印)

大朝鮮國　禮曹判書　金尙鉉　閣下

譯漢文　○ 寺島外務の答書

玆爲照覆者, 接到貴國丙子年四月公翰, 貴國, 今以禮曹參議金氏,
爲修信使, 派遣本邦, 續修舊好, 併寓向者我特命全權辨理大臣前徃貴
國之回謝等之事項, 具照領矣, 蓋兩國之有交誼, 爲年旣久, 而一朝契
濶, 情味漸疏, 今貴國, 速派信使, 來臨弊邦, 信使亦鄭重述使命, 斡旋
周至, 大爲暢序交懽之地, 兩國之欣幸莫大焉, 我皇帝陛下, 嘉尙之, 特

旨延見, 寵遇殊深, 信使復命之日, 閣下, 聞此事, 必應有忻悅, 此所我
之信而不疑也, 玆賀貴國雍熙, 并祈閣下之福祉。敬具。

明治九年六月十七日

大日本國 外務卿 寺島宗則(印)

大朝鮮國 禮曹判書 金尙鉉 閣下

○ 卿之書牘表裏【雛形】[2]

○ 書翰表封之圖

○ 書翰料紙

禮曹參判往復

◎ 禮曹參判の書

呈書

大日本國外務大丞大人 閣下

大朝鮮國禮曹參判李寅命 謹封 禮曹參判之章

大朝鮮國禮曹參判李寅命, 呈書大日本國外務大丞閣下, 維夏始熱,
緬想台候鴻禧, 溟海隔遠, 傳聞易訛, 兩相疑阻, 屢閱星霜, 每念隣交舊
誼, 不勝慨歎, 何幸貴國大臣, 來與本邦大臣, 洞析明辨, 無復留碍, 有
若蘭畹, 雨收風定, 而其臭固自如也, 今奉朝命, 特派禮曹參議金綺秀,
以寓修謝之義, 從玆敦宿契而訂永好, 權忻曷已, 肅此不備, 仰惟照亮。

---

2 이하 봉투 및 서한의 그림은 영인본 389~391쪽 참조 바람.

丙子年四月日

禮曹參判 李寅命(印)

○ 別幅

豹皮　貳張

靑黍皮　拾張

雪漢緞　貳匹

白綿紬　拾匹

生苧布　拾匹

白木綿　拾匹

各色筆　五拾柄

眞墨　三拾笏

憑付隨員。略伸菲儀。哂收是望。

丙子年四月日

禮曹參判 李寅命(印)

丙子六月十七日

　貴國本年四月附ノ貴翰致披見候貴國ト弊邦ハ一葦相航スルノ地隣
交ノ舊誼アル日久シ貴使ノ本邦ニ來ラサル旣ニ六十餘年ノ星霜ヲ經タ
リ是ヲ以テ兩間ノ情味漸ク乖離ス本年我辨理大臣黑田淸隆貴國ニ前
往シ舊好ヲ重修シ新盟ヲ建立ス貴國亦速ニ信使金綺秀ヲ本邦ニ來ラ
シメ修謝ノ儀ヲ寓ス我政府來賓ヲ接遇スルノ次弟ハ今玆ニ歷敍セスト
雖モ平素傾慕ノ念慮深カリシヲ是時ニ顯シタルハ貴賓モ亦了知セラレ
シナラン是ヨリ兩間交際ノ進步シテ盆親密ノ域ニ達スルハ期シテ待ツ
ヘク蒼生ノ福是ヨリ大ナル莫ナシ今信使本邦ヲ去ルニ臨ミ貴意ニ回謝
ス。敬具。

明治九年六月十七日　大日本國　外務權大丞　森山茂

外務大丞　宮本小一

大朝鮮國　禮曹參判　李寅命　閣下

譯漢文　○ 森山大丞の答書

　玆爲照覆者, 接到貴國丙子年四月公翰, 貴國與弊邦, 一葦可航, 隣交有舊, 日久而信使間絶, 經六十餘年, 兩國情誼漸乖離, 本年我辨理大臣, 前往貴國, 重修舊交, 建立新監, 貴國亦速派遣信使, 以寓修謝之意, 我政府接遇之詳略, 今不敢贅焉, 惟其平素傾慕之念, 得此時觸發, 了盡在我之分, 是貴信使亦所了知也, 蓋兩國交際, 自是益親密可期而待, 兩民幸福, 莫大焉, 臨信使開發聊酬貴意。敬具。

明治九年六月十七日, 大日本國　外務權大丞　森山茂(印)

外務大丞　宮本小一(印)

大朝鮮國　禮曹參判　李寅命　閣下

○ 丞之書牘表裏【雛形】[3]
○ 表封之圖

信使往復

○ 丙子六月一日

　伏蒙尊駕光降, 繼以華緘, 傳到公文一度, 謹當依此趨走, 特荷峕指,

3　이하 봉투 및 서한의 그림은 영인본 384~385쪽 참조 바람.

尤切感誦, 泐此順候。

　　　　　　　　　　　　五月初九日　修信使　金綺秀
　　　　　　　　　　　　　　　　　　外務卿　閣下

丙子五月三十一日

以書簡致啓上候然ハ貴下今般修信使トシテ御來着ノ趣我皇帝陛下
ヘ及奏聞候處満足ニ被思召候依テ特別ノ叡思ヲ以テ貴下ヲ御引見可
被成旨被仰出候條來ル我六月一日午前十一時赤坂皇居ヘ御參內可被
成候此段得御意候。敬具。

　　　　　　　　　明治九年五月三十一日　外務卿　寺島宗則
　　　　　　　　　　　　　　　　朝鮮修信使　金綺秀　貴下

譯漢文

兹照會者, 貴下, 以修信使來我東京, 卽恭奏我皇帝陛下, 陛下深嘉
之, 特旨准貴下謁見, 我六月一日午前十一時, 須昇赤坂皇宮, 爲之告
示, 敬具。

　　　　　　　　明治九年五月三十一日　外務卿寺島宗則(印)
　　　　　　　　　　　　　　　　朝鮮修信使金綺秀　貴下

丙子六月三日

以書簡致啓上候陳ハ昨年十月貴國平安道義州人李元春ト申者洋中
ニ漂流スルコト數日至難至危ノ際ニ方リ不圖英國船オスカワイル號ニ
救助セラレ以テ再ヒ天日ヲ拜スルヲ得タリ我北海道函館在留同國領
事官ヨリ轉メ本年一月我東京英國領事館ニ送達ス蓋シ前後六ケ月間
救護至ル所啻ニ衣食ノ恩ノミニ非サル也貴弊兩國尋交成熟ニ至リ候
ニ付同年四月同公使ヨリ右漂民元春儀拙者ノ手ヲ經テ貴國ヘ轉還致

シ呈候樣照會ヲ得即別紙通及往復候抑航海者ノ漂到及ヒ危難ノ境二
臨ム有ルヲ見ハ之カ愛護ヲ加ヘ之カ救恤ヲ施スハ天下ノ通法萬國ノ通
義ニテ固ヨリ其國ト通好ノ有無ヲ不問然則英船ノ救護英官ノ顧恤モ
亦其愛性ノ通義二出ルト雖モ數月ノ久キ恩義並ヒ至ルハ豈感激セサル
ヲ得ンヤ此漂民ヲ貴下二付セントス貴下宜シク此意ヲ諒シ以テ還領セ
ラルヘシ而シ英國政府厚誼ノ致所貴國二在テ同國ヘ相當ノ謝辭可有
之儀二候ヘハ歸國ノ上ハ貴政府二於テモ必ス安ク本業ニ就カシメ候儀
ト信シ疑ハサル所ナリ此段併テ得御意候。敬具。

明治九年丙子六月三日 外務卿寺 島宗則(印)

朝鮮修信使 金綺秀 貴下

　茲照會者, 貴國平安道義州人李元春者, 昨年十月, 漂泛在海洋中,
困厄數日, 偶際英國船遠須加惟留號航過, 爲所救助, 由在我北海道函
館港英國領事館, 以本年一月, 轉送在東京其公使館, 頃日貴國, 與我
諦約方成, 於是, 本年四月英國公使, 照會於余曰, 將該民, 由本省, 還
其故國, 其書載在別簡, 蓋前後六朔受其愛好, 以得保全性命, 不啻衣
食之恩也, 夫航海者失路, 漂泊到岸, 及遭颶風, 陷危難者見之, 何人不
加保護施救恤, 是天下之通法, 萬國之通義, 曾不問其國通好有無也,
則英船救急, 英官愛憐, 自是人世常務, 但其至如數月之久, 不敢忽略,
其恩義豈得無感哉, 今將該漂民, 送附貴下, 爲望貴下, 其諒此意, 以領
還焉, 且英國政府, 厚誼所在, 便知貴下, 亦應有所謝於英官之辭也, 聞
之, 貴國處漂民自有法, 而該民之遭厄也, 是實無疑, 故還其故土, 則貴
國, 其使之安就本業也, 我信之而不容危疑也。併茲陳之。敬具。

　爲回報者, 貴國送來漂民平安道義州人李元春, 茲以領受, 念其流離
顚連, 蒙數朔支保之恩, 非直渠一人受賜, 卽弊國一國之人, 同受其賜

也, 感感激激, 至若英國之人, 特垂救恤, 死者而活之, 凍餒者而衣食
之, 赤子入井, 動心惻隱, 雖人人皆然, 然當之者, 安得不千感萬感, 依
戒馳謝, 在所當然, 而惻隱之心, 仁之端也, 英國人當初救血, 特仁人之
事耳, 寧或區區望今日稱謝之語也, 只當將此一副感感之心, 銘肺鏤
肝, 以爲悠悠之報可也, 安知不他時, 英國人有難, 而我國人克加救恤
也, 只此佈謝, 欲望下一轉語, 俾英國人, 知我國人之無限感感, 斯可
矣, 餘外李元春之帶還故土, 使之安業, 則在我者耳, 何至過勞感念也,
於此於彼感激無已, 諸希照亮。敬具。

丙子五月十二日　修信使　金綺秀(印)

日本外務卿　寺島宗則　閣下

【右英國人救恤ノ朝鮮流民引導シニ付修信使受領ノ回答書】

丙子六月十三日

以書簡致啓上候然ハ貴國禮曹判書ヘ宛タル別簡一封貴下ヨリ御遞
達有之度候右ハ外務大丞宮本小一ヲシテ貴國京城ヘ前往セシムルノ
一事ニ有之候依テ貴下御心得ノ爲簡中ノ漢譯文壹通ヲ添付致シ
候。敬具。

明治九年六月十三日　外務卿　寺島宗則

朝鮮國修信使　金綺秀　貴下

茲照會者, 致貴國禮曹判書之別簡, 敢煩貴下遞達, 書意非他, 外務
大丞宮本小一前往貴國京城一事也, 今另錄送其封內譯漢文, 以聞知
於貴下。敬具。

明治九年六月十三日　外務卿　寺島宗則

朝鮮修信使　金綺秀　貴下

丙子六月十三日

兹回報者, 來致鄙國禮曹判書別簡二褁, 謹領受, 順便帶去, 以爲卽
傳之意, 仰報。敬具。

五月二十二日 修信使 金綺秀(印)

日本國 外務卿 寺島宗則 閣下

右ハ外務卿ヨリ禮曹判書ヘ返翰受取証書

丙子六月十三日

伏惟天晴, 台體候萬祺區區禱祝綺秀某歸期, 俄與貴省權小丞商確,
以今二十七日敦定, 卽貴國曆六月十八日也。凡關事務指麾幹辦, 專係
台下執, 兹敢仰報。伏希崇裁。

丙子五月二十二日 修信使 金綺秀(印)

外務卿 閣下

右歸期商定之報知書

丙子六月十七日

○ 大坂造幣寮經覽之儀信使ヘ通達書

以書簡致啓上候陳ハ貴下乘船黃龍丸儀往路神戸港ニ於テ凡二晝夜
滯泊煤炭其外諸品積入候付テハ其間同港ヨリ汽車ニ付シ阪府ニ到リ
同所造幣寮御經覽有之度所希望候抑兩國交際ノ道ハ只二使聘ノ往來
ノミニ無之有無相通シ長短相補ヒ以テ兩國ノ便利ヲ計ルヲ目的ト致
シ候ヘハ之ヲ要スルニ貨幣ノ媒妁ニ賴ラサルヘカラス貨幣ハ各國トモ
皆其種ヲ異ニシ品位亦同シカラス乍去比較照計シテ世間弘隆ノ便相
生シ且其邦國ノ獨立タルハ貨幣ノ品位如何ヲ見テ指定スヘキ理ニ有之
候間今幸ニ我邦ニ來臨アルニ依リ先ツ我貨幣鑄造ニ注意スル所ヲ親
シク經覽相成候ハハ自ラ信認セラルルノ端トモ相成可申是我邦ニ於テ

モ大二貴國二望ム所ナリ則貴下今般ノ職掌二於テモ最御注意可有之
樣卜存候就テハ阪府地方官及造幣寮員ヘモ預シメ通知致シ置候間此
段御承引有之度存候尤該所經覽手續等總テ本省出張官員ヨリ御打合
可申候。敬具。

明治九年六月十七日 外務卿 寺島宗則

朝鮮國 修信使 金綺秀 貴下

譯漢文

大坂造幣寮經覽之儀信使【江】通達書

茲照會者, 貴下歸途所駕之船黃龍丸, 發橫濱至神戶港碇泊, 可以二
晝夜間, 以積載需用煤炭及雜具, 望貴下不徒過其時間, 汽車一瞥到大
坂府, 有覽觀我造幣寮也, 蓋貴於交際者, 不獨使聘往來而已, 兩國人
民, 將以有無相通, 長短相補, 互利益其國, 則不可不賴貨幣媒妁, 而貨
幣者, 各國各異其形, 實質亦不勻同, 唯其相比較照計, 以成締盟國弘
通之便焉, 故各邦之獨立與否, 則視貨幣良否如何, 可以兆之, 今貴下
幸來辱, 則親睹我邦, 注意鑄造錢貨, 或將有所信認, 是我邦所大望於
貴國也, 在貴下職掌上, 豈得不亦所應用意哉, 此一行, 徑告大阪府地
方官, 無有碍行路, 望敢枉駕, 若夫途次事宜, 須本省護送官員協辦
也。敬具。

丙子六月十八日

○ 金綺秀の答書

茲仰覆者, 疊旣面誨, 今又書諭, 懃懃懇懇, 以交好之地, 洞然無間,
察其風土, 觀其俗尙, 習其器械, 聽其議論, 以至城郭山川之險夷, 政令
民物之利病, 無不使之知之, 珮服無量, 銘之心肺, 貴國盛意, 何可忘
也, 申戒神戶港滯留之間, 大阪城遊玩一事, 謹當奉依, 而但恨鄙國, 規

度有方, 不敢踰越, 他日貴价之枉屈也, 凡百羞澁, 萬不能親切無間, 如
今日貴國之待鄙人也, 縱或海量之, 隨處存便, 安得無預爲之不安者
乎, 兹敢披露, 萬乞保重, 泐此順修, 敬具。

丙子五月二十六日 修信使 金綺秀(印)

外務卿 寺島宗則 閣下

右大坂府造幣寮一覽云々之返翰

丙子六月二十(廿)三日

兹爲照會者, 課日風雨, 貴朝廷隆毖, 百度鼎吉, 鄙行發行翌日, 黑夜
阻風, 一行甚危, 曁泊神戶, 鄙人疾作, 宛轉床茲, 所以二晷留連之際,
未克諧大坂之遊, 緬兹盛眷若委草莽, 縱緣勢使, 厚自忸怩, 崗憑寸楮,
諸希海涵。敬具。

丙子閏五月初二日 朝鮮 修信使 金綺秀(印)

大日本國 外務卿 寺島宗則 閣下

理事官以下辭令

○ 宮本の辭令

外務大丞宮本小一

理事官トシテ朝鮮國へ被差遣候事

明治九年六月七日

太政官

丙子六月十七日○
各通
外務大錄 河上房申
外務三等書記生 奧義制
外務三等書記生 浦瀬裕
外務四等書記生 石幡貞
外務六等書記生 荒川德滋
外務六等書記生 中野許太郎
外務省十三等出仕 仁羅山篤孝
外務大丞宮本小一理事官トシテ朝鮮國ヘ被差遣候二付隨行申付
候事。

各通
外務三等書記生 浦瀬裕
外務六等書記生 荒川德滋
外務六等書記生 中野許太郎
外務七等書記生 尾間啓治

朝鮮修信使歸國二送船乘組申付候事。
　　　　　　　　　　　　　　明治九年六月十七日 正院

外務等外一等 石川守道
朝鮮修信使歸國二送船乘組外務三等書記生浦瀬裕ヘ附屬申付候事。
　　　　　　　　　　　　　　九年六月十七日 外務省

理事官發遣告知

丙子六月十三日 ◎ 宮本外務の京城行

以書簡致啓上候然者今般我朝庭外務大丞宮本小一ヲシテ理事官ト
ナシ貴國京城ヘ前往イタサセ候右ハ修好條規第十一款ノ趣旨ニ因リ
貴國本邦兩間ノ人民通商ノ爲要用ナル各章程及修好條規中ノ條款ニ
基キ更ニ委曲ノ件々ヲ約束弁理スル爲ニ派出候事也就テハ貴朝庭ニ
テモ右商議決定ノ權アル貴官ヲ簡ミ同人ヘ對シ御接遇有之度候。敬具。

明治九年六月 大日本國 外務卿 寺島宗則

大朝鮮國 禮曹判書 金尙鉉 閣下

茲爲照會者我 朝廷以外務大丞宮本小一 爲理事官前往 貴國京城有
所弁理卽據修好條規第十一款內預経揭載更議立通商章程約束兩間
人民且條規內応補添細目以便遵照也。

貴朝廷亦使貴官有權可決定者會接面商則韋甚。敬具。

明治九年六月十三日 大日本國 外務卿 寺島宗則

大朝鮮國 禮曹判書 金尙鉉 閣下

航韓必携卷之六

標目

葷譚

【締盟國名】

【各國公使領事列名】

【開港開市場】

【奧羽行幸還御之期】

【德川近狀】

【公私雇外國人員】

葦譚

締盟國名

各國公使領事列名

開港開市場

奧羽行幸還御之期

德川近狀

公私雇外國人員

丙子六月

交際之國凡幾國乎, 其國號錄示。

締盟國名如左。

米利堅

和蘭

魯西亞

英吉利西

佛蘭西

葡萄牙

獨逸

瑞西

白耳義

伊太利

丁抹

西班亞

瑞典

澳地利

布哇

淸

秘魯

朝鮮

見今各國公使中, 何國公使來留, 錄示。

現今同盟國所派來之公使, 凡十一名, 別付公使人名表, 及駐留領事人名, 錄。

大不列顚國

特命全權公使

東京第三大區三小區5番町壹番地橫濱居留地山手百二十番　ハルリー、エス、パークス

伊太利國

特命全權公使

東京第二大區壹小區虎門內三年町第四番地　コント、アレサントロフエ

佛蘭西國
特命全權公使

東京第二大區十小區三田聖坂上濟海寺橫濱海岸通五丁目　ジフギ、
ベルトミー

米利堅合衆國
特命全權公使

東京居留地壹番地橫濱海岸二十番地　ジョン、エ、ビンガム

獨逸國
辨理公使

東京第三大區一小區永田町1町目拾一番地　ヱム、フオン、ブラント

和蘭兼瑞典那威國
辨理公使

橫濱第壹大區北仲通六丁目　フオン、ウエツクヘルリン

白耳義國
辨理公使

橫濱山手居留地九番　シ、ド、グロート

澳國
辨理公使

シバリエ、デ、シエフル

丁抹國
代任公使

フオンウエツクヘルリン
卽和蘭辨理公使

西班牙國
代理公使勤方
橫濱山手居留地五十三番 エミリード、オエタ

露西亞國
代理公使
東京第壹大區霞ヶ關壹番地橫濱山手居留地九番 スツルウエ

布哇國
代理公使
橫濱居留地海岸十四番 ロベルト、エム、ブラウン

秘魯國
代理公使
橫濱 ガラウンドホテル ドクトル、ゼー、フェデリコ、エルモール

瑞西合衆國
總領事
橫濱居留地九十番 シー、ブレンワルド

葡萄牙國
總領事
東京三田大中寺 イ、ロレーロ

各國派來領事官人名

○ 米國總領事
横濱　トフマス、ビファンビューレン

同　副總領事
同　ヘンリー、ドフリウテニソン

同　副領事
同　ジョルジ、エス、ミツテエル

米國領事
大坂兵庫　ナーサン、ゼ、ニウウイットル

同　副總領事兼葡國代辨領事
長崎　ドフリユ、ビー、マンゴム

同　同　副領事
チャーレス、エス、フッセル

同　副領事
箱舘　エム、シ、ハリス

○ 和蘭國領事兼瑞典代辨領事
東京横濱　ウエー、セ、ハン、ヲルドト

同　領事
大坂兵庫　イ、セ、イ、ケレーン

同　領事瑞典事務取扱
長崎　ゼ、ゼ、ファン、デル、ホット

○　露國副領事
横濱　アレキサンドル、ペリカン

同　副領事
大坂兵庫　ジョルジ、ウエストホウル

同　領事兼伊國代辨領事
長崎　ヲラロースキー

○　英國領事兼澳國代辨
東京　マルテイン、ドーメン

同　兼澳國領事
横濱　ルツセル、ロベルトリン

同　副領事
大坂兵庫　エトルフス、エ、エンネスリー

同　兼佛澳代辨領事
長崎　エルキユス、フロウルス

同　兼佛澳代辨領事獨代任領事

箱舘　リチャルド、ユースデン

○ 佛國代領事

横濱　ケレツル

同　代辨領事

長崎　マルキユス、フロウルス

【卽英領事】

同　代辨領事

箱舘　リチャルド、ユースデン

【卽米領事】

○ 葡國總領事代

ゼームス、ジョンストンケスウイク

同　領事

大坂兵庫　イ、ド、フイツセル

同　代辨領事

長崎　ドフリユ、ピー、マンコム

【卽米領事】

○ 獨逸國領事舘事務取扱

東京　アーレンス

同　領事
横濱　イ、デ、サツペー

同　領事
兵庫　フボツケ

同　領事當分代理
大坂兵庫　オスカラフホークト

○　獨逸國代辨領事
長崎　フオンレーゼン

同　領事
新潟　ヱ、デ、ライスネル

同　代任領事
箱舘　リチャルド、ユースデン
【卽英領事】

○　瑞西國總領事
シー、ブレンワルト

同　副領事
大坂兵庫　シファフルブラント

○　白耳義國副領事

横濱　イー、ムルロン

白耳義國代領事
大坂　ゼファーブル、ブラント

同　代辨領事兼丁抹
長崎　エム、シ、ファン、デルデン

同　代辨領事
長崎　ヘルムイウエルセン

同　一時領事代理
兵庫　リーウイン、グストン

○ 伊國領事秘魯國總領事事務代理
横濱　ピーカルテリー

同　代辨領事
横濱　エフブリユニー

同　領事
長崎　ヲラロースキー
【卽魯領事】

○ 丁抹國總領事
横濱　エルネスト、ドバビエー

同 領事舘事務取扱
長崎 アシユ、エム、フレイシエー

同 領事
箱舘 ジョン、エツチ、デユース

同 代辨領事
大坂兵庫 エヲゲー

○ 西班牙國三等書記官兼橫濱領事
橫濱 ペトロ、ワルガス、マスコチ

同 書記官兼橫濱東京領事心得
東京橫濱 エミリード、オエダ

○ 澳地利國領事
英領事兼勤

○ 布哇國總領事代勤
フエセル

○ 秘魯國總領事事務代理
橫濱 ピー、カルテリー
【卽伊領事】

通商處所幾處乎，地名錄示。

通商港口七所, 開市場一所。

橫濱
神戶
大阪
長崎
新瀉 夷港【佐渡嶋】
函館
東京【開市場】

聖上, 幸行于何地方, 而何間還宮乎, 錄示。

主上行幸, 奧羽地方, 還御之期, 凡六十余日。

德川氏, 以何官, 今居何地乎, 錄示。

德川氏, 解政權之後, 知駿州藩事旋, 又有制廢藩置縣, 乃來往東京, 今無官衛。爲有位華族往時, 諸侯皆然非獨德川氏也。

他國人, 出仕於貴朝乎, 錄示。

方今, 公私所雇使各國學士及職工等人員, 凡八百七拾七人, 所給與一月俸金凡拾五萬五千四百五拾八圓九拾壹錢壹厘, 乃載在別單。

丙子六月十四日
公雇
貳百七拾七人 英國人
八拾四人 佛國人
六拾五人 米國人
三人 伊太利國人
拾七人 和蘭國人

三拾五人　淸國人

四拾貳人　獨乙國人

貳人　澳地利國人

三人　葡萄國人

壹人　露國人

壹人　瑞西國人

貳人　丁抹國人

七人

〆五百三拾九人

此給料

壹ヶ月金拾壹萬五千百四拾貳圓五拾三錢四厘壹

私雇

百五拾四人　佛國人

拾六人　佛國人

八拾三人　米國人

拾六人　和蘭國人

拾七人　淸國人

貳拾三人　獨逸國人

貳人　澳地利國人

貳人　葡萄國人

壹人　露國人

三人　瑞西國人

七人　丁抹國人

三人　瑞典國人

壹人　白露國人

拾人　各州人

〆三百三拾八人

此給料

壹ヶ月金四萬三百拾六圓三拾七錢六厘六

合計金拾五萬五千四百五拾八圓九拾壹錢壹厘

航韓必携卷之七

標目

信使滯京日記【乾】

信使滯京日記【乾】

五月二十八日

一, 午後汽車ニテ室田中錄奧三等書記生浦瀨三等書記生本多等外横濱ニ相生町山中傳次郎方ヘ止宿ノ事。

一, 奧浦瀨等縣廳ニ罷越當直ニ面シ出張ノ趣意ヲ告宮本大丞ヨリ野村權令ヘノ照會狀差出シ町會所借用ノ旨ヲ申陳候處直ニ町會所ノ者ヲ呼寄セ一談了テ右當直ノ者一同町會所ニ到リ席順ヲ整頓セリ。

一, 接待ノ茶菓酒等ハ總テ傳次郎方ヘ擔當爲致候事。

一, 稅關ニ到リ當直杉浦權中屬ニ面會小汽船借用ヲ談シ明二十九日午前六時前ヨリ貳隻ノ手配致吳候苦取極候事。

一, 野村權令ヲ訪ヒ一應事情ヲ陳置候事。

一，停車場ニ到リ土肥大屬ニ面シ兼テ打合ノ通リ汽車上等一中等一下等貳荷車四輛借切ノ事幷休息所等ヲ談シ尤荷車ノ義ハ手廻リ物一輛跡三輛ハ與ヲ積込ミ候處末タ輿ノ數不相分殊ニ寄リ壹挺ニナルモ難斗左スレハ荷車ハ貳輛ニテ事足ルヘシ何レ明朝入港ノ上更ニ可申入分申聞置候事。

一，人力車拾九挺幷陸揚ケ舟拾隻雇入方等外本多幷押賀兩人ニ擔當爲致候事。

一，接待ノ品々明二十九日午前六時前迄ニ取揃休息所ヘ運送致候積リ堅ク約束申聞造ニ請負候趣番頭德兵衛ヨリ申出候事。

五月二十九日

一，午前一時過ヨリ雨天ニテ雷雨ノ處早曉ヨリ雨收リ同六時分黃龍丸入港ノ趣三菱會社ヨリ申出ル昨日同會社申入置候故ナリ。

一，本省ヘ黃龍丸入港ノ事ヲ電報ス續テ水野小錄尾間書記生上陸面會使員釜山浦發船以來ノ事情幷淸道巡視ノ旗ハ不持來且上陸ノ上輿ニ乘ルト下ルトニ發砲致候義ハ彼地ニテ行ナヒ候得共我國ニ來ラハ決シテ不施行旨等ヲ承リ候事。

一，稅關ヘ汽船波戶場差廻方申入候事。

一，午前六時三十分奧浦瀨室田水野尾間共ニ小汽船ニテ黃龍丸ニ到リ奧浦瀨先ツ訓導玄昔運ニ面シ迎接ノ旨ヲ陳ヘ夫ヨリ案內ヲ待テ使節ニ面シ名票ヲ投シ遠步無事ヲ賀シ迎接ノ爲メ罷越シ都合次第上陸可取計旨申述候處承知ノ旨答禮アリ奧浦瀨退席更ニ訓導ニ面シ上陸ヲ促カシ手廻リ物幷樂器其他一行ノ人々和船ニ乘セ手順相立候ニ付使節ニ上陸ヲ申入レ小汽船ニテ迎接掛リ共一同上陸ノ事。

一，波戶場ヨリ奧浦瀨人力車ニテ前導シ使節ハ輿ニアリ上官以上ハ人力車ニ乘リ樂隊奏樂シテ本町町會所ニ至リ候事。

但シ往來筋兩側ニ警察官見張リ且別ニ兩名行列ニ先タツテ前導
セリ。

一，休息所着ノ上一室內使節一人ハ別ニ設ケ上官以上幷接待掛リ
輩卜一坐【茶、水菓子、ナシミカン、葛湯、カステーラ、美淋酒】

但シ彼ノ望ニテ屛風ヲ以テ使節ノ席ヲ遮キル是ハ使節ノ目前ニテ上
官以上卜雖モ椅子ニ依ルコト不能ニ出タリ且使節一人腹痛ニテ未夕朝
飯濟マハサル付少少用度旨申出俄ニ一人前申付取寄候得共發車ノ時
刻ニ關係候處使節ヨリ旣ニ葛湯ヲ用候ニ付無程着京ノ事ナラハ見合
セルトノ事ニテ喰事ハ不致ナリ。

中官以下生徒迄一室內四席ニ分チ何レモ椅子ニ依ラセ日本酒【壹合
位入候猪口ニテ一杯】パン右取賄中午前十時四十五分ノ汽車ニテ上京ニ
決セリ直ニ本省及警視廳陸軍省中鎭臺等ヘ電報セリ。

一，入京汽車ノ刻限モ分リ候ニ付室田ハ先刻水野ヨリ相渡候韓地
ニテノ對話書等所持百事ノ模樣上報ノ爲メ九時三十分ノ汽車ニテ歸
京セリ。

但シ迎接船乘組候等外太田芳也同行ノ事。

一，午前九時三十五分使節一行休息所ヲ發シ停車場ニ着行列總テ前
ニ同シ。

但シ茶ヲ差出ニ至ラス喫烟スルノミ。

一，汽車上等室ハ使節其他上上官貳人外ニ小童貳人浦瀨水野海軍
醫嶋田脩海中等室ハ上官九人次官三人幷荒川,中野,尾間生徒【下等ニ
割込】下等室【二車】中官四十七人下官拾人生徒等乘組十時四十五分發
車正午十二時十七分新橋停車場ニ着セリ。

但シ黃龍丸ハ品川ヘ廻リ候ニ付荷物取扱ノ爲メ彼次官壹人中官八
人我等外原吉也壹人同船ニ乘組候事。

一，新橋停車場中樓上ニテ休憩一室內使節ハ別ニ設ケ屛風ニテ遮

キリ上上官兩人一席上官次合テ一室一席總テ茶ヲ出ス。

一，正午十二時十五分停車場ヲ發シ行列前ニ同シ警備ノ騎兵前例
セリ警察官出張諸事取締向行届キ往來聊ノ不體裁無之新橋ヲ渉リ大
通リ石町ヨリ左折川岸ヘ出鎌倉川岸ヲ經テ川岸通リ右折錦　町貳丁目
一番地旅館ニ着セリ時ニ午後二時十分前列ノ騎兵門外ニ整列依テ外
務官幷使節ヨリ騎兵ニ對シ一禮シ【外務官ハ帽ヲ脱シ使節ハ拱手騎兵ハ手ヲ
帽ニ觸シテ答禮アリ】夫ヨリ門内ニ入リ房中ニ誘引前導官ヨリ使節ニ向ヒ
無事着京ヲ賀シ滯席セリ。

一，滯席ノ央騎兵ヨリ引取候テモ可然哉ト申出候ニ付使節ヨリ騎兵
ニ對シ挨拶トシテ訓導門前ニ至リ一禮ヲ陳ヘ幷ニ外務官ヨリ慰勞ヲ謝
シテ騎兵ヲ退カシム。

但シ新橋停車場ニ於テハ使節輿ニ乘ラントスル處前列ノ騎兵前往
セシ故禮式ヲ行フニ暇ナミ通行セシコト。

一，午後二時過古澤權少丞來リ政府ノ命ヲ以テ使節ヲ尋問ス應接
間ニ於テ對話使節金綺秀，訓導玄昔運幷ニ通辯浦瀨出席一禮畢テ古澤
ヨリ外務卿ノ命ヲ陳ヘ明三十日午前十時外務省ヘ出頭書簡差出ノ義
ヲ申談候處無異議承諾致シ候事。

一，本日旅館詰奧三等書記生，浦瀨三等書記生，岩田十二等出仕外
二等外幷小遣其他使員同船ノ面面水野少錄，荒川六等書記生，中野六
等書記生，尾間七等書記生，御用見習吉副喜八郎生徒，中村庄次郎，
淺山顯藏，吉村平四郎，武田甚太郎，武田邦太郎，阿比留祐作，黑岩靑
美，大石又三郎，津江直介，住永琇三。

一，本日ヨリ宿直等外幷小遣外ニ生徒貳名宛ニ相定候事。

但シ生徒ノ義ハ晝ノ内當分ノ間一同旅館ニ詰尤宿明ノ兩人ハ旅宿
ニ罷在候事。

一，午後九時過黃龍丸ヘ乘組品川ヘ相廻リ候次官一人中官八人到

着ノ事。

五月三十日

奥義制

浦瀬裕

岩田直行

荒川德滋

中野許太郎

一，品川廻リノ荷物到着ノ事。

一，午前九時使節出省書簡差出方ニ付手續廉廉【書簡ハ上上官ヨリ差出ス○印信關帖ハ休息所ニ差置○陸下ヘ獻品ノ事等ナリ】使節ヨリ浦瀬ヘ申出候ニ付宮本森山ヘ報知致置候事。

一，午前十時使節外務省ヘ出頭ニ付九時五分ヨリ發途行列前導共ニ昨日ニ同シ但シ人員終ニ減スル而已十二時過歸館候事。

一，宗從四位ヨリ信使尋問ノ爲メ家　平問某ヲ來タシ使節面會ノ事

一，午後中官兩人【金宇宗朴正鳳】不快ノ由申出候ニ付順天堂醫師呼寄治療爲致候事。

但シ是ヨリ先キ奧書記生順天堂ニ到リ醫師大瀧富三ニ面シ修信使逗留中使員一行ノ病夫引受方依賴申入候所承知致シ猶今日夕刻迄診察致吳候樣申入置候事。

順天堂醫師三人詰合ノ趣其姓名阿久津資生村上辰二大瀧富三尤重病等ノ節ハ尚中モ參吳候積リ尚中ヲ呼候節ハ別ニ其旨ヲ可申入積リ申聞置候。

一，午後宮本大丞森山權大丞入來使節對話ノ事。

但シ特別ヲ以テ使節ニ天皇陛下謁見ヲ賜ハルコトヲ傳フ使節謹チ承諾セリ尤日時ハ明日可申入トノ事ナリ。

一，明三十一日午前　浦瀬中野兩書記生訓導同道ニテ出省ノ事ヲ宮本大丞ヨリ申聞候事。

一，午後四時過石幡書記生一寸相見得候事。

一，午後三時過水野少録尾間七等書記生出頭ノ事。

一，使節ヨリ雞頭酒一陶幷藥菓干牛詰合ノ者ヘ差出候事。

但シ杯ヲ添持參ノ事。

五月三十一日【朝雨後】

奥義制

浦瀬裕

岩田直行

荒川德滋

中野許太郎

一，午前九時過浦瀬本省ヘ出頭。

但シ昨夜訓導浦瀬寓ニ到リ內詰アリシニ依ル。

一，同十時外務卿來テ昨日使節出省ノ回禮ヲ陳フ。

但シ門外馬車上ヨリ名標ヲ投シ訓導玄昔運門外ニ出テ取次キス荒川之ヲ通辯ス。

一，午前嶋田脩海相見得正使ニ面會候事。

一，午前訓導玄昔運中野書記生共ニ馬車ニテ出省別副品ヲ持參ノ事。

但シ浦瀬ハ既ニ本省ニアリ。

一，森山ヨリ奥荒川ヘ宛使節ヨリ。

天皇陛下ヘ獻上品午後一時上官ヲ以テ宮內省ヘ差出方申來リ依テ奥荒川幷上判事玄濟舜外ニ中官兩人下官壹人獻上物ヲ携ヘ宮內省ヘ到リ中官ハ玄關前ニ爲扣玄濟舜奥荒川玄關ヘ上リ案內申入候處奏任

面謁所ニ扣ヘサセ中山權大丞津田小丞面接アリ目錄ノ通リ相納メ受取書ヲ取リ罷歸リ候。

但シ中官モ玄關ノ傍ニ爲扣【宮內省ノ者取計】有之候且玄濟舜扣所ニハ茶及氷ヲ差出候事。

一，宮內省戻リ懸ケ玄濟舜幷中官兩人ヲ同道致シ博物館一見爲致候所甚感心驚駭ノ趣正使ニモ委細申語リ候旨申出歸路東京裁判所前ヲ經テ旅館ヘ歸ル。

一，外務卿ヨリ信使ヘ書簡壹封到來生徒ヲ以テ直ニ差出候事。

一，安田開拓少判官小牧開拓幹事爲尋問罷越使節面會ノ事。

一，明六月一日午前十一時使節參內幷吹上御庭拜見被仰付午前八時半出門ノ積ニ付路順書ヲ添右通行ノ節該區ニ於テ人民不致雜沓樣注意ノ儀懸合遣候事。

一，英公使館ヨリ岩橋某ヲ以テ明日使節參內ノ路順ヲ尋越候ニ付路順書相渡候事。

一，古澤權少丞幷尾間書記生相見得候事。

一，宮內省御門鑑六十五番ハ中野七十番本多ハ浦瀨ヘ相渡候事。

一，七拾番御門鑑ハ返納相成候事。

六月一日【曇】
奧義制
浦瀨裕
中野許太郎
荒川德滋
一，午前八時二十五分前警視第四方面第一署詰警部補白阪信 出頭今日使節參內ノ刻限尋問ニ付申聞候事。

一，浦瀨裕外務省ヘ立寄リ尾間啓二同道ニテ宮內省ヘ罷出候事。

一，午前八時出門奧書記生車ニテ前導信使ハ輿其他人力車ニテ十時前　皇宮ニ到ル信使ハ御車寄迄輿ニテ入ル其他ハ　表御門外ニテ下車供廻リハ中仕切御門外ニテ扣罷在使節幷上上官兩人昇殿使節ハ謁見賜リ上上官ハ謁見ナシ外ニ書記官【上官】二人冠服ニテ參內候得共信使ノ扣處ニ有之印信關帖ヲ　守スルノミ。謁見相濟吹上御庭拜見被仰付西丸大手ニテ何レモ下乘供廻リ幷輿車ハ　半　御門內吹上裏門前ニ差廻シ夫ヨリ宮內省出張ノ案內ニテ三角ニ參リ候處使節步行難相成困難ノ趣申出候得共段段紅楓離宮迄參候處森山外務權大丞扣居暫時椅子ニ依テ休息瀧見離宮ニ至テ午飯ヲ取賄【時午後一時ナリ】然ニ信使ハ何分步行難成由ニ付宮內省出張內藤信勝ニ引會使節ノミ所勞ニ託シ人力車相用候事申談候處可然旨申出候ニ付裏門ニ相廻候人力車壹挺差入方取計候處裏門通行ハ未タ懸合不行屆哉ニテ通行不相成夫ヨリ更ニ大手ヨリ歸ル事ニ決ス取計段段程立使節ヨリ步行可致旨申出直ニ歸路ニ趣ク途中ニテ人力車ニ逢候得共不乘旨申出夫ヨリ釣橋ヲ渡リ大手ニ出【釣橋ヲ見テ大ニ感服セリ】和田倉ヨリ軍馬局前ヲ過キ市橋門ヲ出テ旅館ニ歸ル。

一，吹上瀧見離宮ニ於テ警視廳へ歸路順次俄ニ相變リ候旨報知致シ候事。

一，午後古澤權少丞來リ明後三日延遼舘ニ於テ使節及上上官兩人午餐饗應同日夕上官以下一同へ旅館ニ於テ同斷ノ旨申入且本日使節馬車相用候儀モ申入候處承諾ニ相成上上官兩人モ馬車ニ決ス都合馬車三輌用意ノ事。

一，信使饗應ニ付對食ノ面面三条　太政大臣大木司法卿伊藤工部卿【歸京セスハ山尾大輔】山縣陸軍卿井上議官河村海軍大輔宍戶敎部大輔萬里小路宮內大輔林內務小輔坊城式部頭幷外務卿始接件掛リ但シ外務卿ヨリニシテ三条以下各處へ饗應ノ日時及報告候事。

　但シ鮫島外務大輔幷宮本大丞森山外務權大丞ヘ古澤權少丞ヨリ報知ノ事。

　一，信使ヨリ黃龍丸船長幷同船ヘ乘組候海軍醫嶋田脩海驛遞寮大屬小杉某ヘ贈物ノ儀申出候ニ付古澤ヨリ宮本ヘ問合ニ及候事。

　但饗應當日着服ノ儀同斷問合ノ事。

　一，明二日午後太神樂ヲ呼入レ使節ニ一覽ノ事ニ議定但シ古澤ヨリ取計候事。

六月二日【晴】

奧義制

浦瀨裕

荒川德滋

中野許太郎

岩田直行

　一，午前三時過宮本大丞ヨリ古澤奧水野ヘ宛饗應當日着服幷海軍樂隊差出方其他接件手續等申越古澤ヨリ奧ヘ可取計旨添書有之本省當直ヨリ相廻リ候ニ付早朝奧義制外務卿宅ヘ到リ着服ハ我方小禮服歟尋問服一齊ニ不相成シテ初テ渡來ノ使節ニテ我事情ニ通セサレハ亂雜ニ見受不都合ニ可有之云云宮本ノ意見ヲ添相伺候處着服ハ一樣ノ色ニハ不及且ツ小禮服ハ多分不用ナルベシ彼ヨリ問出候ハノ公服ヲ用ルト相答候樣指圖有之候事。

　一，午前宮本大丞ヨリ海軍秘書官ヘ宛明三日延遼館ニ於テ朝鮮國使臣饗應有之候間當日午前十一時過ヨリ樂隊差出方懸合候事。

　一，森山權大丞ヨリ延遼館ヘ使節罷出候節ハ冠服可爲用趣申來候事。

　一，饗應對食着服ノ儀幷其他未決ノ有之午後四時奧義制宮本大丞

宅ヘ到リ外務卿ノ意見ヲ陳候處然ヲハ致方無之乍併朝鮮人ノ情ヲ察
スル時ハ先規ニ關セス此度ハ可成服色一樣ニ致度且森山ノ意見モア
レハ今一應森山ヨリ外務卿ヘ申上候テ可然歟若シ一定致サハ至急對
食ノ面面ヘモ報知可致幷使節ヨリ各省長官ヘ名票ヲ配ルハ其省ニ於
テスヘシ猶其長官ヨリモ彼ノ振合ヲ以テ一兩日中旅館ヘ回禮有之樣
爲念前以報知致置候樣共申聞候間旅館リ歸リ夫夫書通致候事。

　一，太神樂丸一權ノ進來リ使節ヘ見物ヲ勸メ候處承諾致シ庭中屛
外ニ於テ演技使節ハ庭中ニテ椅子ニ依リ尤屛ノ板兩三板ヲ放ナシ其
間ヨリ一覽其他ハ屛外ニ出テ一見使節殊ノ外興ニ入リ喜悅ノ事。

　一，奧義制森山權大丞宅ニ至リ明日接待ノ模樣ヲ談シ着服ノ儀宮
本ノ意見ヲ陳ヘ森山ヨリ直ニ外務卿ヘ呈書致シ候積ノ事。

　一，使節ヨリ宗從四位ヲ尋問ノ爲メ訓導玄昔運ヲ浦瀨書記生同行
致シ候事。

　一，黃龍丸船長始メ其他ヘ使節ヨリ贈物ノ儀黃龍丸ノ儀ハ爲受納
可然尤船長呼寄セ可成ハ訓導玄昔運目前ニテ相渡候樣小杉幷嶋田義
ハ內務海軍兩省ヘ彼ヨリ申出タル書面ノ寫ヲ添問合受否ハ兩省ノ見
込ニ依ル旨宮本ヨリ申來候ニ付其意ヲ以テ訓導ヘ申入置候事。

　一，水野少錄一寸相見得候事。

六月三日【朝午後小雨】
奧義制
浦瀨裕
岩田直行
荒川德滋
中野許太郎
一，午前八時古澤權少丞來テ諸事打合相濟直ニ延遼館ヘ罷越

候事。

一，使節幷上上官兩人馬車三輛ニ乘リ午前九時過出門延遼館ヘ出頭ノ事。

但シ浦瀨荒川岩田接待トシ相詰候。

一，使節通行ノ區區雜沓不致樣警視廳ヘ申入候事。

但シ昨日可及懸合處路順未定ニテ今朝懸合候ニ付別ニ旅館最寄リ方面署ヘ口上ヲ以テ本廳ヘ申入置タル趣等報知致シ候事。

一，午前使節ヨリ各省長官尋問ノ爲メ屬官差出シ淺山顯藏案內ノ事。

一，午前本省ヨリ修信使各省長官尋問ノ儀ニ付海軍省ヨリ今日ナラバ午前明日ハ休暇ニ付明後日尋問取計ノ事申越セシ書面ヲ差越候事。

一，信使延遼館ヨリ濱離宮拜見歸路博物館ヘ宮本大丞同道ニテ到リ一覽了テ午後六時過歸館。

一，上官以下一同ヘ日本料理ニテ政府ヨリ晚餐饗應且信使及上上官ヘモ日本料理ノ旨申陳晚餐ヲ供シ。

六月四日【曇】

奧義制

浦瀨裕

岩田直行

中野許太郎

一，午前荒川德滋病氣缺席。

一，宮本大丞ヨリ本日使節外出ノ場處モ無之徒然ナルゲケレバ寫繪歟手品歟晚景ヨリ相催可然旨申來隨テ手品ニ相決候事。

但シ古澤權少丞ヨリ同斷ノ事申來候事。

一，廣津弘信使節尋問トシテ來リ訓導面會使節ハ面會ナシ譯ケハ折惡ク午眠ヲ催シ居候場合ニ付廣津ヨリモ他日可罷出旨申聞置候事。

一，午前宗從四位尋問トシテ來ル。

一，同上判事,高永喜外二人信使名票ヲ配當ノ爲メ井上議官黑田參議宅へ參リ歸路博物館一見罷歸候事。

但シ案內馬車ニテ生徒同行ノ事。

一，午後六時過手品師柳川一蝶齋來リ同七時過ヨリ演技九時過終曲。

但シ使節其他大ニ興ニ入候由。

一，司法卿尋問トシテ司法大錄水谷弓腹來リ訓導玄昔運面接ノ事。

一，使節ヨリ接待懸リへ生酎一小陶藥菓一鉢蹲材一鉢　北魚干鮹干鮑一鉢差出候事。

六月五日【晴】

奧義制

浦瀨裕

岩田直行

荒川德滋

中野許太郎

一，中官四人病氣ノ趣申出順天堂へ申遣候處大瀧某診察トシテ來候。

一，奧義制荒川德滋一昨日宮本大丞ヨリ申越候ニ付出省接應向ノ事ヲ承リ且此間中旅館ノ情況陳述候處森山權大丞旣ニ旅館ニ罷越シ上上官等上野公園ヨリ淺草邊へ誘導ノ積ニ付直ニ可罷歸旨同氏ヨリ申來リ不取敢歸館ノ事。

一, 森山權大丞來リ明六日陸軍練兵一覽爲致候二付出張ノ趣申入
且今日上野公園幷淺草邊遊覽ノ 趣申勸メ候處使節ヨリ練兵拜見ノ義
罷出候得共今日遊覽ノ儀ハ斷リ申出候然ラバ屬官可被遣旨申入候處
承知致シ訓導玄昔運始メ拾八人彼方ヨリ參リ候事二相成リ馬車貳輛
用意致シ上官以上ハ馬車余ハ人力車二乘セ森山幷奧荒川其他生徒等
先ツ紙幣寮夫ヨリ上野公園幷淺草本願寺續テ觀音境內象ノ觀物花屋
敷及廣瀬ノ電氣器械等一覽事事物物驚駭ノ体別チ紙幣寮幷廣瀬器械
二感心ノ由。

但シ淺草本願寺へ參候處篠原權少正待遇殊ノ外丁寧二取扱茶菓ヲ
出シ且訓導二向ヒ 好ヲ陳べ滯留中使節ヲ招提致シ度 懇懇對話有之
候事。

一, 山縣陸軍卿ヨリ使節ヲ尋問トシテ名票ヲ持セ大尉上領賴方。

一, 明日訓練ノ儀ハ使節ヨリ病人ヲ除ノ外一行不殘引率致候旨申
出候事。

一, 古澤權少丞來リ使節へ音物トシテ目錄持參使節面會受納謝詞
申陳候事。

但シ牛肉貳百斤雞百羽鷲百羽生魚百尾葱貳百把大根貳百把菜貳
百把也尤古澤ヨリ右ノ品入用丈ケ都度都度入贈致サバ便宜ノ旨申入
置候處右ノ品明日半分丈ケ受納致度旨使節ヨリ重テ申出候事。

一, 明後七日使節ヨリ宮本大丞ヲ尋問スル事ヲ申出候間右序ヲ以
テ王子へ誘引ノ積リ但シ出門刻限幷人員等宮本へ及報知候事。

但シ當日ハ宮本ニテ午飯取賄候趣ナリ。

六月六日【晴】

奧義制

浦瀬裕

岩田直行

荒川德滋

中野許太郎

一，午前八時三十分信使一行上下六十六人出門九時過櫻田外練兵場ニ至リ候處森山權大丞待受居信使上官ニ至ル迄椅子ニ依ラセ夫ヨリ步兵騎兵砲兵共三段ニ調練有之一同拜見鮫島外務大輔出張幷古澤其他接待掛リ奧浦瀨荒川中野岩田-岩田ハ外務省ニ出午餐ノ用意- 等外及生徒ニ至ル迄罷越十一時五十分過調練相濟イヅレモ外務省ヘ出頭午餐ヲ喫ス午後直ニ遊覽之場所ヘ相廻ラセ候處使節ヨリ疲勞之赴申出候ニ付歸路日比谷ヲ拔ケ東京裁判所前ヲ經テ吳服橋ヲ渡リ河岸通リ龍閑ヨリ永富町ヲ通リ眞直ニ錦町ヘ出歸舘之事。

但シ信使門內ニ入ルヤ否輿ヲ下タリ玄關板緣ニ腰ヲ懸ケ大ニ怒聲ヲ發シ通事兩人ヲ府臥セシメ臀ヲ露ハサシメ例ノ通リ棍ニテ五返ツノ打チタリ其譯ヲ聞ケハ歸路廻リ路セシヲ其儘何共接待掛リヘ申出テス使節ノ疲勞ヲ不顧ルハ失職ナル故罰スルト云接待掛リヨリ我國ニ於テハ是迄海外ノ使臣初而渡來ノ節ハ往來成ル丈ケ注意イタシ往返路ヲ異ニシテ其使臣ヲ倦マザラシムルナリ云云使節ニ申入置候樣訓導ヘ申聞候事。

接待掛ノ評ニ此憤激ハ調練場ニ於テ英公使パークス幷伊太利公使フェー面會致シ不備ヨリ生シタル事ナラン。

但シ英伊兩公使モ調練拜見ニ來リ居リ何歟ノ都合ヨリ不意ニ引會候事ニ相成タリ。

一，河村海軍大輔ヨリ林海軍大佐ヲ以テ使節ヲ尋問名票ヲ投シ且明後八日午後一時ヨリ水雷幷學校等一覽ニ入レ候ニ付可罷出旨申來然ニ信使不在ニテ留守上官ニ申聞置候ニ付歸舘後有無相尋候處水雷ノ義ハ自國ニモ有之且拜見候テモ只今傳習モ不相成加之眼病ニ付斷

リ吳候樣申出候事。

一, 使臣前導トシテ奧義制外務省出頭中書籍館長補永井久一郎ヨリ大小丞ヘ宛書籍館ヘ信使參候ハ前前日ヨリ申入候樣懸合書到來ニ付信使罷出候儀ハ未タ目的不相立就テ品ニ寄リ。

一, 使節ヨリ海軍省江斷書幷通事ヲ門內ニ於テ杖罪施行ノ義等上報ノ爲奧義制出省候處途中宮本大丞ニ逢ヒ委細申陳宮本ヨリ海軍省行ノ事等ニ付古澤權少丞旅館ヘ罷越候筈ニ付同人ト更ニ打合可然旨相噺居候處古澤モ參リ懸リ候ニ付奧ハ同車シテ旅館ニ歸ル。

一, 午前八時前篠原權少丞來リ奧義制面接候處東本願寺ノ義ハ朝鮮使臣ニ對シ舊好モ有之就テハ使者ヲ以テ使節ヘ挨拶申入且乍卿モ音物イタシ且懇懇對話モ仕リ度何日罷出候テ差支無之 追テ 承リ度旨申出候ニ付使節對話等ノ義ハ何レ彼方ヘ一應申入其都合可申進趣相答ヘ置候事。

但昨日本願寺ヘ參リ候節森山ヘ篠原ヨリ對話中ニモ追追朝鮮國ヘ本願寺ヨリ說敎師ヲモ派出宗敎ヲ彼地ニ宣布致度旨申出候事。

一, 古澤旅館ニ來リ評議ノ末古澤ヨリ更ニ使節ヘ申入候處使節ハ疲勞ノ趣ニテ面接無之訓導應對問答ヲ 子未定ノ中ニ古澤ヨリ中野荒川ヘ申含メ古澤詰所ヘ退去候處竟ニ海軍省ヘモ參ル事ニ相成候ニ付海軍省ヘ此旨申入置候事。

一, 使節ヨリ東萊府行書簡送達方申出候ニ付本省ヘ相廻候事。

六月七日【雨**】**
奧義制
浦瀬裕
中野許太郎
荒川德滋

岩田直行

一，午前九時過ヨリ信使宮本大丞宅ヘ尋問兼約ノ處夜來强雨旁午飯相濟ムヤ否ヤ直ニ出門ノ事ニ決ス。

一，午後一時過使節幷屬官上下都出門接待掛リ浦瀬中野岩田罷越候事。

一，內務省八等出仕蜷川式胤幷本省河野權小錄朝鮮人服色其他取調ノ爲メニ來リ上官某ト對話重テ來タルヲ約シテ去ル。

一，外務省ヨリ昨日使節ヨリ依賴イタシ候東來府行書狀受取證書到來ニ付使員ヘ相渡ス。

一，午後九時二十分過使節歸館ノ事。

但シ此日宮本饗應陪員田邊鹽田兩大丞栗本淺田宗伯跡見花溪同人生徒【華族女子】席上互ニ詩畫ノ奧アリ五曲【琴，小弓，三絃，尺八】ハ山瀬檢校外五人外ニ接對掛外務官員列　信使ヨリ今日ノ奧實ニ無覺ノ樂メリト至極滿足ノ體ナリ。

六月八日【晴】

奧義制

浦瀬裕

岩田直行

中野許太郎

荒川德滋

一，午前九時前古澤權小丞來リ明日寫眞取候儀使節ヘ申入候承諾候事。

一，午後一時過【午前ヨリ出門スヘキ處ノ例ノ因習ニテ延利セリ】使節及議官出門海軍省兵學寮ニ至リ大砲空　幷火失水雷其學校敎場等見閱六時頃井上議官宅ニ至リ午後九時四十分過歸館ノ事。

但シ兵學寮ニテ海軍大輔等誘導外務卿輔及森公使宮本大丞モ一覽
ニ來レリ此日接待掛リ古澤權小丞幷奧浦瀬荒川中野等同行但シ古澤
ハ本省ヨリ直ニ海軍省ニ至レリ井上ヘ使節着後上官以下大體歸館セ
シタリ奧幷生徒等モ直ニ門前ヨリ罷歸リ候事。

航韓必携卷之八

標目
信使滯京日記【坤】

信使滯京日記【坤】

六月九日【午後三時寸時間雨】
奧義制
浦瀬裕
岩田直行
中野許太郎

一, 荒川病氣之趣ニテ缺席。

一, 午前九時過古澤權少丞來リ使節ヲ尋問シ約束ノ通リ寫眞取之
儀申入候事。

一, 午前寫眞師內田九一來リ使節及屬官大體寫眞ヲ取リ其內ニハ
寫眞ヲ不好者有之相除キ候事。

一，午前陸軍大尉平賀　來リ同卿之命ヲ以テ來ル十二日近衞兵營並砲兵本廠一覽ノ義使節へ申入候處昨今打續疲勞ニ付只今卽答難相成萬一罷出兼タル時ハ屬官之內拜見ニ可差出旨申答候事。

一，尾間書記生來候事。

一，午後皇女梅宮樣御葬去ニ付鳴物停止ノ儀被仰出候ニ付使節へ申聞候樣云々申來候付使員旅館ニ於テ自己奏樂並他出途中奏樂等之義ニ伺出候事。

一，午後使員ヨリ接待掛ノ面々へ贈物ハ受納可致旨答禮ノ儀銘々ノ心得次第ニ候得共別段品物ヲ　贈ルニハ不及旨共本省ヨリ御指圖有之候事。

一，前條鳴物停止ノ儀使節へ申聞候儀伺出候得共未タ差圖無之尾間書記生退館ノ序ヲ以テ午後六時森山權大丞迄問合候處午後九時二十分迄指圖無之ニ付當直ノ者へ申含ノ退館之事。

但シ今晚ハ使節へ停止ノ儀不申聞事。

六月十日【曇天】

奧義制

浦瀨裕

中野許太郎

岩田直行

一，荒川病氣之趣ニテ缺席。

一，午前九時過宗從四位ヨリ本日使節招提之爲メ前導トシテ使者來リ十時十分一行出門小川町へ出テ柳原土提ヨリ兩國橋ヲ渡リ夫々段々深川東大工町別莊ニ到リ午後八時歸館之事。

但宮本大丞森山權大丞古澤權少丞其他奧三等書記生等招キニ應シ

テ對食セリ晴湖始メ關雪江 等六七名饗應ノ爲メ席上書畫ノ興アリ。

但シ出門ノ節例ノ喇叭等ヲ吹立候ニ付相尋候處右ハ儀仗之號令ニシテ奏樂ノ類ニ非ル旨申出タリ。

一，陸軍省ヨリ明後十二日使節ニ隨行之人員並我接待官同行之人員等兩度ニ問合越シ候間使節外上官八人次官三人中官七人下官十三人都合三十三人並接待掛リ七八人ト相答候事。

一，外務卿輔ヨリ信使ヘ回禮音物被投候事。

但シ外務卿ヨリ信使ヲ招クヘキ答ナレ云々口上ヲ添テ別段飴並菓子肴三種被投候事。

一，午後四時過下官之者兩人門外向ノ方ニ扣居候人力車ヲ强テ借リ取リ一人ハ乘リ一人ハ牽キ僅ニ馳驅ノ際其牽キ居タル韓人俄ニ手ヲ放チシヨリ直ニ轉覆シテ車シ破損スルニ至レリ因テ車夫ヨリ通行ノ巡査ニ其旨申出候處巡查行本德太郎【三等巡査出頭】出頭右ハ分廳 出候ニ付韓人之姓名承リ度申出候ニ付示談イタシ可然哉ノ旨申聞候處無差支趣ニ付破損所見分ノ上車夫申出ニ寄修覆料七拾五錢相渡無事ニ相濟巡査罷歸候事。

但シ留守ノ官右ノ事ヲ傳聞直ニ其兩人ヲ呼寄セ玄關前ニ於テ例ノ罪ニ處セリ。

一，午前一時森山ヨリ外務大輔ヘ何ヲ經チ鳴物停止ノ儀使節ニ可申聞旨申來候ニ付當直ヨリ浦瀨寓ニ相廻候處早朝同人ヨリ訓導ヘ申聞ケ使節ヘ申入候處國喪之儀ハ初メテ承リ候就テ奏樂ハ固ヨリ朝暮ノ軍樂總テ可相停旨申出候事。

六月十一日【晴】
奧義制
岩田直行

荒川德滋

中野許多郎

一，浦瀨裕病氣ニ付一兩日養生之旨申出候事。

一，昨夜信使ヨリ明日ハ國忌ニ付一通リ場所歷覽ノ外音樂等差出候儀ハ斷リ申出候問陸軍工部兩省ヘ其旨申入候事。

一，午前宮內省ヘ今般信使ヘ御品下シ賜リ候日時等ハ明後十三日午前九時勅使御差出有之廢旨並其節ハ彼上官貳人玄關迄送迎信使ハ着坐次ノ間迄送迎ノ筈申入候事。

一，過日使員一行之內ヨリ唐紙差出書家之染筆依賴ニ付宮本大丞ヘ申入置候問萩原秋巖ヘ半切八枚全紙貳枚市川遂庵ヘ半切拾枚全紙三枚認方賴入候事。

一，本日右約午後一時過ヨリ信使並屬官其外接待掛リ附添森山權大丞方ヘ罷越午後八時前歸館之事。

但シ本日崎場地原某始柳圃波山等四五人席上書畫ノ興ヲ添本省官員ハ古澤權少丞，荒川，中野兩書記生。

六月十二日【曇】

奧義制

岩田直行

荒川德滋

中野許多郎

一，浦瀨裕病氣如昨。

一，古澤權少丞來リ使節誘導ノ爲ナリ。

一，午前八時平賀陸軍大尉馬車ヲ牽ヒテ信使ヲ迎ヘ九時過出門直ニ近衛兵營夫ヨリ砲兵本廠但シ同廠ニ於テ午餐取賄有之午後工學寮ヨリ赤羽根製作所一覽夫ヨリ小山ノ伊藤工部卿宅ニ於テ晚食取賄有

之筈尤工部ヨリ迎ノ馬車小石川砲兵本廠迄差出候積古澤權少丞並荒
川中野兩書記生同行之事。

一，關拓使ヨリ江華府留守趙秉式始都摠府副摠管尹滋乘判中樞府
事申櫶吳慶錫玄昔運ヘ贈物五箇紙包ニテ本省ヨリ相廻リ候事。

一，外務卿ヨリ玄昔運ヘ音物贈來候處玄昔運不在ニ付預リ置候事

一，砲兵本廠ヨリ信使立去リ候跡ニ鼻拭ニ類シタル白ノ手巾有之趣
ニテ届け來リ候事。

一，午後八時信使歸館之事。

但本日約ノ如ク近衛營ヨリ砲兵本廠キ喰相濟工學寮ヘ夫ヨリ赤羽
根製作所同處ニテ鑄物アリ一覽後小山ノ伊藤工部卿邸ニテ酒饌差出
尤製作所ヘ同卿出張誘引相成候事。

一，奧義制本省ヘ出頭候處明十三日信使ヘ朝廷ヨリ賜品之儀ハ御
見合ニ相成候旨宮本大丞ヨリ申聞候ニ付歸館ノ上其趣信使ヘ申入
置候事。

六月十三日【晴】

奧義制

中野許多郎

岩田直行

浦瀨裕

一，荒川德滋病氣ニテ缺席。

一，午前文部大丞來リ明十五日午後一時ヨリ學校並書籍一覽ノ儀信
使ヘ申入候處出帆日既に迫リ不參モ難計然ルハ屬官可差出旨ヲ使節
ヨリ答ヘタリ。

一，午前十時玄昔運本省ヘ出頭出帆日時ヲ促候處午十二時過歸館
彌十八日出發治定イタシ候趣申出候事。

　但シ出發之儀ハ別段以書面本省ヘ意情申出候樣本省ニテ訓導ヘ申
聞ケ候由ノ事。

　一，午後外務卿ヨリ玄昔運ヘノ贈物目錄添持來訓導不在ニ付預置
候事。

　一，午後本省森山權大丞ヨリ信使着京之段過ル五月二十七日長崎
縣電報同縣ヨリ草梁公館ヘ轉達六月五日同館ヨリ別差ヘ相傳ヘ旦馬
關神戶ヨリ被差出書狀モ同日時相達候旨草梁館ヨリ申來候間其旨申
告ケ候樣由越卽使員ヘ相傳ヘ候事。

　一，午後外務卿ヨリ信使ヘ書簡壹通並禮曹判書金尙鉉ヘ貳通但漢譯
添信使ヘ可差出旨岩城十二等出仕ヨリ申越候ニ付差出候事。

　一，古澤權少丞來リ信使來船日限相決候儀ニ付手順打合有之
候事。

　一，宮本大丞ヨリ信使並屬官ヘ贈物有之但同人名代トシテ子息某
來リ信使內室ニ於テ對話之事。

　一，午後七時半信使ヨリ外務卿ヘ書簡差出候事。

　一，森山權大丞ヨリ信使並屬官ヘ贈物有之候事。

　一，午前七時過元老院權大記官藤澤次謙來リ明後十五日午前十時
議事堂一覽之儀信使ヘ申入候處昨日文部ニ答候處ヲ以テ矢張屬官ヲ
可差出旨相答候事。

　一，午後警部補某來リ夜間韓人窓間ヨリ放溺致候ニ付右樣之儀無之
樣注意相成度旨申出候間使員ヘ申聞置候事。

六月十四日【晴】

奧義制

浦瀨裕

岩田直行

中野許多郎

一, 荒川德滋病氣ニテ缺席。

一, 午前八時過古澤權少丞來リ明後十六日延遼館ニ於テ信使並上々官貳人政府ヨリ餞別ノ饗應午餐被下候旨申聞候處御受申上右序ヲ以テ古澤ヨリ學校並書籍館元老院等ヘ誘導之儀段々申入候得共不承知之處書籍館ニハ孔子廟モ有之事ナレハ是非一覽可然旨申聞候處孔子廟ヲ承リ候テハ不可不拜況ヤ文學ノ儀ニ付一同ヘ拜見可爲致ト申答候ニ付奧義制文部省ニ至リ辻權大丞ニ面會信使モ今日罷出候筈乍併右ハ孔廟ヲ拜スルハ第一ノ主意ニ付孔廟ノ體裁一層御注意有之度旨ヲ申陳直ニ同省ヨリ書籍館ヘ申遣候筈ニ取極メ古澤ハ本省ヘ出頭候事。

但シ午後一時旅館出門之筈。

一, 午前元老院中書記畑秀和罷出明十五日修信使一行被參候人員並刻限等打合申出候ニ付刻限ハ午前十時出門ノ積人員ハ未定之旨申答候事。

一, 信使ヨリ午後四時出門夫迄ノ間養生不致シテハ他出難相成旨申張候ニ付文部省ヨリ刻限問合ニ參リタル者ニ其趣相答遣候事。

一, 午後浦瀨奧兩人出省可致旨宮本大丞ヨリ申來出頭候處。

但シ古澤ヨリ明日ハ元老院相濟次第芝崎離宮ニ於テ鮫島大輔ヨリ饗應有之積リノ處段々彼ヨリ乘船差迫リ候儀ニ付明日鮫島大輔ヨリ饗應之儀ハ見合セ明日政府ヨリ延遼館ニ於テ饗應ニ相成右ニ付信使可■筈之處雜冗ニテ不能其義尤鮫島大輔同行一步先ニ開成校ニ被參候旨等承リ候殊ニ大輔ヨリ信使出門ハ三時ニ爲致候樣於指圖有之直ニ歸館之事。

一, 信使ヘ出門時刻並鮫島大輔一步先に參ラレ開成校ニ被待候都合申聞ケ承知ニ相成候得共使節ヨリ先ツ孔廟ヲ拜セズンバ決他行セ

スト云文部省ヨリ書籍館ヲ後ニシテ同館聊酒肴ヲ差出之順序既ニ決
定シテ大丞等モ開成校ニ待受ケ居タリ是非開成校ヲ先スルノ意ヲ以テ
同校ヨリ懸合來タリ更ニ信使ニ說ニ孔廟ニ到ル必ス開成校ノ門前ヲ歷
行シ地理亦孔廟ヲ後ニスル等懇々ヲ以スレモ聞カス依テ其意開成校並
本省ヘ報知ノ事。

　一，午後四時信使並屬官出門開成校門前ヲ過テ書籍館ニ到ル【開成
校門前ヲ過スモノト既ニ說得ノ續ニテ不得止ナリ】大成殿ニ於テ信使始メ屬官
イツレモ鞠躬肅拜了テ一覽元講堂ニ於テ茶菓及酒肴ヲ差出セリ夫ヨ
リ女子師範學校一覽茶菓アリ開成校ニ到リ復茶菓アリ二校生徒教習
之狀ヲ一覽尤開成校ニテ電機等ノ經驗アリ午後八時歸館之事。

　但シ女子師範學校ニ於テ女生徒ノ書全紙貳枚ヲ示シ其　歸ラセ開成
校ヨリ繪ヲ投與相成候本日　鮫島大輔外文部大小丞等出張接待掛奧浦
瀨中野等同行之事。

○ 六月十五日【晴】

奧義制

浦瀨裕

岩田直行

中野許多郎

(略)

一，荒川病氣ニテ缺席。

○ 一，午前十時信使並屬官等出門元老院ニ至リ議事堂一覽茶菓ヲ供
シ了テ直ニ延遼館ニ到リ饗應アリシ食事了テ舞樂ヲ奏シ了テ馬上打球
ニ競更ニ信使ノ望ニ依テ一競ヲ添而シテ饗應ハ信使外上上官貳人其他
屬官等ハ辨當ヲ配當午後七時過歸館ノ事。

　但シ對食左ノ如シ。

太政大臣 三條

外務卿 寺島

參議 黑田

陸軍卿 山縣

工部卿 伊藤

海軍大輔 河村

外務大輔 鮫島

神奈川縣令 野村

開拓少判官 安田

外務大丞 宮本

開拓幹事 小牧

外務權大丞 森山

外務權少丞 古澤

外務三等書記生 浦瀬裕

一, 右饗應相濟太政大臣幷外務卿等ハ直二退歸黑田參議等殘テ打
球一見其間二太政大臣ヨリ宮本大丞宛ニテ咏歌短冊壹葉幷寫眞自像
一葉封箱ニ入レ信使ヘ贈リ來候ニ付同大丞ヨリ信使ヘ差出候事。

一, 三菱會社ヨリ信使來ル十八日出發ニ付テハ荷積ノ儀黄龍丸ハ
橫濱ヘ差廻シ置候ニ付品川ヘ相廻候ヨリ同所ニテ積出候方ハ都而便
利ノ旨云云伺出候ニ付古澤權小丞ヘ問合之其旨聞屆且旅館荷物運輸
本船ヘ積入迄之間ハ總テ着船ノ節同樣相心得可取計旨指圖イタシ
候事。

一, 驛遞寮ヨリ同寮小杉權大屬ノ信使ヨリノ贈物受取人トシテ書面
申來候ニ付候ニ付直二相渡受取證書取置候事。

一, 海軍醫嶋田修海出頭信使歸國ノ節其使船ニ乘リ組候儀過日宮
本大丞殿ヨリ█咄モ有之候得共先般大坂丸衝突一件ニ付昨今取調被

申付居候ニ付果テ乗組候義ニ候ハヽ可然早速印懸合有之様イタシ度
旨云云申出候ニ付古澤ヘ相噺候處右ハ本省ニ於テ既ニ掛合候筈ト存
候ヘ共明日篤ト取調候上ニテ同氏取計候筈候事。

　一，金鏞元ヨリ懇望ニテ雲龍水幷龍吐天龍水鐵砲器械各一個ノ雛
形横山町壹丁目岡崎某ヘ注文致置候處彼ヨリ持來候ニ付韓人他行中
依テ明朝更ニ參リ候様相達器械受取置候事。

　一，古澤權小丞來リ過ル十三日外務卿ヨリ禮曹判書ヘノ書翰貳通
本省岩城十二等出仕ヨリ書面添信使ヘ可差出旨申越セシニ依テ直ニ
差出候由ノ處右ハ全ク間違ヨリ出タル譯ヲ以テ信使ヘ申聞ケ右書簡
貳通取戻シ持歸候事。

　附タリ明夕ハ上官以下ヘ乘船ニ付テノ饗應旅館ニ於テ被下候筈總
テ着京ノ砌被下候手順ト同様ノ　旨古澤ヨリ申聞候事。

　一，萩原秋巖ヘ託候揮毫物出來候事。

　一，本省ヨリ奥浦瀬中野荒川四人明後十七日午前十時正院ヘ出頭
不致旨申來候事。

六月十六日【晴】

奥義制

岩田直行

浦瀬裕

中野許多郎

　一，荒川德滋病氣缺席。

　一，午前九時前尾間書記生來リ三菱會社ヘ荷物本船ヘ積入迄ノ處申
付候處昨日同社ヘ參リ掛合候處汽車荷物運輸ノ義ハ三井組ヘ受持候
ニ付横濱元濱町三丁目三菱支社迄ハ同組ヘ申付ケ有之度旨申出其通
リニイタシ今朝三井組當館ヘ出頭ノ趣申聞ケ候事。

一，三井組出頭ニ付尾間ヨリ荷物運輸ノ手續ヲ申聞荒荷ハ總テ明朝ヨリ運送筈ノ處米及薪雜具合シテ拾九品今日運送ノ事ニ決シ積送リ候事。

一，横山町壹丁目岡崎ナル者來候ニ付金鑛元ニ引會ハセ實地經驗ノ上代金拾四圓六拾錢爲相拂候事。

一，宮本大丞ヨリ陸軍大小丞ヘ宛明後十八日午前十一時信使歸國出發ニ付兼テ伺濟ノ通リ旅館 新橋停車場騎兵差出ノ義申入幷ニ工部大小丞ヘ宛同斷ノ義ニ付汽車借切及新橋横濱停車場中休息所借用等申入楠本東京府權知事ヘ宛同斷ニ付通行中該區ニ於テ人民不雜沓樣申入川路大警視ヘ宛同斷ニ付通行中人民不雜沓樣注意有之度旨申入且ポンプ調練一覽ニ不至使臣歸國ノ趣ヲ併伸致セリ野村神奈川權令ヘ宛同斷ニ付町會所借用ノ上使臣暫時休憩爲致候儀等申入候事。

一，過日使員ヨリ依賴有之候揮毫物卽市川遂庵幷萩原秋巖ノ書金ニ相渡候事。

一，小牧昌業ヨリ浦瀨ヘ書面添信使及訓導ヨリ黑田參議ヘ贈物正使ノ分目錄ニ黑田議官ト書シ貴下ト稱シタルノ禮ニ非ルヲ論シ贈物返却致シ來リ其旨信使ヘ論解ノ義申越シ候事。

一，古澤權少丞來リ出帆前ノ手順如例議セリ其間偶然角兵衛獅子門外ヲ通行致候處信使ヘ一覽可然ニ決シ呼入信使ヘ一覽爲致候事。

一，上官以下一同ヘ日本料理ヲ以テ饗應賜候ニ付信使並上々官ヘモ差出候儀申入候事。

一，使員中病者有之順天堂ヨリ醫師大瀧參候書員朴永善ト談次種痘ノ事ニ及ヒ終ニ大瀧ト同行シテ順天堂ニ至リ種痘法ヲ傳習シテ歸レリ朴永善ト書員トアレモ恐ラク醫ヲ兼ルモノト見得タリ藥品ノ貯モ有之也。

一，使員行李船積ノ手順有之依テ明朝ヨリ乘船迄ノ間政府ヨリ取

賄候ニ付雜具整頓ノ儀ヲ信使ヘ　申入其通ニ相成候事。

　一, 金鑢元ノ望ニテ鍮鉱二枚並ハンダ其他燒小手及鍮鉱繼合セ用
塩酸買入差遣候事。

六月十七日【晴】
奧義制
岩田直行

　一, 午前九時三十分奧義制正院ノ出頭但シ浦瀨中野荒川三人ノ各
代ヲ兼子候處尾間書記生一歩先ニ出頭旨之同人總名代ニテ指令書拜
受候旨史官ヨリ申聞候間直ニ本省ニ出頭御指令書持受候處理事官ト
シテ宮本大丞朝鮮行ニ付隨行被命浦瀨中野荒川同斷且浦瀨荒川中野
ハ修信使送船承組ヲモ被命候事。

　但本日朝鮮行被命候人員左ノ通リ。

　河上大錄, 奧三等書記生, 浦瀨三等書記生, 荒川六等書記生, 中野
六等書記生, 石幡四等書記生, 仁羅山十四等出仕, 尾間七等書記生,
外二等外石川守道。

　但河上奧石幡仁羅山專ラ理事官隨行尾間石川ハ專ラ運船乘組浦瀨
荒川中野送船乘組理事官隨行兼滯。

　一, 午前十時出門信使外務省ヘ出頭ニ付外務卿ヨリ禮曹判書ヘノ
返翰及音物幷大丞ヨリ參判ヘノ返翰及音物ヲ相度レ且朝廷ヨリ信使
ヘ賜リタル御品ヲ相渡シ其他外務省ヨリ屬官上下ヲ問ハス一同ヘ物品
ヲ下サレタリ了テ外務卿ヨリ信使ヘ神戸滯迫中大阪造幣家一覽ノ事
申入候處歸心如矢ヲ以之ヲ辭ス外務卿退席後同卿ヨリ書面ヲ以テ造
幣寮一覽可致趣意ヲ告ケ信使歸館後書答有之筈午後一時過歸館
ノ事。

一，運遣方三井組參リ使員荷物相運ヒ候處迄モ今日仕舞ニ不相成
候間殘リノ分今晚中整頓明朝 積入方依賴申出候事。

一，奧書記官ヨリ陸軍省當直ヘ宛昨日宮本大丞ヨリ陸軍大小丞ヘ
宛明日騎兵差出方其筋ヘ達セシヤ否ヲ問合センニ上領大尉ヨリ旣ニ
相達置クトノ回答アリ。

一，午後六時信使ヨリ外務卿ヘ書簡差出候事。

一，黑田參議ヨリ返却ニ相成候品々今朝更ニ誤書ノ趣ヲ謝シ高永
喜ヲシテ信使ヨリ持セ遣ハシ收納相成候事。

六月十八日【晴】

奧義制

岩田直行

中野許多郎

荒川德滋

一，浦瀨裕一步先ニ停車場ニ參候筈ニテ出頭不致候。

一，午前十一時貳十五分前信使一行出門歸國ニ付路筋及警備騎兵
等總テ着京ノ節同樣十一時三十分新橋停車場着小憩茶ヲ出ス依テ元
來午前十一時出門午後一時十五分ノ汽車ニテ出發ノ積ナレモ正午十
二時ノ汽車ニ決シ一同橫濱着【古澤權少丞，奧三等書記生，水野少錄等同行】
停車場ニテ小憩茶ヲ出ス午後一時貳十分同所ヲ發シ休憩所【本町ニアル
町會所ナリ】ニ到着ノ事。

一，休憩所ニ於テ茶及菓子【カステーラ，蒸菓子】水菓子【枇杷實覆盆子】次
ニ麥麵ヲ差出シ野村權令尋問トシテ右了テ午後四時十分休憩所ヲ發
シ野村權令ヘ回禮トシテ縣廳ニ立寄候處權令公用ニテ他出中ニ付訓
導玄昔運ヲ以テロ言申置キ波戶場ヘ參リ小汽船【稅關ノ所轄船ニテ借リ受
ケタルナリ此等ノ手數ノ爲メニ等外一人昨日ヨリ出張メシメリ】ニ乘組樂隊其他

ハ押送船ニ乘組四時貳十五分本船ニ着見送リノ一同ヨリ無事乘船ヲ
賀ス。

但シ船中部屋割上京ノ節同樣ナリ。

一，横須賀造船造所一覽爲致儀ニ付卿輔ノ命モ有之依テ船長ヨリ
遠洋航海ハ時宜ニ寄リ一應造船ノ檢查ヲ得テ航海可致修信使出發餘
リ差急キ候ヨリ未タ其手數不相濟就テハ途中ヨリ横須賀暫時寄泊檢
查ヲ受ケ候趣ヲ爲申出古澤權少丞ヨリモ右ニ付テハ不安心ニ付見届
ノ爲メ同行可致旨ヲ信使ヘ申聞ケ竟ニ其通ニ相成於茲古澤及奥ヲ除
ノ外水野小錄始メ等外等上陸イタシ五時四十五分拔錨六時四十五分
横須賀入港信使ヘ船中部屋無之ニ付陸泊ヲ告ケ古澤奥兩人上陸直ニ
造船所ニ到當直ニ面シ事情ヲ陳シ候處當直ヨリ長官赤松小將ハ上京
中ノ旨申聞ケ當直ヨリ小使ヲ附シテ遠武秘書官ノ宅ニ案内候處同人
御岬ヘ參リ不在因テ清水某宅ヲ訪ヒ候處是不在渡邊某方ニ參候處在
宅ニ付黄龍丸入港ノ次第且遠武以下不在ノ赴等ヲ談シ同人承諾シテ
明日午前十時【我ヨリ打合セシ故ナリ】船檢查ノ爲メ乘船致シ猶其他一覽
ノ手順ハ明朝可打合旨ニテ古澤奥ハ海岸玉廣屋重次郎ニ止宿ノ事。

一，船中ニテ玄昔運ヨリ黄龍丸ニ外國人乘組居候此儘釜山迄同行
候テハ信使ノ瑕瑾ニ相成候ニ　付途中ヨリ上陸爲致吳候樣浦瀬マテ申
出候同人ヨリ申聞候ニ付其旨船長ヘ打合候處外國人乘組居ラスバ航
海不相成ト申義ニモ無之候間神戸ニテ上陸爲致候儀本社ヘ申遣候積
申出候ニ付午後九時十五分其旨驛遞寮ヘ掛合ノ義本省ヘ電報候事。

六月十九日【雨】

一，午前八時前奥義制黄龍丸ニ到リ船檢查時刻等之義信使ヘ申入
候事。

但シ造船所一覽爲致候ニ付手續昨夜評議ヲ盡候趣意ヲ先ツ浦瀬ニ

申聞ケ信使之口氣相尋候處上陸ハ到底不致旨申聞候ニ付奥ハ旅宿ニ
歸リ古澤ニ報シ更ニ議ヲ定メ古澤造船所ヘ參候事。

一，午前十時海軍秘書官兼造船助遠武秀行黄龍丸ニ到リ上判事玄
濟舜接シ遠武ヨリ各紙ヲ投シ尋問之趣幷船檢査ノ官員無程罷出候旨
申聞候處信使答辭アリ腹痛ニテ引籠居候間面接ヲ謝スル旨申出タリ
依テ遠武ヨリ黄龍丸入港ノ趣海軍省ヘ電報候處同省河村大輔ヨリ使
船檢査ノ爲メ寄港之趣ニ付テハ幸ニ付兼テ信使ヘ相咄置候義モ有之
候得バ暫時上陸休息ノ儀申入處々一覽爲致無不都合樣接待可致旨只
今電報到來之趣申入候得共強テ面接ヲ斷リ候事。

但シ回禮トシテ屬官ニテモ差出スハ普通ノ交禮ナル旨ヲ浦瀬ニ申含
メ同人ヨリ玄昔運ヘ申入候事。

一，古澤權少丞黄龍丸ニ到リ信使ヘ動靜ヲ訪ヒ候事。

但シ此際船檢査ノ手數アリ。

一，正午十二時前玄昔運下官壹人ヲ召連レ浦瀬同行造船處ニ來リ遠
武秘書官ニ面シテ回禮ヲ陳ヘ赤松小將モ先刻罷歸候旨ニテ面接アリ
茶及枇杷實ヲ差出シ遠武及其他案內ニテ造船ノ場所【天城ニ船製作アリ】
幷各處經覽午後二時過歸船之事。

但シ玄昔運頻ニ枇杷實ヲ賞翫ニ付船中ヘモ送遣候事。

一，午後三時過古澤奥信使其他ヘ袂別シテ旅宿ニ戻リ候處續テ黄
龍丸船長來リ歸船ノ上直ニ拔錨ノ旨ヲ告ケテ歸レリ。

一，午前四時前出帆ノ手順相立候處一向拔錨ノ模樣無之バッテー
ラ、ニテ生徒乘組兩度上陸之體ニ候得共何事タルヲ告ケス餘リ不審ニ
相考候間兩度目ノ節取糺候處淺山顯藏、武田知太郎、武田甚太郎、黒
岩淸美、大石又三郎四人午前十一時過上陸之儘未夕歸ラス出船差支
候間先刻ヨリ兩度處々取調候得共不相分信使ヨリ頻ニ出帆ヲ促カシ
甚不都合ノ旨方々申陳候間右ハ致方無之ニ付既ニ一時半餘モ待タセ

候上ハ其儘出帆致シ尤徐徐拔錨可取計趣申聞候事。

一，午後五時十分黃龍丸拔錨事。

一，古澤奧直二歸京可致處風雨之上遲刻二相成且乘後レノ者探索旁明朝造船所ヨリ橫濱ヘノ通ヒ 小汽船二乘組ノ事二決セリ。

一，午後七時生徒武田知太郎外一人旅宿二來リ乘リ後レノ事情ヲ告ケ進退命ヲ待ツノ事ヲ以テス始末相尋候處船中二テ黃龍丸兩三日モ此地二滯迫スル歟ノ說モ有之【其說ヲ云者分ラス】者午前十一時過本省小使平石三人幷定吉軍醫附屬看病夫中隈德二郎都合六人上陸造船所一見シテ浴室二至リ午後一時過小中庵【仲町ノ由】二テ喰事相濟同五時三十分三八德太郎兩人波戶場二到リ黃龍丸旣二出帆ノ事ヲ德 シテ小中庵二歸報セリ因テ評議ノ上更二長崎屋【料理屋ノ由】ヲ借リ罷在候旨申出候二付書面ヲ以テ差出候趣申間候事。

一，午後八時武田甚太郎前條ノ義二付進退伺之書面【都合六名連印】ヲ差出シ當地二於テ命ヲ待度旨申出候間然ラハ各ヨリ本省二可被差出東京二於テ待命之事ナラハ書面取次可申旨申聞候處東京二テ特命且明日出帆ノ小汽船二乘組ノ趣共申出候事。

六月二十日【霽風】

一，午前八時前古澤奧兩人旅寓ヲ發シ同八時出帆ノ小汽船二乘組同十一時過橫濱着縣廳二到リ野村權令二逢ヒ信使徃返ノ手數ヲ謝シ且町會所借受候儀二付費用モアラハ返償可致旨古澤ヨリ申談直二町會所ノ者呼入取調候處別段費用等無之候得共會所ノ小使數人或ハ設ケ或ハ掃除等使役 ヘ而已二テ外ヨリ備入候譯二無之候得共折角ノ御趣意二付取調可申出旨二テ金四圓ノ書附差出候二付直二相拂候事。

但乘後レノ六人前條小汽船二テ橫濱ヘ參候テ波戶場二於テ着京之上旅宿本省ヘ申出候樣申聞候事。

一，正午十二時出發ノ汽車ニテ古澤奧着京本省ヘ出頭信使橫須賀拔錨迄ノ事情ヲ卿輔ノ前ニ陳シ退席。

但シ黃龍丸乘組之外國人ハ馬關ヨリ上陸爲致候積リ驛遞寮縣合濟ノ旨鮫島大輔江相噺候事。

一，生徒等乘リ後レノ次第宮本大丞ニ申出候處免ニ甬生徒之分ハ自費ヲ以テ明二十一日午後四時橫濱出帆之東京丸ニテ歸去爲致追テ何分之處置可然尤看病夫之儀ハ海軍省ヘ申入本省小使之儀モ相當之處置可有之旨議定之事。

一，午後二時過生徒黑岩淸美出頭令入町貳拾四蕃地金子屋孫八方止宿ノ旨屆出候間自費ヲ以テ明日午後四時橫濱出帆ノ東京丸歸去イタシ若シ黃龍丸ニ出合候ハノ乘移候樣進退伺候儀ハ追テ差圖可致旨古澤ヨリ相達候事。

一，午後三時過神戶貿易會社外務省官員ヘ宛乘リ後レ六人ノ內生徒ハ明日東京丸ニテ歸去ニ付間ニ合ハノ黃龍丸ヘ爲乘組候樣電報セリ。

一，宮本大丞ヨリ海軍秘書官ヘ宛信使送船ニ乘組候實吉中軍醫召連シタル看病夫中隈德太郎橫須賀奇泊中上陸云云出帆ノ刻限取失今日歸京致候ニ付可然處置有之度旨申入候事。

一，午前七時生徒武田知太郎始四人奧義制方ヘ參リ今日東京丸ニ乘組候儀ニ付旅費ノ貯少モ無之 困却ニ付壹人金四圓五拾錢宛之船室料借用ノ儀申出候得共義制ノカニモ不及因テ宮本大丞古澤權少丞ヘ申出候處義制拜借ノ積ニイタシ庶務ヨリ金拾八圓受取本省ニ於テ武田知太郎ヘ用立尤生徒ヨリ義制ヘノ借用證文取置庶務ヘ差出候事。

但シ生徒ハ午後一時十五分ノ汽車ニテ橫濱ヘ參候事。

六月二十二日

一，內務大小丞ヨリ修信使歸國之節來坂ノ風聞有之趣ヲ以待遇振大坂付ヨリ傳信ニテ伺出ルニ依テ右接待ノ都合本省ヨリ同府ヘ指揮アリ度旨ヲ以テ電報ヲ附シ照會來ル因テ直ニ大坂府ヘ指揮シテ上陸ノ刻官員一名出迎其他接待ノ結構ニ及バスト電報ス。

一，同日午前十時四十分浦瀬裕尾間啓次神戸ヨリ電報ヲ以修信使橫須賀拔錨後大風雨ニテ航海ナリ難ク房州沖ニ繫泊本日午前七時三十分神戸港ニ着船ス委細ハ公信ニテ上申スベシト報シ來ル宮本森山兩丞ヘ達ス。

一，同日同刻兵庫縣ヨリ電信ヲ以同斷使節乘組ノ船今朝七時半着港シタリト報シ來ル宮本森山兩丞ヘ達ス。

六月二十三日

一，本日午後一時浦瀬三等書記生尾間七等書記生ヨリノ電報到來其報ニ云信使神戸着ノ處病氣ノ　旨ニテ上陸セズ本日午前八時上陸スト雖モ大坂造幣寮一見ハ辭退ノ旨ヲ述タリ。

一，同日午後七時五十五分再ヒ右二名ヨリ電信信使本日午後十二時神戸拔錨ノ旨ヲ報來ル宮本森山兩丞ヘ達ス。

六月二十五日

一，長門國赤間關ヨリ裕啓次二名ヨリ電信ヲ以萬事都合宜ク本日午後四時馬關出帆ノ旨ヲ報來ル宮本森山兩丞ヘ達ス。

航韓必携

항한필휴

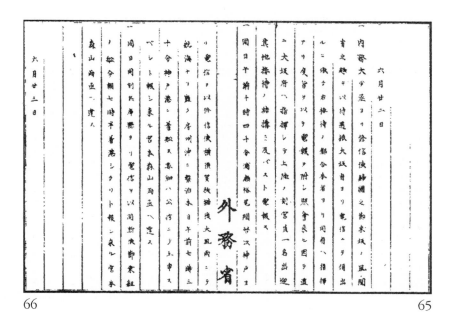

一 同日午前十時四十分濱松裕毛關港次神戸ヨ
リ

一 大坂府ハ指揮シテ上陸ノ刻會長一名ヲ出迎
アリ度旨ヲ以テ電報ヲ附シ照會長一名ヲ因テ
ニ大坂府ハ指揮シテ上陸ノ刻會長一名ヲ出迎
裏地搭待ノ結構ニ及ベストヲ電報ス

一 電信ヲ以修信使續濱貿抵犹遂大風雨ニテ
祝海十リ趣ク唐州沖ニ繋泊ス本日午前七時三
十分神戸港ニ著然天泰細八公行ニテ上陸ス
ベシト概シ東ル宮本森山両丞ヘ遣ス
同日同副長事聯ヨリ電信ヲ以同斷使郷東紅
ノ松今類七時率書港シクリト報シ衷ル宮本
森山両丞ニ遣ス

六月廿三日

六月廿二日

外務省

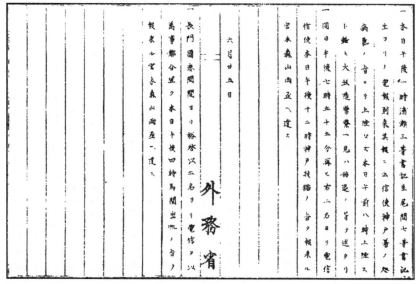

一 李日午後一時浦類三菱書記生尾間七筆書記
生土ヨリ電報到束其報ニ云信使著ノ処
病氣ノ首ニテ上陸ハ夫本日午前八時上陸ス
ト難モ大坂應帯緊一見八悖退ノ旨ヲ遞ル
ノ
一 同日午後七時五十五分再ヒ古ニ名ヨリ電信
信使李日午後十二時神戸持猫ノ旨ヲ報束ル
宮本森山両丞ヘ遣ス

六月廿五日

一 長門郡束開題ヨリ裕替次ニ名ヨリ電信ヲ以
萬事郡公遣ク本日午後四時馬關出帆ノ旨ノ
報束ル宮本森山両丞ニ遣ス

外務省

一意ニ付取調可申出旨ニテ金四圓ノ書面差出
候ニ付直ニ相納候事

一東後ノ六人前各小汽船ニテ横濱へ参
候ヘ彼戸塲ニ於テ着京之上旅宿本省へ申
出候様申聞候事

一正午十二時出發ノ汽車ニテ古澤奧着京本省
ヘ出頭信使横須賀枝錨造ノ事情ヲ御報ノ前

二陳シ退庸

一但シ黄龍丸東組之外國人ハ馬關ヨリ上陸
為致候積リ驛遞寮懸合濟ノ旨戴鳥大輔江

相断候事

外務省

一生徒等東リ後レノ次萬官水大丞ニ申出候處
克ニ角生徒之不ハ自費ヲ以テ明十一日午後

四時横濱出帆之東京丸ニテ歸去為致退テ何
之ニ農置可然七省病夫之儀ニ海軍省へ申入

多之農置可然七者病夫之儀ニ海軍省へ申入
本省小使之儀ニ相當之處置可有之旨議定之

事

一午後二時過生徒黒岩清美出頭令入町貳拾四
番地金子屋琭八方止宿ノ旨届出候間自費ノ

以テ明日午後四時横濱出帆ノ東京丸歸去ヨリ

61

62

一タシ若シ黄龍丸ニ出合候ハヽ東發候様取運
伺候儀ハ遂テ差圖可致旨古澤ヨリ相達候事

一午後三時過神戸貿易會社外務省官員買ヘ参
リ候後ニ六人ノ内生徒ハ明日東京丸ニテ歸去
セリ

一廿間ニ合ハヽ黄龍丸ヘ為東規候様電報セ

一官本大丞ヨリ海軍秘書官ヘ宛俟使送船ニ集
組候實吉中單醫召連シル省病夫中陳遠太

一郞横須賀寄泊中上陸士ヽ出帆ノ刻限取失今
日帰京致候ニ付可然處置有之度旨申入候事

外務省

一午前七時生徒武田知太郎始四人與義剅コノ
參リ今日東京丸ニ乘組候儀ニ付旅賣ノ狩少
ハ無之固却ニ住喜人金四圓五拾錢宛之飯窒

料借用ノ儀申出候得共義剅ノ力ヽ之ヲ不叉固
ヽ官本大丞古澤權少丞ヘ申出候處義剅拜借

ノ義ニイカヽシ廣務ヨリ金拾八圓受取本省ニ
於テ武田知太郎ヘ用立七生徒ヨリ義剅ヘ

借用證文廣置廣務ヘ差出候事

但シ生徒ハ午後一時十五分ノ汽車ニテ横
濱ヘ參候事

64

63

武田知太郎武田慧太郎黒者清美大石又三郎
四人午前十一時過上陸之於末ヲ唱フス出船
差支候間先刻ヨリ両度慶ヲ取調候得共不相
分信使ヨリ頭ニ出帆ヲ促サシ甚不都合ノ旨
申陳候間右ニ致方無之一時半
餘ヲ待テ々候上ハ其侭出帆致ニ尤徐々抜錨
可取計題申聞候事
一午後五時十分黄龍丸抜錨ノ事
一古澤奥直ニ焔京可致慶屋雨之上達列ニ相成
且東後ヨリ者探索察明朝達船所ヨリ横濱へ
ノ通シ小汽船ニ東組ノ事一決セリ

外務省

　　57

一午後七時生徒武田知太郎外一人旅宿ニ来リ
其ノ後ノ事情ヲ告ケ進退命ヲ待ツノ事ヲ
以テ姑末相尋候處船中ニテ黄龍丸両三日
之此地ニ留泊ナル抃ノ就キ育之其趣ヲ以
午前十一時過水省小使平石三八共定吉罷醫
附爲看病夫申陳徳二卸都合六人上陸遣船所
一見ニテ浴堂ニ主リ午後一時過小中庵仲ノ町
二ヶ喰事相済同五時三十分ニ八德太郎両人
波戸場ニ到リ黄龍丸院ニ出帆ノ事ヲ傳来シ

外務省

　　58

ヲ小ノ中庵ニ焔報セリ因テ評議ノ上更ニ長嶋
屋ニ料理生ヲ借リ罷在候旨申出候ニ付書面ヲ
以テ差出候趣被申聞候事
一午後八時半武田慧太郎前候ノ義ニ付連退伺之
書面連絡同六名ヲ差出シ當地ニ於テ命ヲ待度
旨申出候間然ラバ各ヨリ本省ニ可被差出來
京ニ於テ待命之事ヨリハ書面取次可申旨申
聞候慶東京ニテ待命且明日出帆ノ小汽船ニ
東組ノ趣共申出候事

外務省

　　59

六月廿日曇天

一午後八時前古澤奥両人旅寫ヲ發シ同八時半
帆ノ小汽船ニ東組同十一時過横濱着繰繋ニ
到リ野村權令ニ逢ヒ信使独近ノ手数ヲ謝シ
且町會所借受候儀ニ付費用モアラハ返償可
致旨古澤ヨリ申談直ニ町會所ヲ者呼入候数人
候處別段費用等無之候得共ノ小使数人
感ハ唐ヲ設ヶ或ハ揭陰等ニ使役ヘ而已ニテ
外ヨリ備入候訳ニハ無之候得共折角ノ御趣

　　60

53

六月十九日　雨

一午前八時前奧義副質龍九二到リ船接査時

列華之義信使ヘ申入候事

但シ遣船所一覧為致候二百手續昨夜評議

ノ盡候趣意ヲ先ッ浦瀬二申聞ケ信使之ヱ

氣相尋候處上陸ハ到底不致音申聞候二付

與八旅宿二婦リ古澤二報シ更二議ヲ定ム

古澤遣船所ヘ参候事

一午前十時海軍和書官董造船卻遠武秀行黄龍

九二到リ上陸事玄済鮮接シ遠武ヨリ名刺ヲ

54

枝シ尋問之趣頭船接査ノ官員無程罷出候

音申聞候處信使答辭アリ服痛二テ引龍居候

間面接ヲ謝ス心音出タリ依テ遠武ヨリ黄

龍九入港ノ趣海軍省ヘ電報候處岡省河村大

輔ヨリ使船接査ノ為メ寄港之趣ニ付テ八幸

二甘策ヲ以テ信使ヘ相咄遠義ヲ盲之候得八賞

時上陸休息ノ儀申入處ニ一覧為致無不割合

様接待可致音只今電報到来之趣ニ付入候得共

強テ面接ヲ断リ候事

但シ回禮トシテ属官二テ差出ス八善通

55

ノ交禮シ九音リ浦瀬ニ申含ノ同人ヨリ主

昔遣ヘ申入候事

一古澤推少候黄龍九二到リ信使ヘ勁静ヲ訪ヒト

候事

但シ此陳船接査ノ手數アリ

同行遣船處ト来リ遠武秘書官ニ面シテ回禮

一正午十二時前玄普運下官信人ヲ召連ル浦瀬

ノ茶及批把實ヲ差出之先ニ到長歸候音二テ面接ア

リ陳ヘ赤松少將之先到長歸候音二テ其他案内ニテ

造船ノ場所ヲ縦覧作ラ其各廣縦覧午後二時

56

過帰船之事

但シ玄普運頻二批把實ヲ實覽二台船ヲ申ヘ

モ送道候事

一午後三時過古澤奧信使其他ヘ訣別シテ旅宿

二歸リ候處黄龍九船長来リ歸船ノ上近

二抜錨ス音ヲ告ケテ歸リ

一午後四時前出帆ノ手續相立候處一向抜錨ノ

摸摸無之ハバッチョーラヲ生徒巡查徐リ不審ニ

之輪二候得共何事ヲ告ヒス徐リ不審二

相考候間雨度目ノ薪取扱候處浅山頭藏ヨリ

二、家組四時貳十五分本船ニ着見送リ一同
ヨリ歓ノ事未報セ貿入

一、横須賀遠松連所一覧為致候処ニ付御借ノ命
之肯之依テ松長ヨリ遠洋航海ノ時里ニ等テ

一、應遠松・船暮々将々ノ数海可致家詰連出来
餘リ貴意々候ヨリ未ヲ其子數不相許諾ト
送中ヨリ横須賀へ管時寄泊儀食ヲ受ケ候趣
為中出古澤練少変ヨリセ古ニ二月ヲ八不要
心ニ付見留ノ為ノ間行可致言ヲ信使へ申團

遠松所ニ到管處々面ニ事情ヲ談シ歓処管處
長官未松少将ハ上京中ノ留中閣ノ官直
ヨリ小使ヲ附シテ遠武秘書官ノ宅ニ案内候
ケ兄ニ其途ニ相成於盛古澤及與ノ外水
野少録端ノ等外専上陸リニ工時四十五分
故路六時四十五本横須賀ヘ港信使ハ松申部
屋無之ニ月陸泊ヲ喜ヶ古澤奥両人土陸直

外務省

ゟ兄ニ其途ニ相成於盛古澤及與ノ外水
長官未松少将ハ上京中ノ留中閣ノ官直
遠松所ニ到管處々面ニ
演處是不在没遺嘉方ニ参候感夜宅ニ
処同人仰碑へ参リ不在ニ因ヶ清水基宅夕訪ヒ
光入参ノ次第遠武以下不本ノ趣等ヲ談ニ

（50）（49）

同人素話ニテ明日午前十時我ノ打合ヒ松数
金ヲ為ノ家松改シ猶其他一覧ヲ明期
可打合言ニテ古澤奥ハ旅亭上廣屋重次郎ニ
出宿ノ事

一、松中ニテ玄番選ヨリ外國人素組者
演此隊劉山遠向行候ヲ八信使ノ取建ニ相成
候ニ付進申上陸為致其言松長へ打合候
出宿同人ヨリ申間候ニ付航海不相成ト申越
処外國人素組等ニ付航海為致候様浦謹ヶ申
之素之侯間間神戸ニテ上陸為致候儀本社ヘ申
進談横申出候ニ付午後大貯十五分其言研送

遠談横申出候ニ付午後大将十五分其言研送
家ニ抵合ノ義末省へ電撥候事

外務省

（52）（51）

【45】

ヲ外務卿ヨリ信使ヘ神戸藩迄申中大槻送醫家

一覧ノ事申入養歸心如列以之ヲ以テ外

塔卿退歸後同卿ヨリ書面ヲ以テ返事第一覧

可致趣為吉ト信使歸御後書誓畠之答午後

一時過歸御ノ事

一奥書記生ヨリ陸軍省當直ヘ突然日官水大主

頃明早暁積入方依頼申出候事

一運達吉三郎繼来リ使其府如相違ヒ候處遣

今日仕舞切ニ不相成候儀ノ本今晩中整

ヨリ陸軍省大少主ヘ完明日騎兵差出テ其篇ヘ

達とヒと答ノ割合セシニ上領大尉ヨリ此ニ

相違置タリト回答アリ

外務省

【46】

一午後六時信使ヨリ外務卿ヘ書翰差出候事

一黒田參議ヨリ返卻ニ相成候品ヶ今朝吏ニ誤

書ノ趣ヲ謝シ高永喜ヲシテ信使ヨリ持ヒ遣

ハシ收納相成候事

六月十八日附

奥　義則

【47】

一浦瀬裕一参走ニ停車場ニ参候苦ニヲ出頭不

改線

一午前十一時二十五分前信使一行出門歸国ニ

住路萬々警備騎兵等總テ著京ノ節同様十一

時三十分新橋停車場著小憩茶ノ出入候ヘ元

來午前十一時出門午後一時十五分ノ汽東ニ

テ出發ノ積十ヒ正午十二時ノ汽車ニ次ニ

【48】

一間横賓著古澤雅之助第二等吉等

小憩茶ヲ出ヒ午後一時二十分同所ヲ發シ休

憩所ヨリ此所ヘ到着ノ事

一休憩所ニ於テ茶及菓子ノ成菓子ハ水菓子杭之

一次ニ連越ヘ差出シ野村權令卒問ヒトレ云右

テ午後四時十分休憩所ヘ祭シ野村權令ヨリ

了ヒ午後四時十分休憩所ニ野村權令ニ其他

四礼ヲシテ縣廳ニ立寄陰廳心振合公用ニテ

出申ニ付訓導玄昔運ヲ以テ口吉申返ヲ渡戶

塔ヘ参リ小汽松祝関ヒ所糨紙シ汽車ヲ

一葉休ノ一人船ニ出ヒ日ニ来組乘陳其化ハ押還松

外務省

岩田　直行

中野　許太郎

荒川　德滋

一覧可然ニ次ヒ呼入信使ハ一覧為致候事

一上官以下一同ヘ日本料理ヲ以テ饗應賜候ニ付信使並上々官ヘ差出候樣申入候事

一使中病者有之ハ天堂ヨリ醫師大瀬奈候豪書貴朴永吾ト談次種痘ノ事ニ及ヒ茶ニ大瀬ニ同行シテ種痘候事主ヨリ種痘法ヲ傳書ヲ與ルモノト見得リ近ノ間政府ヨリ此ニ恐ラク醫ヲ

一使貴行李松植ノ外領貴之依ヲ明賴ラ東松近ノ間政府ヨリ民穩候ニ付数具整頓ノ義ハ朴永善ト書貴トノ商ヲ有之ニ

一金鋪元ノ堂ニテ鍵鑛二枚並ハンダ其他燒小千反錮鏃錨セ用遊籤買入差達候事

六月十七日着

奥　義副

岩田直行

外務省

42　　41

一午前九時ヨリ奥義副正院ヘ出頭退シ浦瀬
中野荒川五人ノ名代ヲ奥十錶裏尾間書記生
浦瀬外信使差上ヲ官ヘ差出候議申入候事
一使先ニ出頭肯之同人述名代ヲ指令書持
急波肯史官ヨリ中關使問畫ニ本省ヨリ出頭申指
令書外定候裏理事官ト官本省大文朝鮮行
二片建行候令浦瀬中野荒川同新見浦瀬荒川
中野ハ浴信使差送荒川ヨリ被命候事
退本日朝鮮三等書記生

河上大錄　奥三等書記生
中野六等書記生　浦瀬五等書記生
外務省
荒川六等書記生　中野六等書記生
尾間七等書記生　石碕四等書記生
仁嘉山十四等出仕
但河上奥石碕仁嘉山ヲ理事官廷行
尾間石川ハ本ヲ連載裏組浦瀬荒川申
野送船裏組理事官廷行候帶

一午前十時出門信使外務省ヘ出頭ニ付外務卿ヨリ德書利吉ヘノ近翰及音物米大豆ヨリ製判ヘノ近翰及音物ヲ大豆ヨリ製
一勝リタル物品ニ相渡シ此朝廷ヨリ信使ヘノ勝リタル物品ニ相渡シ其他外務省ヨリ義官上下ヲ問ハ二一同ヘ物品ヲ下サレタリテ

44　　43

六月十六日　晴

一　官本大丞ヨリ陸軍大少丞ヘ　宛別紙十八十
　　前十一時信使婦國出發ニ付爲于餞舞ノ通リ
　　旅館ヨリ新橋停車場騎兵差出ノ義申入長ニ
　　工部大少丞ヨリ宛同新ノ義ニ月汽車借用ノ義
　　橫濱停車場中休憩所借用等ノ入橫本東京
　　荷停知事ヘ宛同断ニ付通行中讓匿ニ於ケ人
　　荷權知事ヘ宛同断ニ付町會所借
武不籤省撤申入川路大警視ヘ宛同断ニ付通

○古聞十六日晴日也

中野許太市

浦瀨　裕

岩田　直行

奧　義　綱

行中人民不籤省様注意等ノ旨中ニ入旦パン
プ調錬一覧ニ不至便宜歸國ノ趣ヲ得伸致セ
ノ野村神奈川縣検令ヘ宛同断ニ付町會所借

外務省

一　蘆川德滋病氣欠席

一　牛前九時前尾間吉記生来リ三菱會社ヘ荷物
　　車船ヘ積入ノ處申付候處昨日同社ヘ參リ
　　試合候處先年荷物運輸ノ義ハ三井組ヘ受持
　　ノ申付ヶ有之處昨日同社ヘ受持

一　三井組書記ヘ出頭ノ趣申聞ヶ候事

続二付橫濱元濱町二丁目三菱支社近八同組
ヘ卸申付ヶ有之處音申出其通リニシタシ分

外務省

一　三井組出頭ニ付尾間ヨリ荷物運輸ノ手須ヲ
　　中聞荒荷八後ヶ明朝ヨリ運送筈ヶ候ヶ新
　　軶具合シテ七拾九品今日運送ノ事ニ夫レ積送リ候
　　事

一　橫山町志下目岡崎ヶ若来候ニ付金鋤元ニ
　　別會ハヒ實地経験ノ上代金拾四日六拾錢爲
　　相帳候事

一　萩原秋蔵ヘ書金中ニ十二相渡候事
一　小牧昌業ヨリ浦瀨ヘ書面漆信使反訓導ヨリ
　　黒田參議ヘ贈物ノ正使ヶ出自綠ヲ松田議官ト
　　書シ貴下ヘ相シカリケル
一　返卻改シ来リ其貴信使ヘ諭旨ノ義申越シ候
　　書シ貴下ヘ松シカリ進二来ルヲ諭シ贈物
一　古澤操少丞来リ出帆荷ノ手須如例議ヒ其
　　事
間偶然角兵衞獅子門外ヲ通行致候旨信使ヘ

外務省

用ノ上使臣暫時林權助致候等ノ
　　日使臣ヨリ依頼旨ヶ撰畧物ヶ

一、古來ヨリ相對候處大政之趣ニ基キ外務卿等ハ直ニ退
　　轉候ハ、田舎城等殘ラ打拂ハ見其間ニ太政大臣ヨ
　　リ官木大亞殿ニテ味状規律並ニ業采寫真自像
　　、某對菌ニ、信使ハ贈リ来候ニ付同天堂

一、五、其會社ヨリ信使ハ差出候事
　　利、賣賣竟九ハ横濱ニ差観ト置候ニ付品
　　前積ノ餞黄竟九ハ横濱ヨリ先観ト置候ニ付品
　　川、相運候ヨリ同洞ニ、戸積出候方ハ都西便
　　其直圖西且株韓物連綸本省ヘ積入迚之間
　　ヨリ信使ハ差出候事

（送リ首松ノ節同様相心将可取計音措圖
　リニ候事ム

一、蘇運候ヨリ同條小杉推大属ヘ給使ヨリノ間
　物受取人ト、テ書面申来候ニ付直ニ相渡受
取候書取敢置候事

一、海軍医嶋田珍出顕信使歸國ノ節差迚知ニ
　乗リ親寔破退日官本大亞殿ヨリ即此モ有之
　候將共先鞍大坂ル断完一件ヲ、井咋令取調横
　申付番城ニ、身果デ我祖候義ニ、候ハ、可然早
速卿懸令肯之趣イ、ら、速吉ム、申出候ニ付

古澤ハ相断候處古ハ、本省ニ於テ現ニ携合候
當ト本候へ共、其明日を冩ト取調候上ニテ同民取
計候管候事

一、金諭元ヨリ懇望ニテ寶龍水茶龍水鉄
　此各候へ一個ノ彩形横山町六丁目國崎某ヘ
　注文致置候處ヨリ持来候ニ付韓人ニ行中
　休ニ于期朝更ニ参リ候韓相違取民置候
事

一、古澤推ヲ並来リ過ル十三日外務卿ヘ差出候
判書ハ、吉翰武通本省岩城十二等出仕ヨリ
書面漆信使ハ可差出音申越ヤニニ依テ直ニ

差出候由ノ處右ハ全ク間違ヨリ出タレ譯リ
以テ信使ヘ申聞ケ右書簡武通取民ニ持將譯
事

附タリ明夕ハ上官以下ヘ来松ニ付テノ裏
夫旅館ニ於テ被下候等越タ首京ノ砌被下候
予須ト同様ノ音古澤ヨリ中闕候事

一、荻原枚叢ヘ託統揮亳物出来候事

一、木省ヨリ舞浦瀬中野菜川四人明後十七日午
前十時正院ヘ出顕不敢音申末候事

少亜箏出張伴得携民浦瀬中野筆同行之事

外務省

30

29

○六月十三日晴

奥　義制

浦瀬　裕

岩田　直行

中野許太郎

一　荒川痛氣ニテ欠席

一　午前十時信使益為官寺出門元光度ニ至リ暫ク果堂一覧茶菜ヲ慷シテ直ニ旋邁館ニ到ル饗應アリテ食業了シ無事ヲ奉シテ馬上打

城ニ體史ニ信使ノ説ヲ依テ一説ク淦雨シテ

懇趣ハ信使外ヲ上々官弐人異化為官等ハ柳當

リ配當午後七蒔邁暘館ノ墓

供ニ對食左ノ如シ

太政大臣三條

参議　黑田

工部卿　伊藤

外務大輔鮫島

開拓少判官安田

開拓幹事小牧

外務権少丞古澤

外務卿寺島

陸軍卿山縣

海軍大輔河村

神奈川縣令野村

外務大丞宮本

外務権大丞森山

連絡外務卿寺島宗浦瀬

外務省

32

31

――――― 25 ―――――

退シ午後一時歸舘出門ノ筈

午前九時院申書記泗秀扣秀扣令申出明十五日發信
使一行後參坂人員並割據簿扣令申出候ニ甘

割限八午割十時出門ノ積人員ニ未定之旨申
茶懷事

一信使ヨリ午後四時出門大沼ノ關養生不致シ
テ八他出舘相成首中微懷ヨリ時

張問合ニ參リテ其趣相營運使ヨリ
午後浦瀬興問人出首可致ヨ宇米大歪ヨリ申

島大輔ヨリ響懷之懷八見合セ明日政事
ヨ足懷舘ニ於テ響懷相成方ニ付信使ハ可

圖善之処雖化ニテ不能其義尤ノ島大輔同

行一名先ニ閒成状ニ被象候旨事素ヤ候様ニ

大輔ヨリ信使出門八三時、為收成疎卿指

國員之處ニ場舘之事

信使ハ出門時則其報島大輔一步先ニ參ノシ

　　　　　　外務省

――――― 26 ―――――

但シ古濘ヨリ明日八元卷院相成又事先崎

鞍官ニ於テ武島大輔ヨリ響懷有之候ノ

――――― 27 ―――――

閒成状ハ被持段都合申閒ヲ象知ニ相成雖得
央使靠ヨリ先ニ孔員ニ拜せズニハ次忿行セ

ズ出文祿者ヨリ書簿罪ヲ後ニシテ同舘卿

洒賓ヲ差出之續序既ニ決定シテ大歪事ヲ閒

成状ニ持愛ア希テ是非閒成状ヲ先くレ

意ヲ以テ同樣ヨリ懷合来ノ兒ニ信使ヲ説

一孔員ニ到ル四ヱ閒成状ノ刊前ヲ整行ク地

ヱ依テ其意閒成状並春省ハ報知ノ事

理首孔員ニ到ル候ノ以上

午後四時信使連爲官出門閒成状門前ニ到

リ信使乘東ヨリニ枚生徒數習之状ヲ一覧セ

書籍舘ニ到ル閒成状門前ニ過ノ不得ル大成

職ニ於テ信使如ハ爲官イッヽニ而斷鉛宗拜

ド、一覧元講覺ニ於テ象兼及洒首ヲ差出セ

夫ヨリ女子師範學教、一覧茶東アリ虎象狀

刊リ惧茶東アリニ枚ノ午後八時歸舘

閒成状ニ又覺懷事ノ繼緞アリ午後八時歸舘
之事

但シ女子的筆學按ニ於テ女在徒ノ書全紙

剩秋ヲ永シ莫僱持傳ヲ乞閒成状ヨリ

繪ニ投與相成候本日武島大輔外丈郎大

　　　　　　外務省

――――― 28 ―――――

21

一、深鉢ヨリ申来閑其旨申上ヶ候様申越即伏
貢ヘ相傳ヘ候事

一、午後外客卿ヨリ信使ハ書簡ヲ通並理可列書
金岡紅ヘ武通但麦譚海信使ヘ可差出旨号城
十二事出仕ヨリ申越候二付差出候事

一、古澤権少丞来リ信使票郡日限郎次伐候二什

一、古澤権少丞来リ信使並属官ヘ贈物有之但同人
子順打合首之候事

一、宮本大丞ヨリ信使並属官ヘ贈物有之但同人
石代ト〆二テ子票票来リ信使内談二於テ對話
之事

22

一、午後七時信使ヨリ外客卿ヘ書簡差出候事

一、森山指大丞ヨリ信使並属官ヘ贈物有之処事
可差出首相答候事

一、午後警部術票束リ夜間鄕人容闇ヨリ故致
入使慶旣日文部ノ客談慶ノ以テ矢弥爲官ヲ

一、後十五日午前十時職事堂一覧之騰信使ヘ申
前九時頃元龍院推大祀官藤澤次通条ヲ如

一、森山指大丞ヨリ信使並属官ヘ贈物有之処事

一、午後警部術票束ヘ夜間鄕人容闇ヨリ故致
儀二付古株之鍋鉄之様注意相成候旨申出候
閣使貸ヘ申聞置候事

23

六月十四日晴

奥　義制
消　潮裕
岩田直行
中野許多郎

一、荒川徳滋病氣二テ欠勤

一、午前八時頃古澤権少丞来リ期後十六日迠進
館二於子信使並二官載人政府ヨリ戦別ノ
蜜慶午鏊被下候旨申聞候御交申上右候ヲ序ノ

一、以テ古澤ヨリ学武並言辞館元龍院等ヘ誘學
之儀殷々申入候得共不差如之處書籍館二ハ

24

孔子廟モ有之事ナシ八是非一覧可致旨申開
儀二付一同ヘ拜見可爲致二申答候ニ背製
ノ儀慶孔子廟ハ政リ後子八不可不釋況下文學
主意二付孔廟ノ体裁一層御法意有之慶首ヘ
義制出候首信石ハ孔廟ヲ拜スルハ第一ノ
日觀二付孔廟者信使石二致進大丞ヲ衡會信伏モ令

一、陳逆二同省ヨリ書籍館ヘ申遂候苦二取扱

一、古澤ハ本省ヘ出斯候事

一 開拓使ヨリ江華府田名須表式迎接掌ニ有副總
官ヲ滋永列中諸府申諜及吳崇錫女音運ヘ
雜物五萬機ニ子本有ヨリ相迴リ假事

一 外務卿ヨリ玄昔運ヘ音物贈來假妥女節運不
在ニ付領ヲ還假事

一 砲兵本廠ヨリ信候立去リ假粧ニ臭ニ朝シ
タル白ノ子肉有之處ニヲ幼ヶ來リ假事

午後八時信使導館之事
但本月約ノ如ク近朝啓ヨリ砲兵本廠午後
相濟工學寮ヘ失ヨリ赤羽根製作所同意ニ

18

一 嶋物アリ一覽後小山ノ伊藤工架郷郵ニ
夕泊驛左出亡製作所ヘ閃御出張誘引成
假事

與義制本省ハ出頭後妻明十三日信候ハ朝廷
ヨリ賜品之嶋八岬見合ニ却成候旨岩本大迷
ヨリ申關波二付新諭ノ上兵趣信使ヘ申入重
ネ伎事

六月十三日時

外務省

17

荒川德盈病氣ニ付次第

午前十時玄昔運來本省ハ出頭出帆日時ヲ尋候
左出旨ノ伎事ヨリ斉ヘ[?]タリ

午前十時玄昔運來本省ハ出頭出帆日時ヲ尋候
時ヨリ學校左書籍一覽ノ暇信使ヘ申入假妥
出航日既ニ迫リ不參モ難計然ル片ハ獨官可
出發旨ノ伎事ヨリ斉ヘ[?]タリ

一 玄午前十二時頃歸酤弥十八日出發治定イタシ
假趣申出候事
但モ出發之ノ場ハ別紙以書翰本省ヘ意情申
出後樣本省ニテ訓諭ヘ申關ヶ仮由ノ節

一 午後岩省森山權大迷ヨリ信使昔京之坂通ル
訓諭不仕ニ付預置假事

一 午後本省ハ昔郷ヨリ玄昔運ヘ贈物目綠持衆

一 諮八神度六月五日同館ヨリ別發ヘ相傳ハ且
五月二十九日長崎發送電報同報ヨリ專梁公

馬關神ヨリ機盖出書狀モ同日時相建候旨禀

外務省

20

與義制

中野許多郎

龄田直行

浦瀬裕

19

六月十一日晴

一、浦潮裕が病気に付一両日養生之旨申出候事

一、跛足信使より明日八圏忌に付一通出候間、新に甲出候間陰軍
　笔の外音楽等差出候儀は新に甲出候間陰軍
　工部両省へ其旨申入候事

與　義制
岩田直行
荒川徳滋
中野許多郎

13

二

一、午前宮内省へ今敦信使へ御品下され賜り、後日
　時事八明後十二日午前九時的候御左出首之
　庭旨並其蒲八彼上写素人玄闢延迯信候八
　普晚次、闢延迷迎・寄申入殿事

一、過日使貨一行之肉より書紙之筆
　欽觀に付宮本大無へ申入置候間荒票杖裁へ
　半切八枚全纖武故甫川蓬庵へ半切拾枚全纖
　三枚硯方頼入候事

一、本日古柏午後一時過より使来属官其外諸
　持掛り階添森山権大丞方へ罷起午後入時前

14

歸館之事

假に本日崎塲地葉菜柏園波山等四五人
佈上書馬と興の奈本省写貨八古澤権少丞

荒川中野御書記主

六月十二日霽

與　義制
省田直行
荒川徳滋
中野許多郎

一、浦潮裕が病気如昨

一、古澤権少丞冬より候詩等の為なり

一、午前今朝大尉馬車を審ヒタ信使を迎へ九時
　過出門庭に近傍兵營夫より砲兵本廠但し且

外務省

15

藏に於て午賽取調有之若尤工部より迎の馬車小
撮製作所一覧夫より小山の伊藤工部卿宅に
於て晚賽取調有之若尤工部より迎の馬車小
万川砲兵本廠延差出候賴古澤権少丞並甘野
荒川両書記生同行之事

外務省

16

9

一 午前九時過宗○代ヨリ本日使節褐之為ノ
前導トシテ使者乗リ午十分一行出門ノ小川
候人ク出テ押乗土疋ヨリ両隣搞ヲ渡ヲ夫ヲ坂
町ヘ瀑川東大工町別荘ニ到ル午後八時頃縮之
事

10

一 陸軍省ヨリ期後十二日使者ニ随行之人員至
讃ニ安ル者申出ラ
相尋候處右ハ儀仗之弓令ニシテ奏案ノ
但出門ノ節制ノ儀ハ賊ヲ以立候ニ付
ノ觸アリ

祖官李大丞森山権大丞古澤指少丞其他
三等書記生等相ヰ慮ヲ以シテ對食セリ時期
均ニ關愛江等六七名饗應ノ為ヲ席上書遺
ヲ渓川東大工町別荘ニ到ル午後八時頃縮之
事

一 外務卿輔ヨリ信使ヘ四禮音物地設候事
但シ外務卿ヨリ使者ヲ招ク可キ答ヘタル此
人都合三十三人ニ笠接待掛ヲ七八人ト相客議
使節外上官八人次官三人中官七人下官十三
我接待官同行之人員事両定ニ問合越シ候間

二
                    外務省

女々口上ヲ添ラ別段御菓子首三種渡段
但シ外務卿ヨリ使者ヲ招ク可キ答ヘタル此

11

後事

一 午後四時過下官史者兩人門外伺ノ方ニ和居
候人ク車ヲ強テ捨リ取リ一人ハ東リ一人ハ
大綱ニ乗出頭方八今應日届出候ニ付轉人之姓名
ヲ以テ狂題ニ際實事ヲ居々九讃人載ニ手
ヲ故キシテ直ニ時霞シタ東ヲ遺行ノ際變ヲ
閣後處無差支致シ上車夫申
出ニ等御費料七拾五錢担没無事ニ相済趣意

二
                    外務省

張師後事

但シ留守ノ軍官古ノ事ヲ待聞直ニ案用人
ニ呼寄セ支閣前ニ於テ制ノ狂異ニ姜ヰ
午前一時過森山ヨリ外暮大補ヘ相ヶ敬ヲ物
博止ノ優後ニ可申閣首中永復ニ苦ヲ遂リ
リ肅瀬寄ニ相迴候處早朝同人ヲリ訓導ヘ申
閣ヲ使節ヘ中入候寒國衣之處ハ約ヲヲ求リ
後況テ八表寒八聞ヨリ詞答ノ甲奔拵テ丁細
停旨申出候事

六日九日午後三時ヨリ時間雨

奥　戎割

浦瀬　松

岩田　直行

中野許太郎

一　荒川病氣之趣ニヲリ欠席

一　午前九時過古澤權少丞來リ使節ヲ辛問ト約
　　永ノ通リ寫眞取之義中入次第

一　午前寫眞師内田九一束リ使節及屬官大謄寫
　　後事

一　真ヲ取リ其肉二八踢真ヲ不好省省ニ相渉ラ

外務省

後事

一　午前陸軍大輔平賀某來リ同郷之命ヲ以テ来
　　ル十二日近新兵營差晩兵本職一覧ノ義使候

一　申入候處昨今打續疲勞ニ付只今御答難相
　　成為一罷出度ク時八屬官之肉拜是モ可益
　　出省申答後事

一　尾閣書記生来候事

一　午後皇女捵宮捵御去ニ甘爲物停止ノ儀枝
　　仰出度ニ付使節八申閣議揀士々申来甘使

貝振鎗ニ於テ自己委察並ニ出迎中委察セ

前ニ個出候事

一　午後使節ヨリ接待掛ノ面々ヘ贈物ハ受納可
　　致旨答禮ノ儀鎗々心得次事ニ眼用共別紋

出物ヲ跨々ニハ不及旨共本省ヨリ御指圖有
　　之後事

一　前条鳴物停止ノ儀使節ヘ申閣候場伺出承得
　　共末ノ義圖無之尾閣書記生遞譯ノ序ヲ以テ

午後六坤森山権大丞近閣合議處午後九時二

十分返指御無之ニ付當直者ヘ申分ヲ遞譯

之事

外務省

旧ニ今晩八使節ヘ停止ノ儀不申閣事

六月十日曇天

奥　義割

浦瀬　裕

中野許太郎

岩田　直行

一　荒川病氣之趣ニヲリ欠席

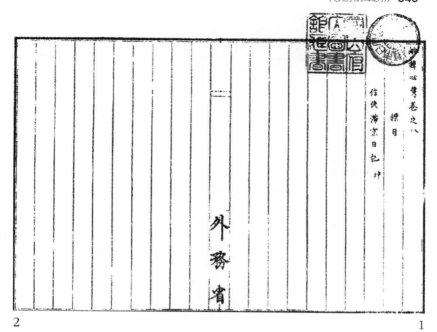

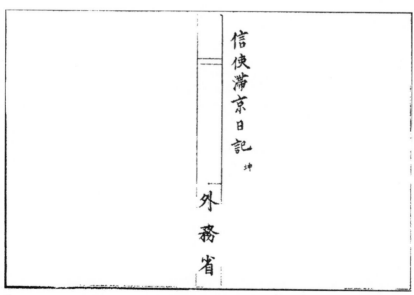

航韓必携

八

一午前九時過ヨリ信使宮本大丞宅ヘ尋問案約
ノ處夜来強雨旁午飯相濟ムヤ否ヤ直ニ出門
ノ筈ニ次ス

一午後一時過使節并屬官中野岩田罷越候事

一午前八時出仕樺川式胤永本省河野權少錄
出門接待掛リ浦瀬中野岩田罷越候事

一内務省ヨリ出仕
朝鮮人服色其他取調ノ為メニ来リ上官某ト
對話畫ヲ来タルヲ約シテ去ル

一外務省ヨリ昨日使節ヨリ依頼イタシ候哉
府行書状更取證書到来ニ付便負ヘ相渡人

外務省

57

一午後九時二十分過使節屬館ノ事
但シ與日宮本簑應陪貞田遊塩田両大丞来
本
淺田宗伯跡見花蹊漢并詞人生徒女子ノ
席上ニ詩画ノ奥丁リ五曲三絃尺八 八山
瀬棲技外五人外ニ接待掛外務言笠列慶信
使ヨリ今日ノ奥實ニ無覺ノ樂ノリト至極
滿足ノ躰ナリ

六月八日 晴

58

奥義制
浦瀬裕
岩田直行
中野許太郎
荒川徳滋

一午前九時前古澤權少丞来リ明日寫真販候儀
使節ヘ申入候条御侫事
官出門海軍省兵學寮ニ至リ大砲空砲火矢
水雷其學校教場等見聞六時頃井上議官宅ニ
至リ午後九時四十分過帰館ノ事

但シ兵學寮ニテ八海軍太輔寺誘導外務卿
輔及森公使宮本大丞ニ一覧ニ来リ此日
椴待掛リ古澤權少丞并奥浦瀬荒川中野寺
同行但シ古澤八本省ヨリ直ニ海軍省ニ至

外務省

59

リ候事

シメタリ奥花生徒寺モ直ニ門前ヨリ罷帰
リ井上ヘ使節着後上官以下大躰帰舘ニ

60

之且村見候テモ只今傳習モ不相成加之眼病
ニ付斷リ吳候樣申出候事

一使臣前導トシテ與義割外務省出頭中書籍館
長諭氷井久一郎ヨリ大少丞ヘ定書籍館ヘ信
使參候ハヽ前々日ヨリ申入候樣懸合書到來
ニ付信使罷出候儀ハ未タ目的ノ不相立就テ品
ニ寄リ

一使節ヨリ海軍省江新書并通事ヲ門內ニ於テ
狀ヲ以扨挽行ノ義寺上頭ノ爲與義割出省候爲達
状ニ付同人ト更ニ打合可然吉相新居候處古澤ヲ
參リ懸リ候ニ付與八同申シテ援館ニ歸ル

一午前八時前篠原權少丞來リ與義割面接候處
東本願寺ノ義ハ朝鮮使臣ニ對シ日好モ有之
批ニ八使者ヲ以テ使節ヘ撰拶申入且卜鄉モ
音物イタシ且懇々對話モ仕リ度何日罷出候
ヲ差支無之就追テ參リ度旨申出候ニ付使節
對話等ノ義ハ何レ彼方ヘ一應申入其都合可
申進候相答ヘ置候事

一古澤旅館ニ來リ評議ノ末古澤ヨリ更ニ使節
ヘ申入候爲寫使節ハ疲勞ノ趣ニ付面接無之ノ訓
導邊對問答ヲ重子未定ノ中ニ古澤ヨリ中野
荒川ヘ申含メ古澤詰所ヘ退去候處竟ニ海軍
省ヘ參ル事ニ相成候ニ付海軍省ヘ此旨申
入置候事

组眼日本願寺ヘ參リ嶺節森山ヘ篠原ヨリ
對話中ニモ追々朝鮮團ヘ本願寺ヨリ說教
師ノ乇派出宗敎ヲ彼地ニ宣布致度旨申出
候事

一使節ヨリ東萊府行書簡送達方申出候ニ付本
省ヘ相廻候事

六月七日两

外務省

奥 義 割
浦 瀨 裕
中 野 許 太 郎
荒 川 德 滋
岩 田 直 行

六月六日晴

奥 義削

浦瀬 裕

岩田 直行

荒川 徳滋

中野 許太郎

一午前八時三十分信使一行上下六十六人出門

九時過櫻田外練兵場ニ至リ候處森山權大丞
待受居信使上官ニ至リ近衛子ニ依テ夫ヨ
リ歩兵騎兵砲兵共三段ニ調練有之一同縱見

外務省

鮫島外務大輔出張ノ古澤權少丞其他接待掛
リ奥浦瀬荒川中野岩田岩四八外務省ノ等外
及生徒ニ至ル近藤ニ十一時五十分過調練相
濟イツレモ外務省ヘ出頭午餐ノ契ス午後進
之赴申出使ニ付歸路日比谷ヲ抜ヶ東京載判
之避覽之場所ヘ相廻リセ候處使節ヨリ疲勞
開前ノ紅ヲ呉服橋ヲ渡リ河岸通リ籠開ヨリ
永富町ヲ通リ真直ニ錦町ヘ出歸舘ノ事
但シ信使門外ニ入ルマテ否與ヲ下タリ玄關
板縁ニ瞻ヲ懸ヶ大ニ怒聲ヲ發シ通事両人

夕俳臥セシメ賢ヲ露ハサシノ例ノ通リ据
ニテ五返ハ々打チタリ其訳リ開ヶ八歸路
廻リ路セシヲ其係何共接待掛リ甲出テ
ス使節ノ疲勞ヲ不顧ルハ失職ナル故又
ルト云第ノ待待掛リヨリ我國ニ於テハ是近海
外ノ使臣初而渡来ノ節ハ往来成ル丈ノ法
意イタシ往返路ヲ異ニシテ具使臣ヲ倦マ
サラシムルナリ云々使節ニ申入置候樣訓
導ハ申開候事

梅件掛ノ評ニ姑憤激ハ調練場ニ於テ英公
使パークス并伊太利公使ニエ一面會致シ
不偶ヨリ生シタル事ナラン
但シ英伊両公使ニ調練料見ニ来リ居リ
何故ノ都合ヨリ不遠ニ引會候事ニ相成
タリ

外務省

一河村海軍大輔ヨリ林海軍大佐ヲ以テ使節ヲ
尋問名票ヲ投シ且明後八日午後一時ヨリ水
雷并學校等一覽ニ入レ候ニ付可羅出旨申来
但シ英伊公不在ニテ留守上官ニ甲開置候ニ付
然ニ信使不在ニテ留守上官ニ甲開置候ニ付
歸舘後宜無相尋候處水雷ノ義八自圖ニテ有

心ノ由

一淺草本願寺ヘ参候處隆盛權少正待過
　殊ニ外丁寧ニ取扱茶菓ヲ出シ且訓導ノ向
　ト首尾ノ陳ベ滯留中使節ヲ指揮致シ愛抔
　懇々對話有之候事

一山縣陸軍卿ヨリ使節ヲ尋問トシテ名栗ノ神
　ヘ大刔上領預ケ來ル

一明日調練ノ儀ハ使節ヨリ病人ヲ除ク外一行
　と相好ノ陳べ出候事

不及引率致候旨申出候事

一古深權少丞來リ使節ヘ音物トシテ目録併
　侯節面會念納詞中陳候事

外務省

遊覧ノ趣中野ニハ候處使節ヨリ練兵操見ノ義
　蔭出願候共今日遊覧ノ儀ニ付リ申出候然
　ハ出官可被遣旨申入候處氷知致ノ昔
　遊始ニ拾八人彼方ヨリ参リ使節ノ訓導之昔
　ハ屬官ヲ以上ハ為率余八人為属
　車蔵輌用意致シ土官以上ハ初成リ属
　二東ハ森山并奧荒川其他生徒等先ツ紙幣
　象ヲ観物花屋敷及廣瀬ノ電氣器械等一覧
　其ヲ物ヲ寶瀙ノ鮮別テ紙幣寮并廣瀬昌城ヲ
　天ノ日ニ上野公園共淺草本願寺鐘夕観音境内

外務省

但シ本肉蔵百斤餘百羽ニ百羽以ル百羽意
　貳百把ニ大根蔵百把蔡蔵百把也尤古澤ヨリ
　古ノ品ニ入用大ヶ郡度々々入贈致ナば侯呈
　ノ旨中入蔵候處古ノ品明日午令大ヶ裝納
　及蔥旨使節ヨリ重テ申出候事

一明後七日便節ヨリ宮本大丞ヲ尋問スル事ヲ
　申出候間古年ヲ以テ王子ヘ誘引ノ續リ候シ
　出門別限并人員等宮本ヘ及報知候事

但シ當日八宮本ニ午飯取斷候趣キナリ

外務省

41

岩田直行
中野許太郎

一午前荒川徳滋病氣欠席

一宮本大丞ヨリ来ル日使節外出ノ處々ヲ寫眞ニ取候處十ルベキ所ハ寫眞手品晩景ヲ見セ相催
可然旨申来遂ニ相催候事

一資津礼儀使節尋問トシテ来リ訓導面會使節
但シ古澤權少丞ヲ以テ同斷ノ者中来候事

一面會ニシテ洋酒ヲ進メ新茶ヲ相進候處
八兩會十シ洋酒ヲ進メ新茶ヲ古澤ニ權少居候

合ニ付廣津ヨリヲ他日可罷出旨申聞置候事

外務省

42

一午前宗従四位尋問トシテ来ル

一上判事高永喜外二人ニ信使名票ヲ配當ノ為
メ井上議官黒田氏議官宅ヘ来ル歸路諸物ヲ見一
足終候事
但シ案内為ニ生徒同行ノ事

一午後六時過手品師柳川一蝶齋来リ同七時過
日リ濟揉九時過雜曲
但シ使節其他大ニ興ニ入候曲

一司法卿尋問ヲシテ司法大録水谷可履裝リ割
導玄若還御挨拶ノ事

43

一使節ヨリ接待憩ヲ生餌一小陶釜ニ一鉢鯛
村一鉢一鉢差出候事

六月五日晴

廉義刱
瀨濱裕
岩田直行
荒川徳滋
中野許太郎

一中官四人病氣ノ趣申出候ニ付愛ハ甲違候大
廉某診察ヲシテ来候

一廉義刱荒川徳滋ヨリ昨日宮本大丞ヘ月中越候
二付出省應ノ事ヲ承リ且此間中旅館ニ

情況陳述候處森山權大丞院ニ旅罷越シ
上ヘ官等上野公園ヨリ涼事ノ續ニ罷越シ

付直ニ可罷歸旨同氏ヨリ申来リ不取敢歸館

外務省

44

一森山權大丞来リ開六日陸軍練兵一覽爲致候
ノ集

二付出張ノ趣申入且今日上野公園林没草遣

二付出張ノ越申入且今日上野公園林没草遣

37

義ハ内務海軍両省ハ彼ヨリ申出ヅル書面ニ
写ヶ港問合會否ハ両省ノ見込ニ依ル旨是本
ヨリ中務院ニ甘其意ヲ以テ訓導ヘ申入置候
事

一水野少録一寸相見得候事

六月三日相賣午後小雨

奥　義創

浦瀬　裕

岩田　直行

荒川　徳滋

中野　許太郎

外務省

38

一午前八時古澤攝少丞来テ議事打合相濟ニ

延遼館ヘ罷越候事

一使節上々官両人馬車三抱ニ乗リ午前九時
過出門延遼館ヘ出頭ノ事

迚シ浦瀬荒川岩田梅待ト初語候

一使節通行ノ區々雑沓不致様管視廳ヘ申入
候事

39

但シ昨日ニ可及懇合變路順未定ニテ今朝應
合候ニ付別ニ旅舘景寄リ方面書ヘ口上ニ
以テ本廳ヘ申入置ク小越報知致シ候事

一午前使節ヨリ各省長官奉問ノ為メ登官差出

海軍省ヨリ今日本ヲ八午前明日ハ休暇ニテ

一詩本省ヨリ修信使各省長官奉問ノ儀ニ付

後山題藏寶閣ノ事

期後日奉問取計ノ事申越シ書面ヲ差越候
事

一信使延遼館ヨリ濱離宮拝見錦路博物館ヘ官

本大英同道ニテ到リ一覧了テ午後六時過歸
舘

一上官以下一同ヘ日本料理ニテ政府ヨリ晩餐
饗應且従使及上々官ヘセ日本料理ノ官中陸
晩餐ニ候シ

六月四日曇

奥　義創

浦瀬　裕

外務省

40

一、午前三十時過宮本大丞ヨリ古澤奥水野ヘ宛
慇懃ニ着服其海軍察隊差出方其他接伴車轎
等中越古澤ヨリ奥ヘ可取計添書省之本省
當直ニ日ノ相起リ候ニ甘早朝奥義制外務卿定
ヘ到リ着服ハ我方小禮服数身問服一齊ニ不
相成シ夕初ニ濃表ノ使節ニ武事情ニ達セ
サレハ氣雑ニ見受不都合モ可有之五ヶ宮本
ノ意見ヲ添相伺候處着服ハ一様ノ色ニハ不
及且ツ小禮服ハ多分不用十慇ヘシ後ニ間
出候ハ公服ヲ用ルト相答候様指圖有之候

事
一、午前宮本大丞ヨリ海軍秘書官ヘ宛明三日迄
遣館ニ於テ朝鮮國使氏饗應有之偶間當日午
前十一時過ヨリ衆隊差出方聚合候事
一、森山權大丞ヨリ大使館ヘ使節蘆出候節ハ延
服可為用趣申来候事
一、饗應對食善服ノ儀ハ其他末次ノ藤々有之午
後四時更義制宮本大丞定ヘ到リ外務卿ノ意見ヲ
リ陸候慇然ヨリ致方無之ヶ候朝鮮人ノ情ヲ
察々九時ニ先視ニ聞セシ此處ハ可成服色一

外務省

様ニ致慶旦森山ノ意見ヲ入レハ今一慇森山
ヨリ外務卿ヘ申上候タ可然樣苦シ一定致サ
ハ至急對食ノ面ヘヘ報知可致并使節ヨリ
省長官ヘ名衆ヲ配ルハ其省ニ於テスヘシ猶
其長官ヨリ七候ノ揖合ヲ以テ一両日中旅館
ヘ罷候禮貌之樣為念前以報知致置候樣申聞
候處承諾ヲ歸候失々書遍致候事
一、大神奈丸一搜ヲ追東リ使節ヘ見物ニ勤ヘ候
慇承諾致シ庭中屏外ニ於テ濱枝使節ハ延中
ニテ椅子ニ依リ尤昇ノ枚兩三搜ヲ敦シ申其

外務省

閧ヨリ一覧其他ハ屏外ニ出テ一見候樣殊ニ
外興ニ入リ喜悦ノ事
一、奥義制森山權大丞定ニ至リ明日接待ノ模様
ヲ談シ着服ノ儀宮本ノ意見ヲ陳ヘ森山ヨリ
直ニ外務卿ヘ呈書致シ候續ノ事
一、浦瀬書記生司行致候事
一、黄寛九船長畑ト其他ヘ使節ヨリ贈物ノ為メ
鮑九ノ儀ハ為変納可然尤船長呼寄セ可成ハ
訓導玄苦運目前ニテ相渡候様小杉井嶋田ノ

宮ニ至ヶ午餐ヲ取時午後一畤ニ一煕ニ信使ハ何
宮步行歸路ニ付宮內省出張內藤信勝ニ引
添保掛り但シ外務卿ヨリ申シテ三條以下務
歸リ賽應ノ日畤及報告可候事
長官出直ニ歸路ニ趣キ途中ニテ人力車ニ
連候得共不東官出夫ヨリ釣橋ヲ渡り大手ニ
二出ニ歸歸セり和田倉ヨリ軍馬局前ヲ過
堂搋盖入ル方取針候處裏門ニ相迴候人力
候處河然ヶ申セリ所勢ニ託シ人力車�…
會使第ノ…所勢ニ託シ人力車申誘
行居歲一夕通行不相成夫ヨリ更ニ大手ヨリ
長官申出直ニ歸路ニ趣キ途中…
吹上瀧見離宮ニ於ヶ警視廳ヘ歸路順次儀ニ
…事二次入政計絞々程立使節ヨリ步行可
相變り候旨報知可致し候事

キ爾播門ヲ出テ旅舘ニ歸ル
一年後古澤龍少丞參り明後三日歸遼舘ニ於ヶ
使節及上ヶ官兩人午餐饗應同日夕上官以下
一同ヘ旅報ニ於テ同断り旨申立本日使節
馬車相月候籛モ申入銀裏ニ相成上々事
涌人々馬車ニ次ス部合為車三輛用意ノ事
一信使賽應ニ舎割食ノ面ト三條太政大臣ノ
司法卿伊藤工部卿郷東大輔山縣陸軍御井

一明二日午後太神樂ヲ呼入シ使第ニ一覽ノ事
二讓定但シ古澤ヨリ取針候事
但饗應當日著服・儀同断問合ノ事
候ヘ共古澤ヨリ日官本ヘ問合ニ及候事
但ニ歐烏外務大輔末官本大丞森山槇大丞
古澤權少丞日ヨリ報知ノ事
一信使ヨリ黄龍丸船長英司船ヘ貨粗候海軍醫
嗼田陸海關逞家大屬小杉某ヘ贈物ノ儀申出
候ヘ片古澤口ヨリ日官本ヘ問合ニ及候事

六月二日晴

巌　義訓
濱瀨　裕
笈川德滋
中野許太郎
岩田直行

一外務卿ヨリ詰使ヘ書簡壹封到來生徒ノ心ノ
直ニ差出候事

一安田開拓少判官小牧開拓幹事為尋問罷越候
面會ノ事

一明六月一日午前十一時使節名ノ内差吹上御庭
拜見被仰付午前八時半出門ノ積ニ付路次書

浴方通行ノ節議區ニ於テ人民不致喧噪様

英公使館ヨリ岩擂某ヲ以テ明日便節条内ノ
決意ノ儀變合遣候事

一路順ヲ尋越候ニ付路順書相渡候事

外務省

六月一日

一古澤權少丞并尾間書記生扣見得候事

一宮門省御門鑑六十五番ハ中野七十番本多

清溪ヘ相渡候事

一七拾番御門鑑ハ返納相成候事

奥　義制
浦瀬　裕
中野　許太郎

一午前八時二十五分前營祝第四方面第一署詰
警部補白坂信 出頭今日使節条内ノ到限尋
問ニ付申聞候事

一浦瀬裕外務省ヘ立寄リ筆問啓ニ回道ニ十官
内省ニ藏出候事

一午前八時出門奥書記生票ニテ前導信使ハ輿
其他ノ人々馬車ニテ入レ其他八恵ク前宮ニ到ル

輿車穿遠輿ニテ入ル仲加御門外ニ扣惹使
テ下車低廻リハ中仕加御門外ニ

内限ニ藏出候事

恋川　德滋

外務省

節芽上々宮兩人幕嚴使第八詑充ク賜リ上
々官ハ詑見ナシ外ニ吉記官社二人狂眼ニ
ヲ參門候得共信使ノ扣應ニ有之印信關帖ヲ
書字メルノミ

詑見相渡以上梅薬得見被仰府西九大手ニ
吹上裏門前ニ差起シ夫日リ宮門首出張ノ賓
何レも下家供廻リ半藏御門内

内ニ二十三角ニ祭リ候處惡使節歩行難相成困難
ノ趣中出候得共夫設ニ虹框雜官迄条候乘秦山

外務權大丞扣隆雷時椅子ニ依ケ休息瀬見瀬

外務省

同道ニテ出省ノ事ヲ宮本大丞ヨリ申聞候事

一午後四時過石幡書記生一寸相見得候事

一午後三時過水野少録尾間七等書記生出頭ノ事

一使節ヨリ焼酎酒一陶并藥菓子牛諸合ノ者ヘ差出候事

但シ杯ヲ添持参ノ事

五月三十一日 朝雨後晴

外務省

奥義制

浦瀬裕

岩田直行

荒川徳滋

中野許太郎

一年前九時過浦瀬本省ヘ出頭

但シ昨夜訓導浦瀬寓ニ到リ内話アリシニ依ル

一回十時外務卿来テ昨日使節出省ノ回禮ヲ候ヘ

ーテ

21

22

但シ門外馬車上ヨリ名葉ヲ投シ訓導玄昔通門外ニ出テ取次ギス荒川之ヲ通外ス

一午前嶋田脩海相見得正使ニ面會候事

一午前訓導玄昔選中野書記生共ニ馬車ニテ出省副副品ヲ持参ノ事

但シ浦瀬ハ既ニ本省ニアリ

一森山ヨリ奥荒川ヘ完使節ヨリ

外務省

天皇陛下ヘ獻上品午後一時上官ヲ以テ宮内省ヘ差出方申来リ依テ奥荒川并上利事宝濟舜外ニ中宮両人下官童人獻上物ヲ携ヘ宮内省ヘ到リ中宮ハ玄蘭前ニ為和玄濟舜奥荒川玄蘭ヘ上リ案内申入候要姜住面謁所ニ和ヘサヽ中山権大丞津田少丞面梅アリ目録ノ通リ相納メ受取書ヲ取リ罷歸リ候

但シ中宮ハ玄蘭ノ憺ニ為和宮門省有之

候且玄濟舜ハ外ニ茶及水ヲ差出候事

一宮門省戻リ懸ケ玄濟舜奥中宮両人ヲ同道致シ博物館一見為致候所甚心驚歎ノ趣正使

ニ テ 李知申諭リ候首申出歸路東京義到所前ヲ經テ旅館ヘ歸ル

24

23

一 郷津江兎今佳永珍五

一 本日ヨリ宮直等外羊小遣外ニ生徒萬名宛ニ
　相定候事
　但シ生徒ノ義ハ畫ノ内當分ノ間一司ニ逗留
　ニ語尤寫明ノ兩人ハ旅宿ニ罷在候事

一 午後九時過賁竟九ヘ案組品川ヘ相延リ候次
　官一人中官八人到著ノ事

五月三十日

　　　　　　外務省

　　　　　　　奥 義制
　　　　　浦瀬 裕
　　　　　宮田 直行
　　　　　荒川 徳滋
　　　　中野 許太郎

一 品川廻リノ荷物到著ノ事

一 午前九時使節出省書簡差出方ニ付手續慇々
　書簡ノ上リ官ニ差出ス〇仰信開始ニ付急所ニ
　差〇陛下ノ献品ノ事等十八リ使節

　ヨリ浦瀬ヘ申出候ニ付宮本森山ヘ完報知致
　置候事

18　　　　　　　　　　　　　　　17

一 午前十時使節節外務省ヘ出頭ニ廿九時五分ニ
　日於途行列前導英ニ昨日ニ司ニ但シ人員締
　ニ減ニ兩已ニ十二時過宿館發

一 宗従四位ヨリ信使善問ノ爲ノ家平間暴ヲ
　来ルシ使節兩會ノ事

一 午後中官兩人愛中官朴正保不快ニ由申出候ニ付順
　天堂醫師ヘ宗治療爲致候事
　但シ是ヨリ先午奥書記生順天堂ニ到リ醫
　師大滝富三ニ面シ修悟使逗留中使貧一行
　ノ病夫引受方依賴申入候所承知致シ候合

　　　　　　外務省

日々別遣診察致采從候様ニ入リ處ニ里候事
順天堂醫師三人語合ノ越其姓名ヲ阿久本資
生村上長二大滝富三尤臺扁筆ニ新ニ尚中
ニ宮吳優積リ前ニ呻候節ハ別ニ其旨ヲ
阿申入積リ中閣置候

一 午後宮本大丞森山權大丞入京使節對話ノ事
　但ニ特別ヲ以テ使節ニ
天皇陛下ノ錫見ヲ賜ハルコト傳ノ使節護ヲ
日時ハ明日可申ノ事ナリ

一 明三十一日午前
浦瀬中野兩書記生訓書

20　　　　　　　　　　　　　　　19

一新橋停車場中棧上ニ棧上ニ休憩一室内使節ハ別
ニ設ケ屏風ニテ連リ上々官両人一席上官
二為シ

童人回船ニ玄組候事

ノ為ノ停次官童人中官八人我等外保方也

但シ貴龍九ハ品川ヘ廻リ候ニ付荷物取報

車場ニ著セリ

十時四十五分發車正午十二時十七分新橋停

下等室ニ中官四十七人下官拾人生徒等乘組

官九人次官三人美荒川中野尾間生徒計込等、

壹人奥清瀬水野海軍醫嶋田繪海中等室ハ上

外務省

次合ヶ一室一棟総ヶ茶ヲ出ス

一正午十二時十五分停車場ヲ發シ行列前ニ司
ヒ警備ノ騎兵前列ニテ警察官ヨリ出張站事取海

網行毎ヶ往来聊ノ不執或兆之新橋ヲ渉リ大

通リ石町日ヨリ左折川岸ヘ出鐮倉川岸ヲ經テ

川岸通リ右折新町貳丁目一醤地旅館ヘ着シ

時ニ午後二時十分到列ノ騎兵ヲ整列

怏ヶ外務官并使節ヨリ騎兵ニ對シ一禮ヲ稱外

官ヘ可ヒ脱ノ使節ハ我等乘失ヨリ門内ニ

入リ居中ニ誇引前導官ヨリ使節ニ向ヒ敬事

一午後二時過古澤權少丞來リ政府ノ命ヲ以テ
使節ヲ暴問ス應接間ニ於テ對話使節至術秀
トヲル電前列ノ騎兵前接セシ故禮爻リ行

但シ新橋停車場ニ於テハ使節與ニ東シ

ニ謝シテ騎兵ヲ退カシム

門前ニ至リ一禮ヲ陳ヘ并ニ外務官ヨリ慇懃

一澤瀬ヨリ使節曰リ引取候ヶモ可然武ト中出
候ニ片使節曰リ騎兵ニ對シ挨拶トシテ訓導

著京ヲ賀ニ潮藤ヲり

外務省

訓導ハ昔運ヒニ通ヶ浦瀬出席一禮畢ヶ古澤
ニリ外務郷ノ命ニ陳ヘ明三十日午前十時外
務省ヘ出頭書簡差出ノ義ヲ中諾慇懃具議

永諾我ヶ候事

一本日旅館奥三等書記生浦瀬三等書記生岩
田十二葉出仕外ニ等外斗小遣其他貸同船

ノ面ヶ水野少錄記生中野六等書

記生尾間七等書記生御用見習吉村善八郎生

徒中村庄次郎濱山顕喜村平四郎武田寉太

郎武田邦太郎阿比留祐作黒岩清美大石又三

一、舩ハ澳船淀ヲ海岸廻リ方ニ入候事

一、午前六時三十分奧浦搬室田水野尾間共ニ小
蒸舩ニテ黄龍丸ニ到リ奧浦搬先ヅ訓導宣告
運ニ兩シ迎接ノ者ヲ陳ヘ夫ヨリ案内ヲ待テ
使節ニ兩ニ名票ヲ投シ迎接無事ヲ賀シ迎接
ノ為メ罷越シ都合次第上陸可取計吉中達候
面ニ上陸ノ旨答禮ヲ奧浦搬送廣東ヲ訓導ノ
要承知ノ旨答禮ヲ手旭リ物井樂器其他一行
ノ人々和舩ニ乘セテ順相立候井使節ハ上
陸ヲ申入レ小滊舩ニテ迎接掛リ共一同上陸
ノ事

外務省

10 ｜ 9

一、波戸揚ロリ樂浦瀬人力車ニ前導シ使節ハ
網ニナリ上官以上八人カ車ニ乘リ樂隊卷索
ニテ本町町會所ニ至ル候事

伹シ往来箇街ニ警察官見張リ且別ニ兩
名行列ニ先々ツテ前導セリ

一、休息所ニ着ノ上一室内使節一人ハ別ニ設ケ上
官以上等接待掛リ輩ト一生××水菓子ヲ菜子茶×
伹シ後ノ望ニテ屏風ヲ以テ使節ノ座ヲ設ヶ
名行列ニ先々ツテ前導セリ

キル是ハ使節ノ目前ニテ上官以上ト雖モ

外務省

12 ｜ 11

子ニ依リ七日本酒壹合伍人桝入使節
ニテ喫煙ノ不致ナリ

中官以下生徒一室内四席ニ分チ何レモ擧
時刻ニ關係候要使節ヨリ班ニ葛湯ヲ用候
ニ付無程上京ノ事ナルニ見合セヒトノ事

痛ニ十乘リ朝飯滊八サニニ二升少々用度
旨ニテ出發ニ二人前申中取寄候得共發車
ノ際ニ依ルト不能ニ出ヲリ且使第一人隊

ニ水省及警視廳陸軍省中鎮臺等ヘ電報
申午前十時四十分ノ滊車ニテ上京ニ決ス

外務省

一、入泉滊東ノ刻限モ分リ候ニ付京田八先ヅ水
野ヨリ相滊絣韓地ヲ以テ對結書等所持百東
ノ搔樣上観ノ為メ九時三十分ノ滊車ニテ韓
京ヒ

一、迎接舩東紐使幷外太田芳也同行ノ事
伹シ茶ヲ差出ニ至ラセ喫煙スルノ×

一、午前九時三十分使第一行休息呼ヶ安シ停
草場ニ着行到着ヲ前ニ同シ

一、滊車上等室ニ使節其他上々官蔵人外ニ小童

五月廿八日

一午後汽車ニテ室田中録妻三等書記生浦瀬三
等書記生本多等外　横濱ニ出張相生町山
中傳次郎方ヘ止宿ノ事

一栗浦瀬等殊ニ■越當直ニ而シ出張ノ趣意
告宮本大丞ヨリ野村權令ヘ照會狀差出
シ町會所借用ノ旨夕中陳候直ニ町會所
書■時寄セ一披ヲ古當直ヲ者一司町會所
ニ到リ第順ヲ整頓セリ

一接待ノ荣業浦等ハ從テ傳次郎方ヘ禮當爲致
候事

一紀闘ニ到リ當直ヨリ浦瀬中屬ニ面會小法船借
用ノ談シ四日九日午前六時前ヨリ貳隻ヲ十
紀致吴陵等取極候事

一野村權令ノ話ヲ諸レ一慈事情ヲ陳夏候事

一停車場ニ到リ土犯大屬ニ而シ第テ打合ノ通
ニ汽車上等一中等一下等義荷車四輌借切ノ
墨斗休息平等一中等一下等義荷ノ奥ヲ其八千起リ物
一輌附三輌ハ奥ヲ積込ニ陵塞求ノ奥ヲ載不

——————
6　　　　　　　　　　　　　　　　　　**5**

相分殊ニ尋ヲ臺輌ニ廿九ヲ難手左ヌヘハ荷
中ハ貳輌ニテ墨足ルヘシ何レ明朝入港ノ上
足ニ力中ニ入合中開置候事

一人力車拾九挺斗每拾變壹入方等外本
多等押賀兩人ニ擔當爲致候事

一接待ノ品ヲ題廿廿九日ニ午前六時前迄ニ取揃休
懇所ヘ運送致候積リ整ク約乘中開遣ニ諸員
候越等頻德兵衛ヨリ申出候事

——————
五月廿九日

一午前一時過ヨリ兩天ニテ雷雨ノ憂早曉ヨリ
兩所ニ同六時　寸黄龍丸入港ノ趣三菱會
社ヨリ申出ル昨日間會社中入置候故十
一本省ヘ黄龍丸入港ノ事ヲ電報ニ續ヲ水野少
鐵ヨ閣書記生上陵面會貞釜山浦發動以來
ノ事情斗濟遠巡視ノ説ハ不持來且上陸ノ上
興ニ栗ルト下ルヲ變砲致候義ハ彼地ニテ
行ヒト洩得共我國ニ來ラハ決シテ不施行官
等ヲ承リ候事

——————
8　　　　　　　　　　　　　　　　　　**7**

抄覧 卷之七

標目

信使滯京日記 完

外務省

信使滯京日記 完

外務省

航韓必携　七

信使滞京日記　乾

37

丙子六月十四日調

公廨

英國人　貳百七拾七人
佛國人　八拾四人
米國人　六拾五人
伊太利國人　三人
和蘭國人　拾七人
清國人　三拾五人
獨乙國人　四拾貳人
澳地利國人　貳人
葡萄國人　三人
嘉國人　壹人
瑞西國人　壹人
丁抹國人　七人
　　　貳人

外務省

38

此給料
一五百三拾九人
臺ケ月金拾壹萬五千百四拾貳圓五拾三錢四重壹

39

私廨

英國人　百五拾四人
佛國人　拾六人
米國人　八拾三人
和蘭國人　拾六人
清國人　拾七人
獨逸國人　貳拾三人
澳地利國人　貳人
葡萄國人　貳人
瑞西國人　三人
丁抹國人　七人
瑞典國人　三人
白露國人　壹人
各州人　拾人

外務省

40

此給料
一三百三拾八人
臺ケ月金四萬三百拾六円三拾七錢六重六
合計金拾五万五千四百五拾八円九拾壹錢壹重

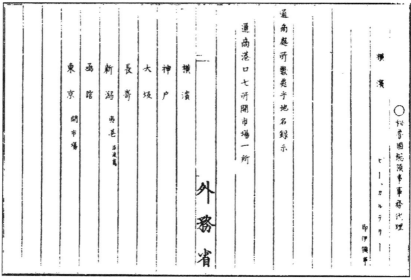

横濱

○松晋國総領事事務代理

ビー・カルテクリー

印伊籐筆

通商港口七所開市場一所

通商諸所數處平地名録示

横濱

神戸

大坂

長崎

新潟　夷港

函館

東京　開市場

外務省

聖上幸行于何地方而何間還宮乎録示

主上行幸興羽地方還　御之期九六十余日

德川氏以何官今居何地乎録示

德川氏解政權之後知駿州静國藩事發又有割

廢藩置縣乃來住東京今無官衛為有位筆致住

他國人出仕於貴朝乎録示

時諸庶皆然非獨德川氏也

方今陶公私雇使各國学士及職工等人員九八

百七拾七人所給興一月俸金九拾五万五千四

百五拾八圓九拾重錢量重乃載在另尃

外務省

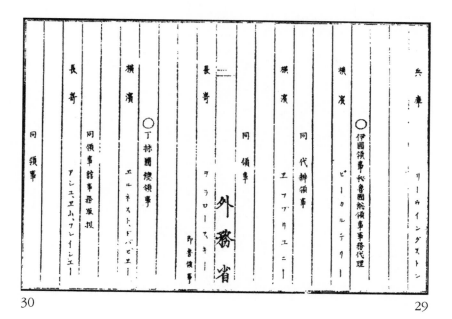

30   29

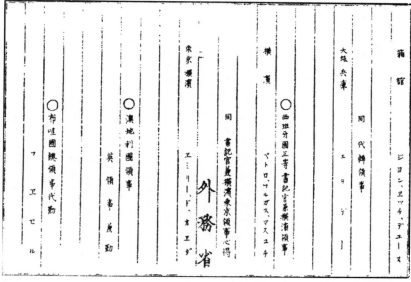

32   31

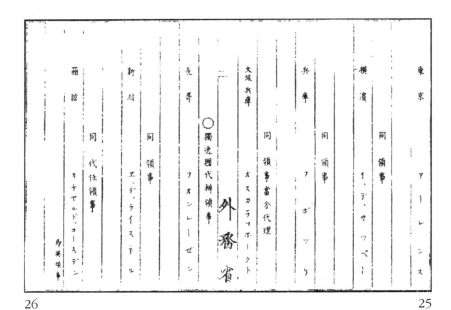

東京　同領事　アーレンス

横濱　同領事　イ、デ、サツベー

兵庫　同領事　ウ、ボツク

大坂兵庫　同領事當分代理　オスカラフポークト

外務省

長崎　○獨逸國代辨領事　フォンレーゼン

新潟　同領事　エ、デ、ライス、トル

箱館　同代任領事　リチャルド、コースデン　邦英領事

26　　　　　　　　　　　　　　　　25

○瑞西國總領事　シー、ブレンワルト

大坂兵庫　同副領事　シ、ファルブラント

横濱　○白耳義國副領事　イー、ムルロン

外務省

大坂　白耳義國代領事　ザ、ファーブル、ブラント

大坂　同代辨領事兼丁抹　エム、シ、ファン、デルデン

長崎　同代辨領事　ヘルムイウエルセン

長崎　同一時領事代理

28　　　　　　　　　　　　　　　　27

外務省

○英國領事兼澳國代辨

長崎　タラローンスキー

東京　同美澳國領事　マルテイン、ドイメン

横濱　同美澳國領事　ルツセル、ロベルトソン

大阪兵庫　同副領事　エトルフス、エ、ミンスリー

○佛國代領事

函館　同黄佛澳代辨領事獨代任領事　リチヤルド、ユースデン

長崎　同　エルキエス、フワウルス

大阪兵庫　同美佛澳代辨領事

21　22

外務省

○葡國總領事代　ゼームス、ジヨンストン、スヰク

函館　同代辨領事　リチヤルド、ユースデン　駐英領事

長崎　同代辨領事　駐英領事

横濱　同代辨領事　デルキエス、フロウルス　駐英領事

ケレツル

○獨逸國領事館事務兼摂

長崎　同代辨領事　ドラグ、ビ、アンコム　駐米領事

大阪兵庫　同領事　イド、ソイツセル

23　24

各國派來領事官人名

○米國總領事
横濱　トマス、ビ、ヴァンビューレン

同　副總領事　ヘンリー、ドフリみ、アニソン

同　副領事　ジョルジ、ロス、ミッチヱル

外務省

大坂兵庫　米國領事　ナーサン、ゼ、ニウヰットル

同　副總領事兼葡國代辨領事　ドフリエ、ビー、アンブム

長崎　同　副領事　ドフリユ、ビー、アンブム

同　副領事　チャーレス、ロス、ブサウソセル

18　　　　　　　　　　　　　　　　　　17

箱館　エム、シ、ハリス

東京横濱　○和蘭國領事兼瑞興代辨領事　ウヱー、モ、ハン、ヲルド

大坂兵庫　同　領事　イ、ゼ、イ、ケレーン

長崎　同　領事瑞典事番東授　ゼ、ゼ、ヴァンデルホット

外務省

横濱　○露國副領事　アレキサンドル、ペリマン

同　副領事　ジョルジ、ウヱスト、ホルル

大坂兵庫　同　領事兼伊國代辨領事

20　　　　　　　　　　　　　　　　　　19

横濱山手居留地五十三番
西班牙國
代理公使勤方
エミリード、オヱタ

丁抹國
代仕公使
フオンウヱックヘルリン
即和蘭兼理公使

秘魯國
代理公使
ドクトル、ゼーブヱデリユ、モール

横濱グランドホテル

一

外務省

東京芝其久里霞ヶ關也番地
横濱山手居留地九番
露西亞國
代理公使
スツルウヱ

横濱居留地海岸十四番
布哇國
代理公使
ロベルト、エム、ブラウン

外務省

横濱居留地九十番
瑞西合衆國
總領事
シー、ブレンワルド

東京三田大申寺
葡萄牙國
總領事
イ、ロレーロ

10 ／ 9

東京第三大區芝區宇田川町七番地
橫濱居留地山手百二十番

大不列顛國
特命全權公使
ハルリー、エス、パークス

東京第貳大區京橋區虎ノ門五番町華客舍地
コント、アレカントロフエ

伊太利國
特命全權公使

東京第貳大區十小邑五聖堂坂上高海會
橫濱海岸通五丁目

佛蘭西國
特命全權公使
ジフギ、ベルトミー

東京居留地壱番九番地
橫濱海岸廿番地

米利堅合衆國
特命全權公使
ジヨン、エ、ビンガム

外務省

12 ／ 11

東京第三大區虎ノ區有田町壱目拾七番地

獨逸國
辨理公使
エム、ブオン、ブラント

橫濱華客市大區北仲通六町目

和蘭瑞典那威國
辨理公使
フオン、ウエツク、ヘルリン

橫濱山手居留地九番

白耳義國
辨理公使
シ、ド、グロート

漠國
辨理公使
シバリヒ、ズシエフル

外務省

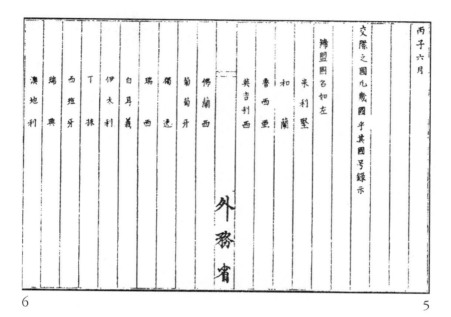

丙子六月

交際之國凡幾國乎其國号録示

締盟國名如左

英吉利西

魯西亜

和蘭

米利堅

佛蘭西

葡萄牙

獨逸

瑞西

白耳義

伊太利

丁抹

西班牙

瑞典

澳地利

外務省

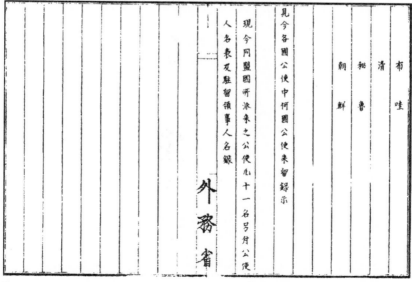

布哇

清

秘魯

朝鮮

見今各國公使中何國公使来留録示

現今同盟國所派来之公使凡九十一名号月公使

人名表及駐留領事人名録

外務省

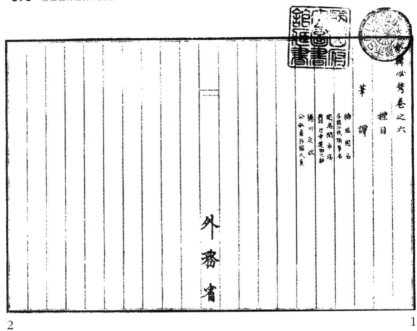

航韓必携卷之六

標目

筆譚

締盟國名
各國人漢類事名
開港開市場
與時行事變物之類
德川氏近狀
公私屋外國人員

外務省

筆譚

締盟國名　各國人漢類事名
開港開市場　與時行事變物之類
德川氏近狀　公私屋外國人員

外務省

航韓必攜　六

丙子六月十三日　回案外務の書翰行

○以書翰致啓上候然者今般我
朝廷外務大丞官本小一ヲシテ理事官トシ
貴國京城ヘ前往イタサセ候右者修好條規萬
十一欸ノ趣旨ニ因リ両間ノ人民通商ノ為要
用ナル各章程及修好條規中ノ曖昧ニ基キ更
ニ委曲ノ條々ヲ約束辨理スル為ニ派出候事
也歟テ八
貴朝廷ニ於テ右高議決定ノ權アル貴官ヲ簡
ニ同人ヘ對シ御接遇有之度候敬具

明治九年六月　日

大日本國

外務卿寺島宗則

大朝鮮國

禮曹判書金尚鉉

閣下

外務省

並為照會者我
朝廷以外務大丞官本小一為理事官前往
貴國京城ニ有所辨理即接修好條規第十一欸内
諸緊揭載更議立通商章程約束両間人民且像
規内應補添細目以便遵照也
貴朝廷恭便貴官有權可決定者會接面商則ま
甚敬具

明治九年六月二十二日

大日本國

外務卿寺島宗則印

二

大朝鮮國

禮曹判書金尚鉉閣下

外務省

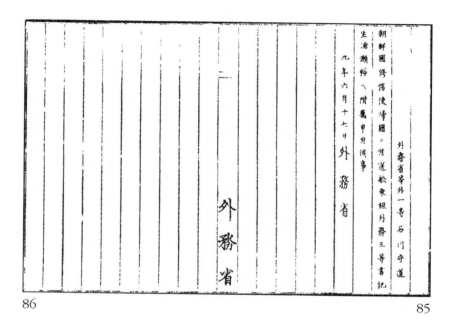

外務省等外一尋石川守道

朝鮮國修信使歸國ニ付送松衆殿外務三等書記
生宮瀬鈴ヘ附屬申付候事

九年六月十七日　外務省

外務省

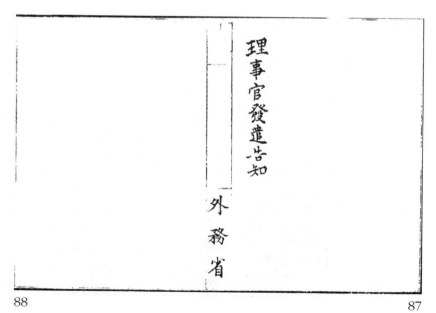

理事官發遣告知

外務省

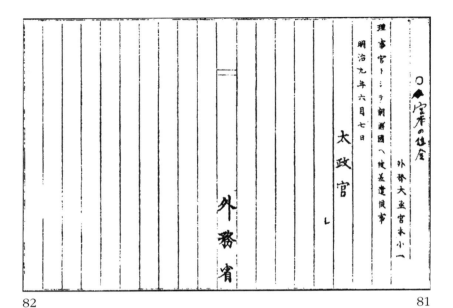

○【宝庫の捺】

外務大丞宮本小一

理事官トシテ朝鮮國ヘ被差遣候事

明治九年六月七日

太政官

外務省

丙子六月十七日　○

外務　大録　河上房申

外務三等書記生　奥義剳

外務三等書記生　浦瀬裕

外務四等書記生　石幡貞

外務六等書記生　荒川德滋

外務六等書記生　中野許太郎

外務省十三等出仕仁羅山萬孝

外務大丞宮本小一理事官トシテ朝鮮國ヘ被差

蓬候ニ付随行申付候事

各通

外務省

外務三等書記生　浦瀬裕

外務六等書記生　荒川德滋

外務六等書記生　中野許太郎

外務七等書記生　尾間啓治

各道

朝鮮國修信使帰國ニ付送松東組甲冑候事

明治九年六月十七日

正院

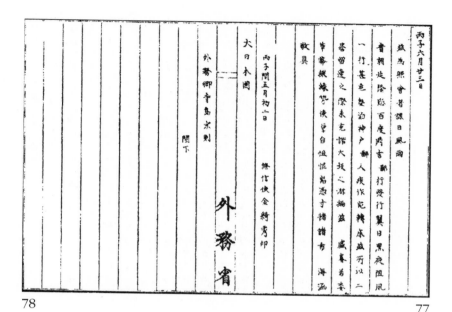

丙子六月廿三日

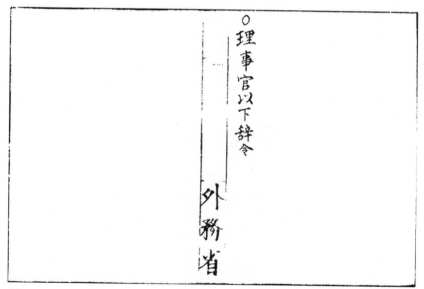

○理事官以下辞令

外務省

譯漢文

大坂造幣寮觀覧之儀信使江達書

茲熙會者貴下諭途所写之船貴艦九、發摸濱至

神戸港玆泊可心二至夜間以續橐當用煤炭又

蒙貴覧重下不徒過其時閒淹車一晳到大坂府、

肯覧親戎逆幣醟察也、盖貴於交隆者不獨使醟往

來兩己兩國人民辯以有相通長途相諸立利

益其圉肌不可不賴貲醟媒効、而貨醟者各圉各

異其形寳貲本不勾同、唯其相此載照計以戌縮

盟圉孔通之使焉、故各知之獨立與百、則視貨貲

外務省

之良否如何、可以挑之、今貴下亰來棄則親睹我

架法意鑄造錢貨或將有雨信認是戰和所大益

共貴圉也、在貴下職掌上、豈淂不亦術憲用意

哉、此一行往告大坂府地方官、無有供行路笠敢

抂寫若夫逐次事實遠本省護送官員恊辨也歟

其、

74　　　　　　　　　　　　　　　　73

丙子六月十八日

○金緒秀の答書

茲仰覆吾儕既而掃今又書諭懇々懇々以交好之

地洞然無閒寮其風土觀其俗尚習其器械聽其議

論以至城郭山川之陰賣政令民拘之利病而不便

之知之玩眼無量鉊之心肺　貴圉藏意何可忘也

甲戒神戸灣留之閒大坂城玩遊事謹當奉依而但

恨圉覞覞度有方不敢衝如他日　貴价之枉屈也

九百羞溢萬々不能親切無閒今日　貴圉之待郵

人也縱或海量之隨處存便安得無預爲之不好者

乎玆敢披露萬芟　保重劢順賤敢具

外務省

丙子五月二十六日

修信使金綺秀印

外務卿寺萬宗則

閤下

右大坂府造幣寮一覧五々之逞輸

76　　　　　　　　　　　　　　　　75

丙子六月十七日

○大坂造幣寮ヲ経覧之幾信使ヘ達達書

以手簡致啓上候陳者貴下葉船貴龍丸儀従神戸港ニ於十九二至夜潜泊媒炭其外諸品積入渡ニ付丙其間同港ヨリ滊車ニ附シ坂府ニ到リ同所造幣寮御経覧有之度ヲ奉希候如

同所發隆之道ハ只々使幣之往來ノミニ無之有無相通シ長遠相補ヒ以テ兩國ノ便利ヲ計ルヲ目的ニ致シ候得ハ之ヲ要スルニ貨幣之

壙始ニ類ヲサルヘカラス貨幣ハ各國共省其

外務省

讀ヲ異ニシ品位亦同シカラス下去比較照計シテ世間弘融之便相生シ且其知内之獨立ニハ貨幣之品位如何ヲ見子指定スヘキ理ニ育之候閣令幸ニ發知ニ來臨アルニ作リ毛ハ我閣幣鑄造ニ注意スル所ヲ觀シ其經覽相成候ハヽ自ラ悟認セラルヽ端ト毛相成可申是我知ニ於テモ大ニ貴國ニ益山アルナリ則貴下今般ノ職掌ニ於テモ最御注意可有之儀議シ候就テハ坂府地方官又ト遣幣繫員ヘヲ護シヘ通知致シ置候間此段御義別有之慶存

候ヲ諸所經覽手續等総ヘ本省出張官員ヨリ御打合可申候故其

明治九年六月十七日 外務御寺島宗則

朝鮮國修信使

金綺季 貴下

外務省

丙子六月十三日

茲回報者 來致鄭國禮曹判書別蘭二艮送領受

順便帶去以為即傳之意仰報敬具

五月二十二日

修信使金綺秀印

日本國外務卿 寺島宗則

閣下

右ハ外務卿ヨリ禮曹列書へ返翰受取証書

外務省

66　　　　　　　　　　　　　　　　　　　65

丙子六月十三日

伏惟天晴

台體萬棋區々謁祝歸程統與貴省橿少丞商

確以今二十七日敦定卽 貴國曆六月十八日也

凡關事務指麾幹辦專係

台下規範敦仰報伏希

崇裁

丙子五月二十二日

外務卿 閣下

修信使金綺秀印

右歸期商定之報知書

外務省

68　　　　　　　　　　　　　　　　　　　67

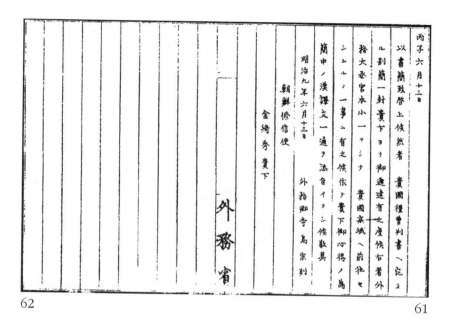

丙子六月十二日

以書簡致啓上候然者 貴國禮曹判書ヘ宛ヌ
別簡一封貴下ヨリ御逹達有之度候右者外
務大丞宮本小一タリシナ 貴國京城ヘ前往セ
ㇱㇺㇶ一事ニ有之候依テ貴下御心得ノ為
簡中ノ漢譯文一通ヲ添白イタㇱ候敷具

明治九年六月十三日

朝鮮修信便
外拾卿寺島宗則

金綺秀貴下

外務省

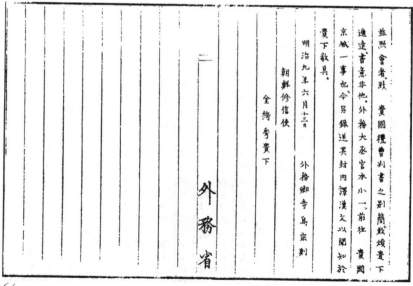

茲照會者致 貴國禮曹判書之別簡敢煩貴下
逹達書意非他, 外務大丞宮本小一, 前往 貴國
京城一事也今另錄送其封内譯漢文以聞知於
貴下敷具.

明治九年六月十三日

朝鮮修信使
外拾卿寺島宗則

金綺秀貴下

外務省

故照會者貴國平安道義州人李元春者昨年十
月漂流至海洋中偶遇日偶陰蒙
真蒙航過為所救助由在我北海道函館港送
國領事官以本年一月轉送於是本年四月英國公使
日貴國與我特約方戴於是本年四月英國公使
照會按余回將談民由本省還其我國具書
副函查前發六期受其愛護以將保全性命不害
衣食之恩也夫救海者夫路漂泊到半及遺處此
陛下義者是之何人不如保護地施救是天下之

外務省

通法為國之通義豈不問其國道好有無也則其
松救免其官愛護自是人世常務況其至如數月
之久不政容暴官安其恩義豈得無感故不詳諒
漂民送附貴下為望貴下所諒此意以領還焉且
英國政府厚注所在便知貴下所還首領松其
官之持七關之貴國亦且自法西諒民之遺
尼匕是賢無救故還其故上耕貴國其使之安就
本業也我信之而不容亮議也特達陳之欲其

為國報者貴國送來漂民獎賞平安道義州人李
元春延以領受念其流離艱難寒衷懷支保之恩
非直渠一人受賜印獎國一國之人間受其賜也
感々不巳至若英國之人特無救死者而活之
然々當之衣食之赤子入井勳心惻隱難人々皆
然之當之首愍不千懼萬惡依戎馳謝在所當
然兩惻隱之心仁之端也則英國人之當初救治
特仁人之事耳寧成區々望今日稱謝之語也只
當稱此一副感々之心銘肝以為際々之報
可也安知不他時英國人首難兩獎國人克加救
恤也只此備謝歡望下一轉語傳英國人知獎國
人之無限感々斯可夫餘外李元春之曾遺故土
使之安業則在我者耳何至通勞篆念也於此於
彼為激無巳諸希照亮具

外務省

丙子五月十二日

日本外卿

寺島宗則閣下

修信使金綺秀印

何英國人救他ノ雜與漂民引渡ニ有信使覺破ノ
四番書

丙子六月三日

以書翰致啓上候陳者昨年十月貴國平安道義
州人李元春ト申者洋中ニ漂流スルノ數日毛
難キ旣ニ陳ニ方リ不圖英國舩方スカワイル
蜑ニ救助セラレ以テ再ヒ天日ヲ拝スルヲ得
タリ我北海道函館在留間々國領事官ヨリ轉
シテ本年一月我東京英國公使ニ送達ス蓋
前后六ケ月間救護至ル所日窗ニ衣食ノ恩
ニ非サル也貴幣兩國交版熟ニ至リ候ニ
付同四月同公使ヨリ右漂民元春儀獨者ノ手

外務省

53

ヲ經テ貴國ニ轉還致シ呉候樣照會ヲ得即別
紙ノ通过往復候抑航海者ノ漂到是也危離
境ニ臨ミ有ルノ見ハ之ヲ力變護ヲ加ヘシ之ト
敎如ヲ艴大八天下ノ通法萬國ノ通義ニシテ
固ヨリ其國ト通好ノ有無ニ則英舩ノ
救護英官ノ鎮恤モ赤其愛性ノ通義ヲ出ルノ
難ニ敷月ノ久キ恩義光ヲ至ルハ宣職激セサ
ルヲ得ンヤ今ヤ此漂民ヲ貴下ニ附セントス
貴下宜シク此意ヲ諒シ以テ還禮ニ宣禮ヲ得ル
兩ヲ英國政府享譚ノ致ス所貴國ニ在テ同國

54

入相當ノ謝絲可有之義存候且此漂民遭厄セ
シ八事實相違無之義ニ候漂者歸國ノ上八貴
政府ニ於テモ必ス要々本業ニ就カレノ候義
ト信シテ疑ハサル所ナリ此段ヒ得御意候

敬具

明治九丙子年六月三日　外務卿寺嶋宗則

朝鮮國修信使

金綺秀

貴下

外務省

55

外務省

56

丙子五月三十一日

以書簡致啓上候然者貴下今般修信使トシテ

御来着之趣我

皇帝陛下ヘ及奏聞候處滿足ニ被思召候依テ

特別之

叡慮ヲ以テ貴下ヲ御引見可被成旨被仰出候

條来ル我六月一日午前十一時赤坂皇居ヘ

御参内可被成候此段得御意候敬具

明治九年五月三十一日　外務卿寺島宗則

朝鮮國修信使金綺秀

貴下

外務省

50　　　　　　　　　　　　　　　　49

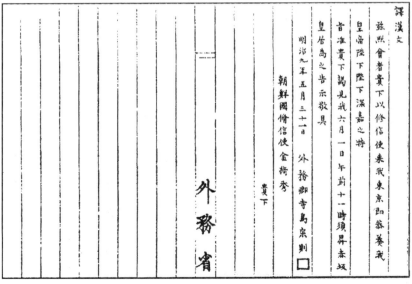

譯漢文

茲照會者貴下以修信使來我東京即發差我

皇帝陛下陛下深嘉之特

旨准貴下謁見我六月一日午前十一時須屆赤坂

皇居為之告示敬具

明治九年五月三十一日　外務卿寺島宗則

貴下

朝鮮國修信使金綺秀

外務省

52　　　　　　　　　　　　　　　　51

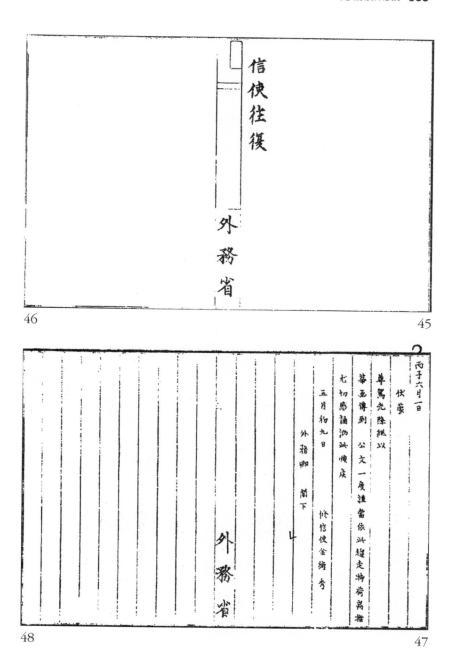

信使往復

外務省

丙子六月一日

伏蒙

華駕先陛継以

華函傳到　公文一度謹當依此趙走將荷寵指

七切感誦沟沟頓疼

五月初九日

外務卿　閣下

修信使金綺秀

外務省

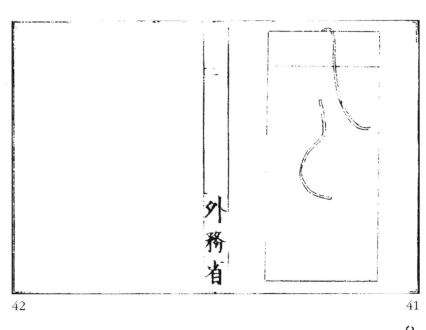

42   41

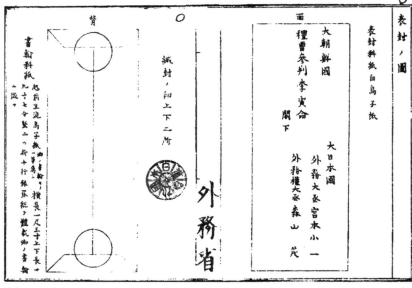

44   43

譯漢文
○龜山大丞の答書
故爲照復者接到、貴國丙子年四月公翰
貴國與弊和、一葦可杭、隔交有舊日久而信使間
抛經六十餘年、兩間情誼漸未離末年我辨理大
臣前往 貴國重修舊交、建立新盟、貴國未達
派遣信使、以爲修謝之意我政府接遇之洋裛令
不歇贊馬噫其平素傾慕之念得此時緬發卿盡
在我之多是貴信使滋所了知也盖兩國交隆自
是益親豪可期而待兩民幸福莫大馬臨信使間
發卿酬貴意數具

明治九年六月十七日

大日本國

外務卿大丞森山茂印

外拾大丞官永小一印

外務省

大朝鮮國

禮曹參判李寅命

閣下

凸

38　　　　　　　　　　　　　　　　　37

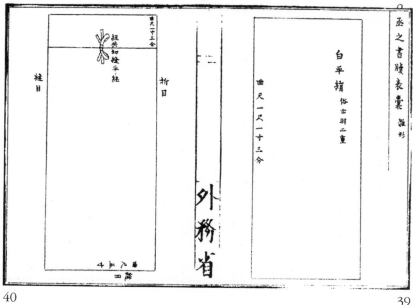

丞之書牘衰囊　雛形

白平絹　俗土羽二重

曲尺一尺一寸三分

外務省

桂目

折目

40　　　　　　　　　　　　　　　　　39

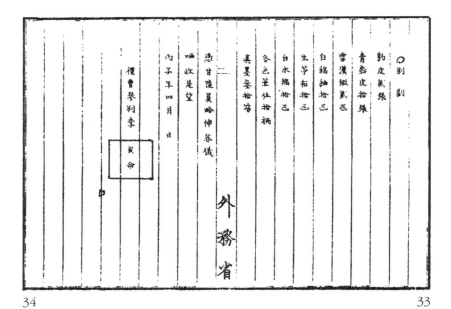

○別副

豹皮貳張
青黍皮拾張
雪漢緞貳匹
白綿紬拾匹
生苧布拾匹
白水綃拾柄
各色筆位拾筆
真墨筭拾笏

愿甘隨員略伸華儀
唰收是望
丙子年四月　日
禮曹参判李
　寅命

外務省

丙子六月十七日
貴國本年四月間ノ貴簡致見候　貴國ト繋
知ハ一葦相航スルノ地陸交ノ舊誼アル日久
シ貴使ノ本紙ニ来ラサル既ニ六十餘年ノ堂
霧ヲ經タリ是ヲ以両間ノ情味渙氷離レ水年
我辨理大臣貴國ニ前往シ旧好ヲ重信シ新
盟ヲ建立シ貴國宗達ニ信使ヲ本紙ニ来リ
シテ修謝ノ義ヲ
我政府素實ヲ揣遷スル
ノ次第ハ今益ニ仍セスト雖平素懇墓ノ懇
愿深カリシヲ是時ニ顯シタル貴賓ヲ亦了
知セラレシナラン是ヨリ両間交際ノ連歩ニ
夕益親密ノ域ニ達スルハ期シテ待ツヘク蓋
生ノ福是ヨリ大ナルハ無シ余ハ令信使本紙ヲ去ル
ニ臨ミ貴憲ニ回謝ス敬具

外務省

大朝鮮國
禮曹参判李寅命 閤下

明治九年六月十七日
大日本國
外務権大丞森山　茂
外務大丞宮本小一

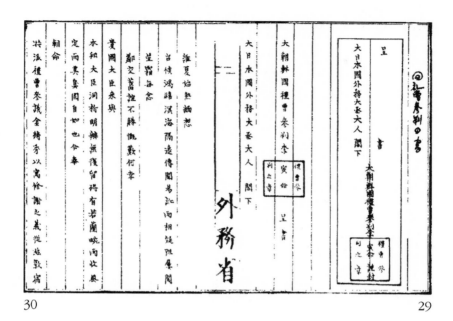

大朝鮮國禮曹參判李○○
　　禮曹參判
　　　寅命　呈書

大日本國外拎大丞大人閣下

呈
書
大日本國外拎大丞大人閣下
大朝鮮國禮曹參判李○○
　　禮曹參
　　　寅命　謹封

二
大日本國外拎大丞大人閣下

緬夏始熱　緬想
台候鴻禧　溪海阻遠傳聞易訛而相徑附屢聞
玉躬每念
鄙交舊誼不勝慨歎何幸
貴國大臣永與
本邦大臣洞析明辨無復留碍有若蘭暎而收服
定而兩隻國自如也今奉
朝命
將派禮曹參議金綺秀以寓修諸之義遄遊致肅

外務省

30　　　　　　　　　　　　　　　29

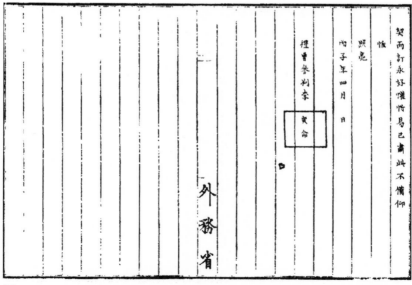

契而訂永好懷忱易巳肅此不備仰
悰
照亮
丙子年四月　日
禮曹參判李
　　寅命

二

外務省

32　　　　　　　　　　　　　　　31

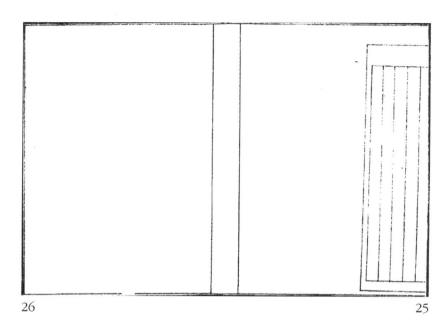

26   25

禮曹參判往復

外務省

28   27

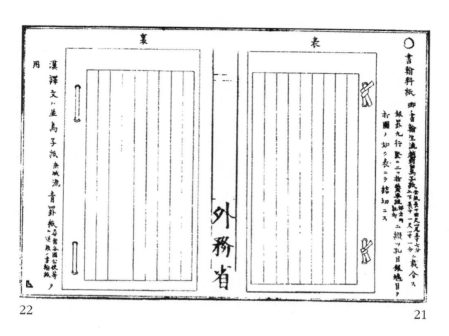

○書翰料紙

裏　　　　　　　　　　表

外務省

用

漢譯文ハ並馬子紙朱城濃青罫紙ニ運政ノ書翰紙ノ

22　　　　　　　　　　　　　　　　21

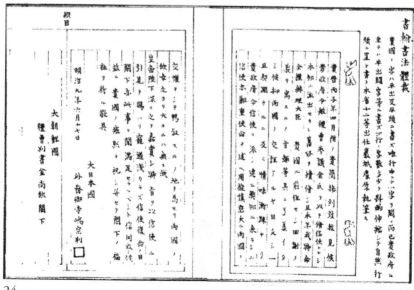

書翰書法體裁

大朝鮮國
禮曹判書金尚鉉閤下

大日本國
外務卿寺嶋宗則□

明治九年六月七日

24　　　　　　　　　　　　　　　　23

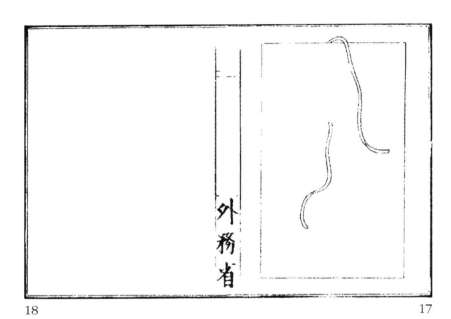

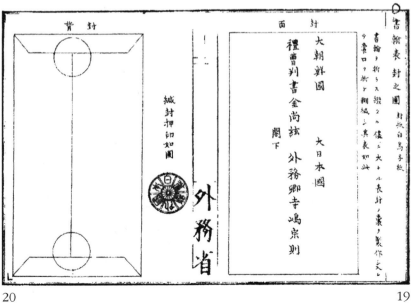

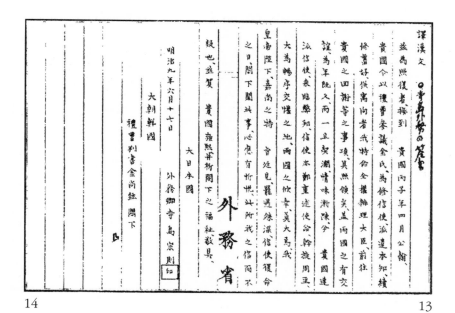

譯漢文
○寺島外務の筆書

茲爲照復者接到
貴國丙子年四月公翰、
貴國今以禮曹參議金氏爲修信使遣來知機
修舊好鎖閉寄省或特命全權辦理大臣、前往
貴國之四謝等之事項、其然領災益兩國之有交
誼、爲年既久、而一旦契濶情味漸陳今貴國遣
派信使表賠幣知、信使來章鄭重速使命、幹旋周旋
大爲暢序交懽之地、兩國之欣幸美大爲我
皇海陛下嘉尚之特宮庭見罷遇殊溪信使復命
之日間下關此事心慮有所憾此所戒之信而不
疑也兹覆 貴國雍熙并術閣下之福祉载具、

明治九年六月十七日
大日本國
外務卿寺島宗則 [印]

大朝鮮國
禮曹判書金尚鉉 閣下

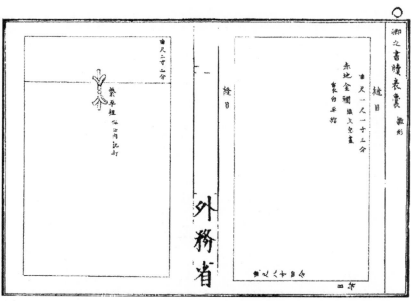

卿之書牘表裏　縮形

橫目

赤地金襴織文皇畫
長白平貼

縱目

外務省

紫平組
俗ニ内記打

外務省

10

別幅

虎皮貳張

豹皮貳張

雪漢緞貳匹

白綿紬拾匹

白苧布拾匹

白木綿拾捆

各色筆伍拾柄

真墨壹拾笏

憑甘陸其略伸菲儀

唯叱是望

丙子年四月　日

禮曹判書金尚鉉　(印)

外務省

9

丙子六月十七日

貴暦丙子年四月附ノ貴翰接到致披見候

貴政府今般禮曹參議金氏ヲ以修信使トシ本

邦ヘ派出セラレ舊好ヲ續備シ且本年我特命全

權辨理大臣ヲ貴國ニ前往セシ回謝ノ美ヲ寫

スルノ吉趣委曲ニ了承イタシ候抑両國ノ交

誼アルヤ日ク一旦契潤ナルニ及ヒ尚當時ナリ交

貴政府今信使ヲ派シ遠ニ獎邾ニ來ラル信使

亦邾童使命ヲ速ニ周旋慎急大ニ両國ノ歡章ヲ

シテ鴻叙スルノ地ヲ爲セリ両國之ヨリ大

ニ八無ニ我

外務省

11

（下段右）

12

皇帝陛下深ク之ヲ嘉賞シ特ニ信使ニ引見

賜ハリ寵遇淺カラス信使復命ノ日閣下赤此事ヲ聞

滿足セラルヽシト信用イタシ候然ニ貴國ノ寵黙ヲ

祝シ并セテ閣下ノ福祉ヲ祈ル敬具

大日本國

外務卿寺島宗則　(印)

明治九年六月十七日

大朝鮮國

禮曹判書金尚鉉　閣下

外務省

○礼曹判書の書

呈書

大朝鮮國禮曹判書金
尚鉉謹封

禮曹判
書之章

大日本國外務卿大人　閣下

大朝鮮國禮曹判書金
尚鉉　呈書

大日本國外務卿大人　閣下

○維時首夏清和伏惟

貴國雍熙

本邦輯寧均堪欣誦

本知之與

貴國

隣誼懇款益有三百年之舊契玆敉依心賞

相照固其宜也惟因事端攸此設阻柳未遑晨

之地傳聞之言何能保無差奥迺著

貴國大臣航海辱臨

本知亦遣大臣迎接於釡沿鎮撫之盾諒咁堅日

外務省

辨理精詳積歲會蓝一朝間釋何莫快活何等

作幸懷哉

聖上淡念舊好之續修

特派禮曹參議金綺秀前往庸寫迴謝之義尚鉉

祗承

寵命謹將尺幅陳告大意馬爱

熙頌欣慰無敢幹希

若序保愛以

副遠懷不備

禮曹判書金
尚鉉

丙子年四月　日

外務省

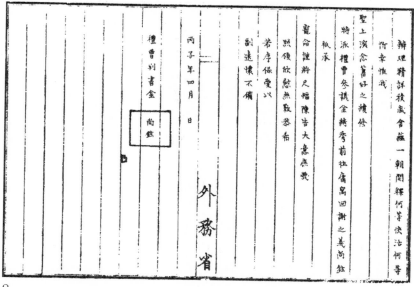

6　　　　5

8　　　　7

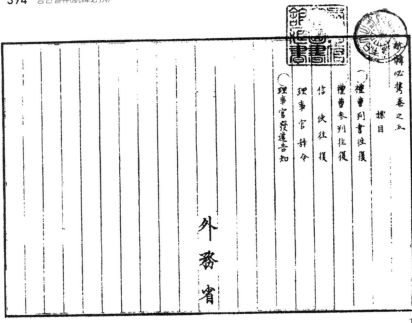

外務省

禮曹判書往復

外務省

航韓必携

五

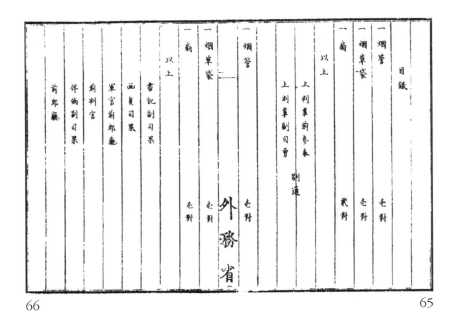

目錄

一烟管　　壹對
一烟草袋　壹對
一扇　　　貳對
以上
　上判事菊参奉
　上判事副司勇　馴導
一烟管　　壹對

一烟管
一烟草袋　壹對
一扇　　　壹對
以上
　書記副司果
　畫員司果
　軍官前郷廳
　菊判官
　伴倘副司果
　前郷廳

外務省

66　　　65

一烟管　　壹對
一烟草袋　壹木
陵奴子二名
同　　　　壹箇
同達
郷書記金
禮單直

通事四名　壹箇
一烟草袋　壹箇
一扇　　　壹箇

外務省

一扇　　　武木
一烟草袋　壹箇
中官四拾五名

下官拾名

外務省

68　　　67

丙子六月

〇禮曹參判閤下江

一蒔繪行厨　壹箇
一陶器花瓶　壹對
一海氣絹　三卷
一色絹　七匹
一色紗　三匹
一烟管　三對
一烟草袋　三箇

不腆土宜聊攄裴是祈

明治九年六月

外務大丞宮本小一
外務權大丞森山茂

外務省

61

62

目錄

一馬具　壹具
一陶器香爐　壹對
一精好綾　貳卷
一烟管　壹對
一烟草袋　壹對
一扇　壹本

以上

修信使

目錄

一刀　壹口
一白端綢　壹疋
一烟管　壹對
一烟草袋　壹對
一扇　壹本

以上

別遣堂上嘉善大夫
別遣堂上嘉義大夫

外務省

63

64

○江華府使趙氏
自草梁公館遠望釜山城
草梁公館
草梁公館
草梁公館前灣
草梁公館内龍尾山
喬桐
江華島砲臺
自鎭海門望通津

外務省

鎭海樓
鎭海樓内屯兵
辨理大臣一行入江華府之圖
江都南門之壹
江都南門之氣
江都南門
自江華城望漢江口
江都南門側面
江華府
江華府
江華府

58　　　　　　　　　　　　57

江華府
江華府
自閲武廳前望江華府廳
閲武廳
閲武廳
練武堂帳幕之圖
江華府廳之壹
江華府廳之氣
副隊管門
副隊管
副隊管

一 貳拾九枝

外三拔振張近用意

外務省

60　　　　　　　　　　　　59

〇寫見鐵道

品川鐵道

東京新橋鐵道

同錬瓦石家

同造幣館 其一

同景 其二

同海軍兵學寮 其二

同景 其二

同勸工塲 其一

同景 其二

外務省

東京櫻田御門 其一

同景 其二

同皇城二重橋 其一

同景 其二

同皇城庭圃

同聖堂

同水道橋

同景

同柳橋萬八樓

同淺草五重塔

同淺草池

54　　　　　　　　　　　　　　　　53

同淺草門跡

同鴬井戸景 其一

同景 其二

同瓦百羅淺寺

日光唐木門

同双輪塔

司令滿別

同龍頭瀧

西京丸山景

大坂磁石橋

外務省

神戸捕公社

肥後熊本城

鹿兒島縣下市中

一三拾貳葉

外務省

56　　　　　　　　　　　　　　　　55

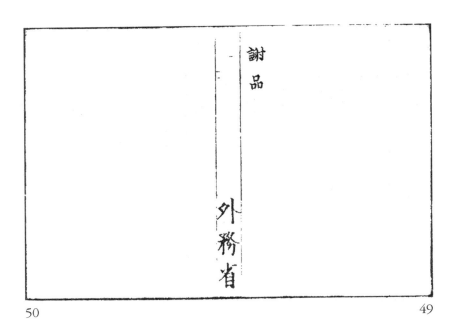

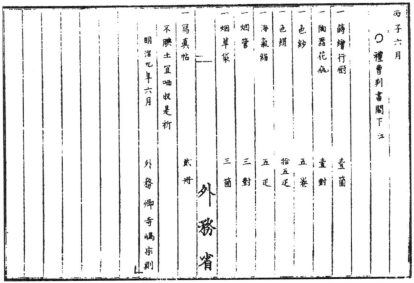

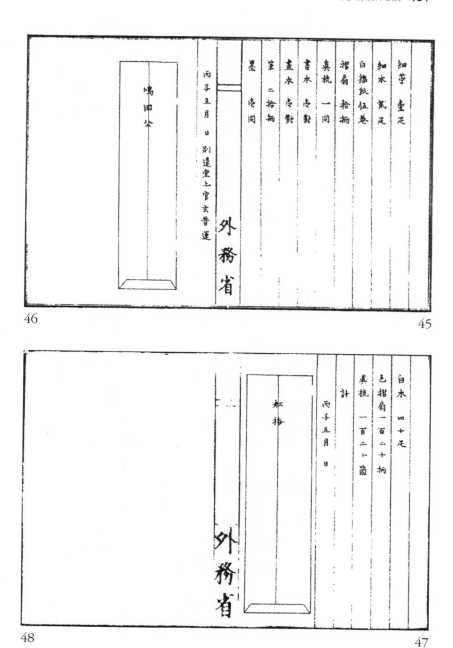

細苧　壹疋
細水　貳疋
白搗紙伍卷
摺扇　拾柄
真梳　一同
書本　壹對
畫本　壹對
筆　二拾柄
墨　壹同

丙子五月　日　別遣堂上官玄昔運

外務省

嶋田公

46　　　　45

白木　四十疋
色摺扇一百二十柄
真梳　一百二十箇
計

丙子五月　日

外務省

艦榕

48　　　　47

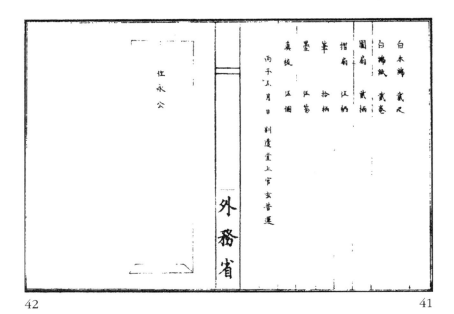

白木鞘　貳尺
白綿紙　貳卷
圓扇　貳柄
摺扇　江納
筆　拾柄
墨　貳笏
真墨　貳錠
丙子○月　日　別遺置上官玄昔選

外務省

伍永公

42　　　　41

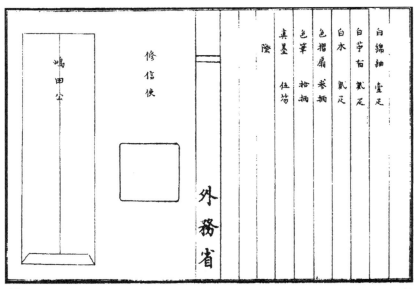

白綿紬　壹足
白苧布　貳足
白水　貳足
色招扇　參柄
色筆　拾柄
真墨　伍笏
陰

外務省

修信使

嶋田公

44　　　　43

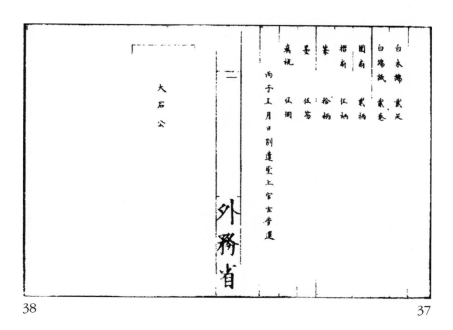

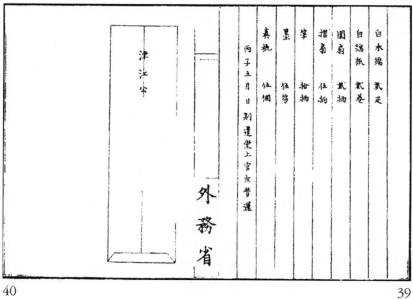

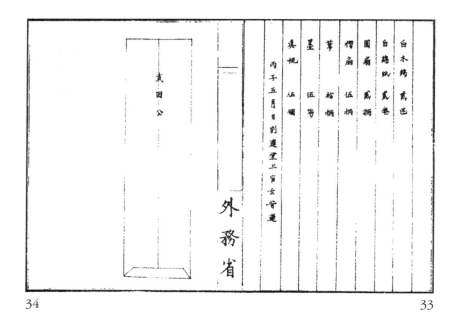

白木綿 貳疋
白縮緬 貳卷
圓扇 貳柄
摺扇 伍柄
筆 格柄
墨 伍笏
眞梳 伍櫛

丙子五月日別遣堂上官女管連

外務省

袁田公

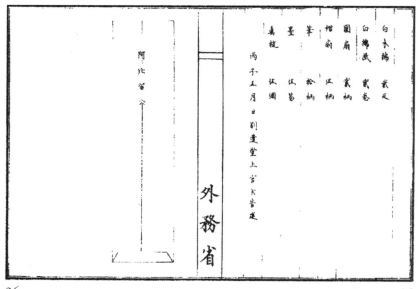

白木綿 貳疋
白縮緬 貳卷
圓扇 貳柄
摺扇 伍柄
筆 拾柄
墨 伍笏
眞梳 伍圍

丙子五月日別遣堂上官女管連

外務省

阿比留介

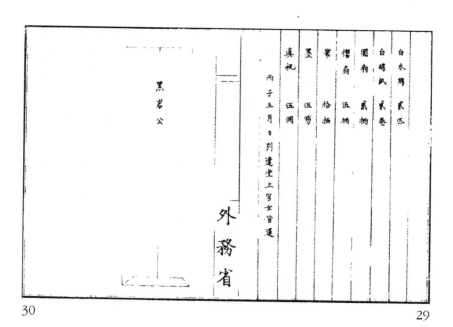

白木綿貳匹
白鵙紙貳巻
圓扇貳柄
摺扇伍柄
筆拾插
墨伍丁
眞梳伍箇
丙子五月日別遣堂上官古首選

黑岩公

外務省

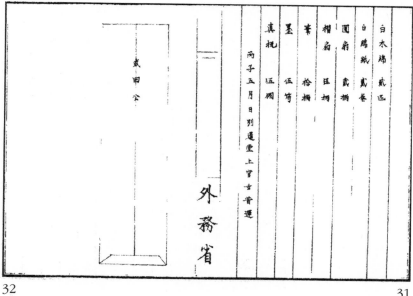

白木綿貳匹
白鵙紙貳巻
圓扇貳柄
摺扇伍柄
筆拾插
墨伍丁
眞梳伍箇
丙子五月日別遣堂上官古首選

東田公

外務省

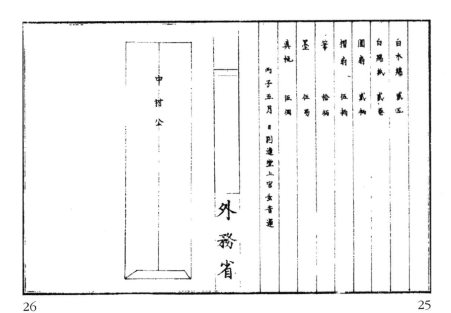

白木綿　貳匹
白鴈紙　貳卷
圓扇　貳柄
摺扇　伍柄
筆　拾柄
墨　伍笏
真梳　伍個

丙子五月　日　別遣堂上官玄昔運

外務省

中村公

26　　　　　　　　　　　　　25

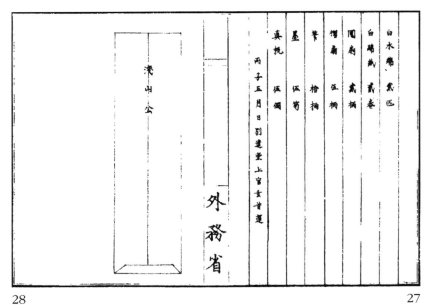

白木綿、貳匹
白鴈紙　貳卷
圓扇　貳柄
摺扇　伍柄
筆　拾柄
墨　伍笏
真梳　伍個

丙子五月　日　別遣堂上官玄昔運

外務省

澁山公

28　　　　　　　　　　　　　27

22   21

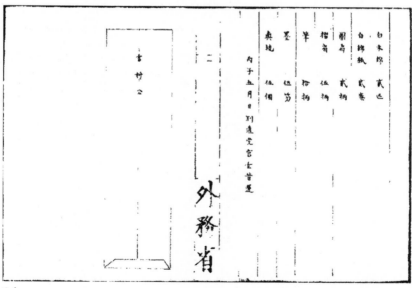

24   23

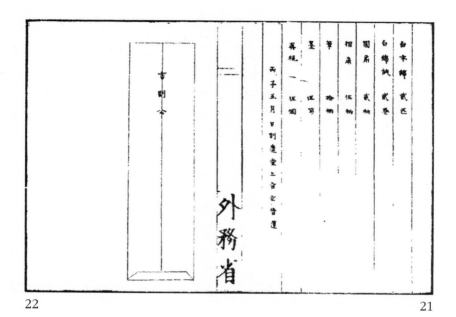

白木縛 貳匹
白縛紙 貳卷
圓扇 貳柄
摺扇 伍柄
筆 拾柄
墨 伍笏
眞硯 一拾個

丙子五月日別遺堂上官玄昔運

外務省

書問公

22   21

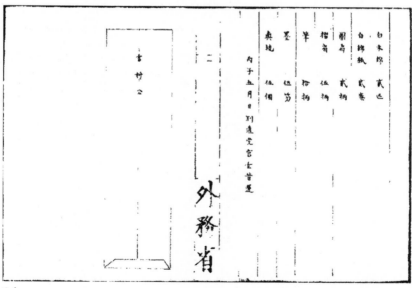

白木綿 貳匹
白綿紙 貳卷
圓扇 貳柄
摺扇 伍柄
筆 拾柄
墨 伍笏
眞硯 伍個

丙子五月日別遺堂官玄昔運

二

外務省

書付公

24   23

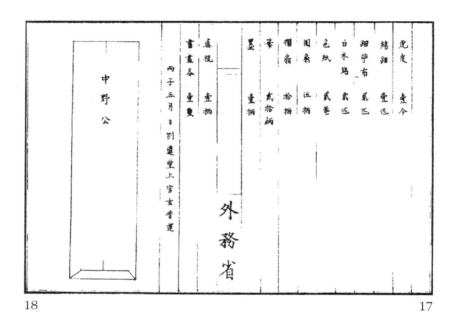

18   17

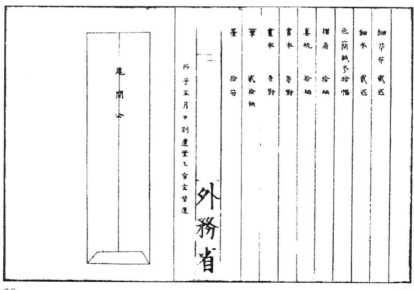

20   19

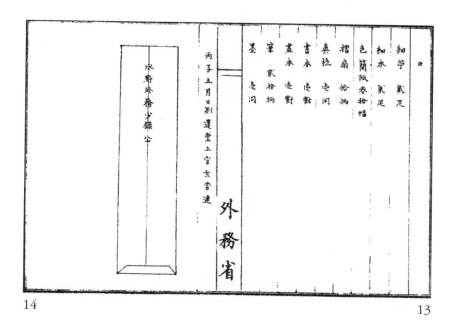

細苧貳足
細水貳足
色簡紙叁拾幅
摺扇拾柄
真拉壹間
書水壹對
畫本壹對
筆貳拾柄
墨壹個
。

外務省

兩子五月日別遣堂上官玄昔運

水野外務少輔公

14　　　　　　　　　　　　　　　13

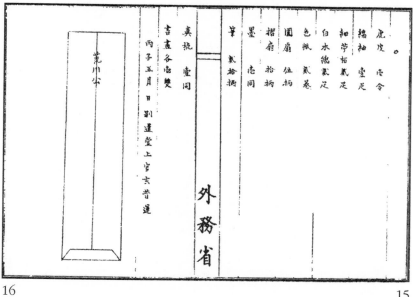

虎皮壹令
綿紬壹足
細苧佰貳足
白水綿貳卷
色紙伍卷
圓扇伍柄
摺扇拾柄
墨壹個
草貳拾柄
。

外務省

真梳壹間
書畫各壹雙
兩子五月日別遣堂上官玄昔運

荒川公

16　　　　　　　　　　　　　　　15

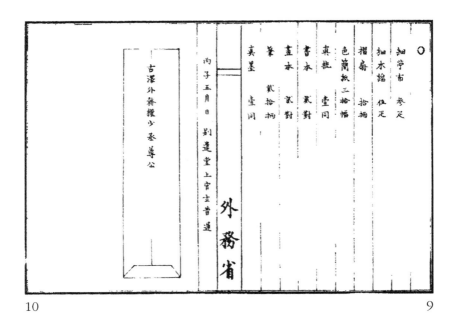

○
真墨　壹同
筆　貳拾柄
畫水　貳對
書水　貳對
真批　壹同
色蘭紙　三拾幅
摺扇　拾柄
細水綿　住足
細苧布　參足

丙子五月日　別遺堂上官玄昔運

外務省

古澤外務權少丞尊公

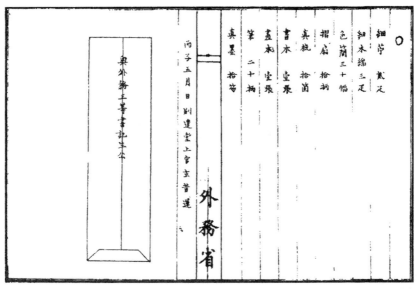

○
真墨　拾筒
筆　二十柄
畫水　壹張
書水　壹張
真批　拾筒
摺扇　拾柄
色蘭　三十幅
細水綿　三足
細苧　貳足

丙子五月日　別遺堂上官玄昔運

外務省

東外務卿事書記生尓

丙子六月一日

○朝鮮國信使ヨリ差出候書翰並ニ贈品受
納ノ議伺

今般朝鮮國信使来朝問國還書到書金尚鉉
ヨリ拙者ヘ宛タル別紙甲号差礼曹参判李寅
命ヨリ外務大丞ヘ宛タル乙號ノ書翰及ヒ丁
号ノ別幅載通ニ現品ヲ添ヘ差出候旨、拙者

外務大丞ニ於テ受納致し可然哉若品受
納御關濟ノ上大丞ヘ相送候分大丞ニ名ノ分
肥可致裁成ハ使節歸伴主任ノ丞又ハ大少丞

外務省

一同ヘ予配可致裁此段伺ヲ相伺候也
明治九年六月一日
太政大臣三條實美殿
外務卿寺島宗則

伺之通変納可致候事
但大丞宛贈品分配ノ儀ハ接伴主任ノ正權
大丞ニテ受納可致事

明治九年六月十二日
太政大臣三條實美 [印]

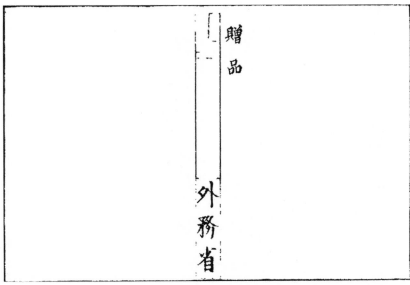

贈品

外務省

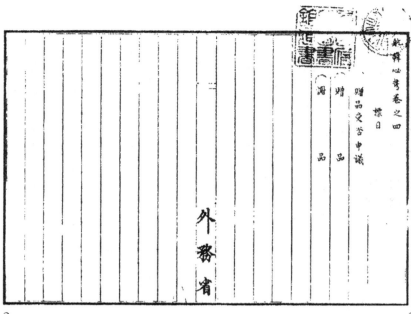

航韓必攜

四

贈品受否申議
贈品
謝品

披閲滅筆

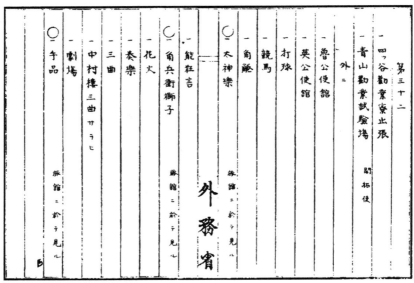

第三十二

一四ッ谷勸業寮出張

一青山勸業試驗場　開拓使

外二

一魯公使館

一英公使館

一打毬

一競馬

一角觝

○一太神樂　旅館ニ於テ見ル

外務省

一能狂言

一角兵衛獅子　旅館ニ於テ見ル

○

一花火

一泰樂

一三曲

一中村樓三曲　サラヒ

一劇場

○一牛品　旅館ニ於テ見ル

第二十一ノ午前

一横須賀造船場 但ニ横濱ヨリ船ニテ到ル

同 午後

一鎌倉ニ一泊 横須賀ヨリ舟行

第二十二

一八幡宮

一大佛

一建長寺 并圓覺寺

一繪島岩本本院

但ヒ午餐ヲ了

外務省

一弁天社等一覧人力車ニ而神余川邊庶ル

鐵道ヨリ歸京

第二十三

一越中島鐵板打抜試驗場

一東艦

但平清ニテ午餐ノ

第二十四ノ午前

一市ヶ谷囚獄

同 午後

一懲役所

81　82

第二十五

一上州富岡

但ヒ一泊

第二十六ノ午前

一製糸場

但ヒ午餐ヲ了

一中小坂鐵山

但ヒ一泊

第二十七ノ午前

一桐生織物

外務省

但ヒ一泊

第二十八

一日光

但ニ一泊

第二十九

一日光見物ヲ了テ出立

第三十

一東京ニ歸ル

第三十一

一堀ノ外妙法寺

83　84

一 郵便取扱振　　驛遞寮
一 國立銀行
一 日報社　　　　録生
一 時計　　　　　銀生
　問　午後
一 陶器師　　　　高田
一 招魂社
一 第十七
一 深川八幡
一 洲崎弁天
一 但此間猿江材木ヤ石置場ヲ首過ス

外務省

77

一 龜井戸
一 但ヒ橋本ニ而午餐ヲ了
一 柳島妙見
一 鴬繪物　　　　油姐肥前屋
一 第十八
一 堀切菖蒲　　　土手下タ
一 製車場
一 墨俣花屋敷
一 但ヒ八百松ニ而午餐ヲ了

78

一 佐竹園廐　　　不刃木平町
一 瓦焼
一 金魚　　　　　石原
一 第十九
一 目黒不動
一 目黒火藥庫　　但外見
一 但ヒ屋ニ而午餐ヲ了
一 池上本門寺
一 第二十午前
一 横濱縣廳

外務省

79

一 燈臺寮
一 瓦斯製造所
一 但ヒ二而午餐ヲ了
　同　午後
一 税關波戸場拘物ノ出入
一 扱税ノ手續
一 各國商館二三ヶ所
一 製鐵所
一 山手邊一覽
一 但橫濱ニ止宿

外務省

80

73

一川口ノ鑄物師

一千住畜牛場

一陶器　今川橋今利屋

第十二午前

一三ツ井洋館

一呉服及糸店　越後屋

同　午後

一工部省中製糸所

一愛宕山

一北海道物産博物

74

○ 獨乙博物

一瓦斯燈製造所　芝金杉

但シ神明前日陰町通リ〆帰ル

第十三午前

○ 兵學寮

一蒔繪漆器　竹川町工商會社

同　午後

一醫學校并病院

一司藥場

第十四午前

外務省

75

一軍馬司　同　午後

○ 開成學校

一外國語學校

一英語學校

第十五午前

○ 議事堂

一工學寮

同　午後

一藥種及外科道具　本町絲屋

76

一呉服　大丸

一金物屋　大門通リ

一筆及文房具　大傳馬町高木

一刄物　濱町炭屋

一錦繪　檜山町蔦屋

一漆器細工所　元濱町荒井

一玩弄物　照作町宮川

第十六午前

一擬製紙　四日市竹屋

一烟草入レ等　四日市竹屋

外務省

一　吹上禁闕但茶案ヲ止シ

一　骨董
　　十軒海
　　大阪屋

　第五ナ剃

○　上野公園各不忍池弁大

○　浅草本願寺

○　浅草観音ト奥山
　　廣教

一　電機器械
　　廣教

但シ廣小路住屋ニ而午餐ヲ了

一　骨董
　　浅草町富山

一　浅草文庫

一二喜世留
　　不洗町村田

第六
　　魚十ニ早ノ々午銭

一　唖天堂病院

一　神田社

○　湯島天神

一　砲兵本廠

○　小石川植物園

一　石川植物園

　第七

○　陸軍練兵

　第八

外務省

一　海軍調練
　第九
　午二剃東店ニ三ノ午飯

○　竹橋近衛兵営

○　士官學校

一　戸山學校
　第十

一　書画
　　日本橋赤松

一　書林
　　北島茂兵衛

一　筆文房具
　　日本橋文魁堂

一　漆器
　　日本橋黒江屋

一　墨
　　日本橋古梅園

一　西洋襪燈
　　呉服町鈴木

一　西洋梓屋
　　乗物町森谷

但シ賣茶亭ニ而午餐ヲ了

○　赤羽根製作所

一　芝山作徳川墓所

　第十一

一　巢鴨植木屋
　　長本郎
　　奈次郎

一　飛鳥山ヲ王子抄紙所

但シ翁屋ニテ午餐ヲ了

外務省

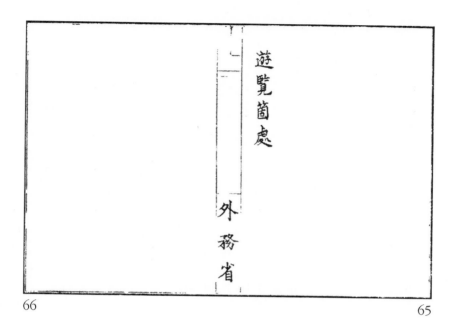

遊覧箇處

外務省

66　65

（男）

朝鮮國修信使滯京中一覧可為致箇所ノ
御都合ニ無之哉
日割
第一
○延遼館
○濱離宮
古寶應ノ節刻限ノ前後ヲ見計縦覧之事
第二ハ午前
○博物館
同午後
一書籍館
一師範學校
○女子師範學校
第三ハ午前
○紙幣寮
一活版局
同午後
一東京裁判所
同午後
一消防ポンプ調練
第四

外務省

68　67

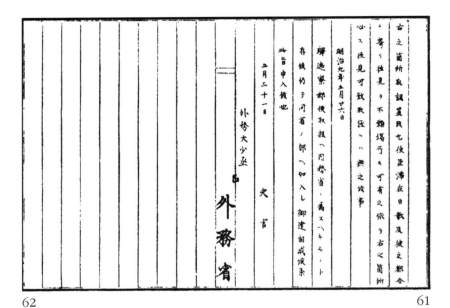

古之蘭術取調置民亡侯臣簿在日数及使之都合
ニ等リ拙見ヲ不雜塲而々可有之依テ右之簡所
心ス陸見可致致候ヘハ無之筋事

明治九年五月廿六日

此旨申入候也

辟逃寮都使取扱ハ内務省ニ属ス八キ之卜
存議仍テ同省ノ部ヘ加入シ御達相成候条

五月三十一日

外務大少丞 [印]

太史官 文省

62　61

丙子五月三十一日

内務省
大藏省
陸軍省
海軍省
文部省
工部省
司法省
宮内省
開拓使
警視廳

外務省 [印]

朝鮮國修信使滞京中各廳及ヒ諸ノ體裁ヲ始
ノ別紙ノ簡秀一覽為致候條日限等外務省ヲ
リ及通知候ハ不都合無之様可取計此旨相
達候事

明治九年五月三十一日 太政大臣三條實美 [印]

64　63

一 海軍調練
一 横須賀造船所
一 越中島銃砲発得試験跡
一 中鉄砲場発砲
一 東艦
一 兵學寮
一 同寮航前調練

内務省轄内
一 博物館
一 演草文庫
一 勧業察出張所温物園
一 衛生局司薬所
一 石川島懲役場
一 上州富岡製糸場
一 市ヶ谷囚獄所
一 横濱製靴所
一 同察博物
一 同所鋳物
一 赤羽根製作所
一 同所鋳物
一 泉州堺妙績所

外務省

工部省轄内
一 工學寮
一 同察教場
一 同察理化學思械兵気器學等
一 同察風船
一 同察博物
一 同所鋳物
一 赤羽根製作所
一 同所鋳物

文部省轄内
一 書籍館
一 同館孔子其他本傳文書畫富
一 師範學校
一 同校教場
一 女子師範學校
一 同校教場
一 英語學校
一 同校教場及理化學器械

一 同校西洋繁盛並計割圖
一 外國語學校
一 同校教場並理化學器械
一 外國語學校 一 同校学状
一 開成學校
一 同校教場兄理化學器械
一 同校博物
一 同校電機
一 同長博物
一 小石川植物園
一 醫學校附病院
一 同校製作教場
一 同校解剖兄治療所代縄亭

大蔵省轄内
紙幣寮
一 同察銅版影割
一 同察版摺兄紙裁
一 同察製肉
沽版局
一 同局自活字鋳造
一 同局版摺兄製本
一 同奇石版
同察女工職
一 同察所得王子抄紙号

外務省

驛遞察郵便取扱
一 同奇石版
大阪造幣寮
東京裁判所 一 同奇石版
司法省轄内
消防ポンプ調練
寧見館轄内
開拓使轄内
北海道物産博物園
一 勧業試驗場

58　57

60　59

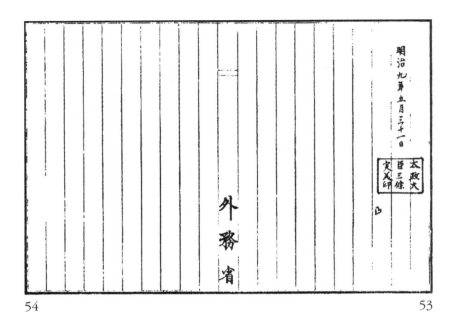

明治九年五月三十一日

太政大臣三條 〔定又印〕

外務省

○ 軍務信港京中益帰國論中渉尊之為一覽可
為致見込之筈所書
但者廠轄内之令

宮門省轄内
一、吹上禁園
一、濱離宮

陸軍省轄内
陸軍裁兵
一、軍馬局
一、同局廠
一、同局蹄鉄製行
近衛歩兵營
一、同營騎馬場運動

士官學校
一、同營兵戴整演治
同校理化學萬機美百廠將
一、同校教場

外務省

戸山學校
同校附的
一、同校體操場
一、同校野級術
砲兵本廠
一、同廠木工
同廠鋳物
一、同廠銅令折
同廠大工
一、同廠大砲小銃
一、同廠銃其型造
一、同藏見本昌械
一、同藏銃其型造

海軍省轄内
一、同藏園庭

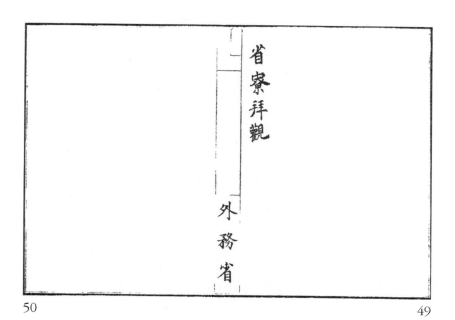

省寮拝観

外務省

50　　　　　　　　　　　　　　　　　　　　49

○修信使滞京中諸省寮之体裁一覧為致候儀
ニ付上申

今般朝鮮国修信使滞京中海陸軍調練一覧為致
候儀ニ付上申之節諸省寮之体裁並兵営等ヲ巡
視為致且公園其他処々ヘ遊覧セしメ候儀佐練候
処右御指令中但書ヲ以テ諸省ヘ進達御指令相
成候条其処視之割合ニ上陳可致旨御指令有之
之旨ハ恐視之場処ヲ俟リ其技術等ヲ目野為致
候ハ大ニ使ヲ力見聞ヲ閲クヲ好様ニ之代情

外務省

勢ヲモ熟知致スベクト存候ハヽ各場処ニ於兼技術等
別紙之通リ撰器仕候尤東京府外遠溜之場奉ハ
今諸導不致積ニ候得共時尽ニ者一覧ヲ願出
候節ハ案内可致積ニ有之且観侠誘引之日ハ限ハ
其節ニ至リ前以本省ヨリ直ニ其府轄ヘ申入候
ニ付方之趣意ヲ其為ニ御建相成候様致度此段
上申ノ趣御聞届諸省侯聴（別紙ノ通）相達度候事
及上申候也

明治九年五月廿六日

太政大臣三條實美殿

外務卿寺島宗則

52　　　　　　　　　　　　　　　　　　　　51

俘傉使 饗慮樂之原因漢譯

東遊
國風之一也昔者駿河國有度郡有度濱有神女
俘歌舞焉徵以作以樂云

催馬樂

呂

安名尊

律

更衣

外務省

催馬樂古國風之一其名義起原古來有諸說
今案其近是者曰催馬樂者在昔四方人民被
德澤競貢獻京師馬夫輦裏唱歌相率以催他
人焉也

傳樂

萬歲樂
用明天皇御製云
一說古聖王之時鳳凰采儀唱聖王萬歲此曲
象其聲而作之云

延喜樂

45

46

左近衛權少將藤原忠房作是樂舞別文部卿
親王所作成于延喜八年故以爲曲名云

陵王
北齊蘭陵王長恭武勇武容貌常著假面臨敵陣向
無前齊人壯之作此曲云

納曾利
云

高麗樂部之一也起原不詳模双龍交游之狀

外務省

外務省

47

48

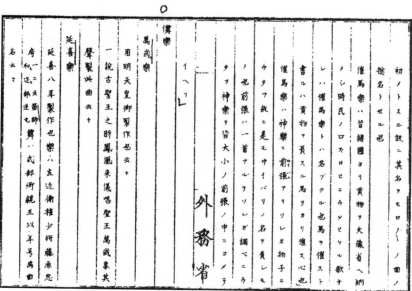

〇

（右・41）

初ノトスル故ニ其名ヲモロ〳〵ノ曲ノ
按名トセル也
催馬楽ハ皆諸国ヨリ貢物ヲ大蔵省ヘ納
メシ時民ノロ〳〵ニミダヒヒケル歌ナ
レハ催馬楽トハ名ヅクル也馬ヲ催スト
書ルハ貢物ヲ貢スル馬ヲカリ催ス心也
催馬楽ハ神楽ニ蒯張アリソレガ拍子ニ
ウタフ故ニ是モサイバリノ名ヲ貢レモ
ノ前張ハ一首ナルヲソレガ調ベニク
タフ神楽ヲ皆大小ノ前張ノ中ニコメテ

外務省

（左・42）

傳楽

萬歳楽
（ハヽリ）

声製此曲云々
一説古聖王之時鳳凰来儀唱聖王萬歳象其
用明天皇御製作也云々

延喜楽
延喜八年製作也楽ハ左近衛権少将藤原忠
房ニテ箇師ハ□ニ舞ハ式部卿親王以年号為由
名云々

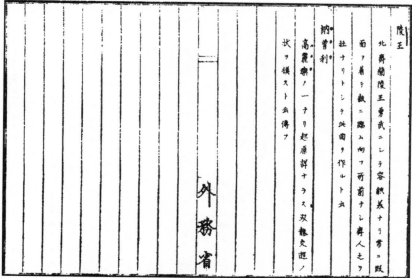

（右・43）

陵王
北斉蘭陵王勇武ニシテ容貌美ナリ常ニ假
面ヲ着テ敵ニ臨ム向フ可キ莇ナシ寿人之
壮ナリトシテ此面ヲ作ルト云

納曽利
高麗楽ノ一ナリ起原詳ナラス双龍交遊ノ
状ヲ摸スト云傳フ

（左・44）

外務省

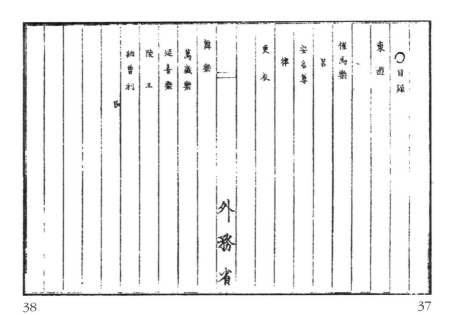

○目録

東遊

催馬樂

呂

安名尊

律

更衣

舞樂

萬歳樂

延喜樂

陵王

納曽利

外務省

38　37

東遊

○舞音説明

吾國風俗ノ一部ナリ古昔駿河國有度郡有度
濱ニ神女降リテ哥舞セシ事ノアリシニ起レ
リト云傳フ

催馬樂

呂

安名尊

律

更衣

催馬樂ハ國風ノ一部ナリ其名義瓚縄ト七
古樂説ナリ一定セス祖衆説左ニ

催馬樂ト云名ハ其初メニツイデタル音
駒ノ歌ニヨレルモノ也其歌ハ伊天安加
己来古々ハ本ト万葉十二ニ乞吾駒早
去試ミテ々トアル歌也ハレノ二句駒馬

催又詞アルヲモテ催馬樂ノ名ヲサヤ
催馬ハ唐ノ樂曲トモノ二ニテサガチ其字音ヲ
リ樂ハ漢ヘタルニモテ催馬ノ名慕サヤ
ニヨリラ良トヨグ也廿五テ此吾駒ノウタ
ニロウ良トヨグ也廿五テ此吾駒ノウタ

外務省

40　39

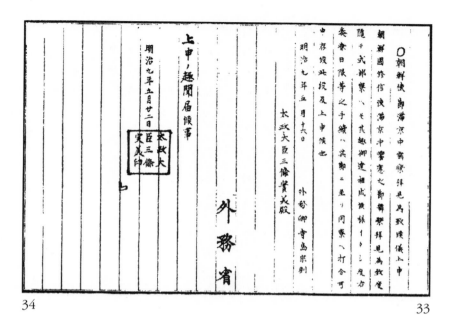

○朝鮮使御藩京中宴饗拝見為致候儀上申

朝鮮國修信使滞京中饗應之節饗拝見為致度

隨テ式部寮ヘ其趣御達相成候様仕度方

奏裁日限等之手續ハ其節ニ至リ同寮ヘ打合可

由存候此段及上申候也

明治九年五月十六日

　　　　　　　　外務卿寺島宗則

太政大臣三條實美殿

上申ノ趣聞届候事

明治九年五月廿二日

太政大
臣三條
實美印

外務省

丙子六月五日

朝鮮國修信使饗應之節別紙之通取調候ニ付

及御打合候市目録一候ハ、原因モ取調直之

候也

九年六月五日

外務省

御中

式部頭坊城俊政

外務省

御中

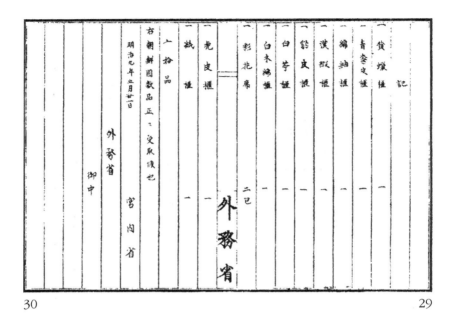

一　記

一　貨燎樻　一

一　青麥皮樻　一

一　綿紬樻

一　漠毅樻

一　豹皮樻

一　白苧樻

一　白木綿樻　一

一　彩花席　二巳

右朝鮮國数品正ニ受取候也

明治九年五月廿二日

宮内省

外務省

御中

一　拾品

一　紙　樻　一

一　虎皮樻　一

外務省

舞樂

外務省

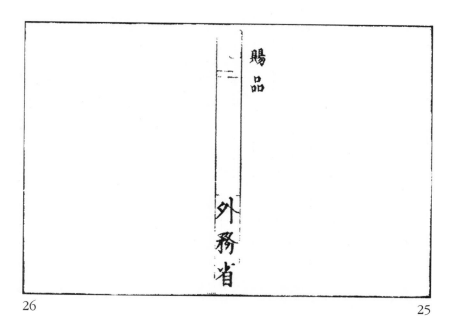

賜品

外務省

26　　　　　　　　　　　　　　　　　25

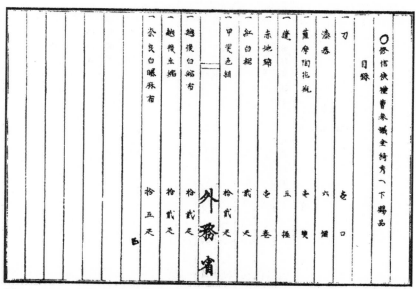

外務省

28　　　　　　　　　　　　　　　　　27

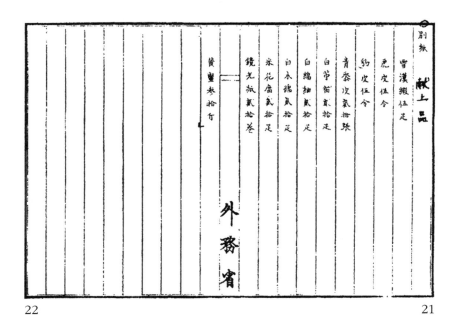

別紙 献上品

雪漢緞伍疋
兎皮伍令
豹皮伍令
青黍皮伍拾張
白苧布貳拾疋
白綢紬貳拾疋
白木綿貳拾疋
米花席貳拾足
鏡光紙貳拾卷
黃蠟參拾斤

外務省

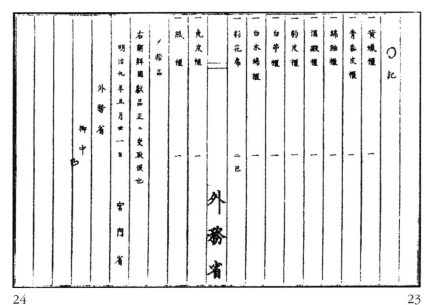

○記

黃蠟櫃 一
青黍皮櫃 一
綿紬櫃 一
漢緞櫃 一
豹皮櫃 一
白苧櫃 一
白木綿櫃 一
彩花席 二巴
兎皮櫃 一
紙櫃 一

〆拾品

右朝鮮國獻品正ニ受取候也
明治九年五月二十一日 宮內省

外務省
御中

外務省

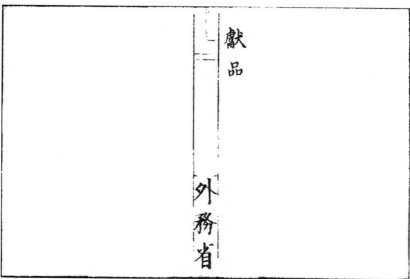

獻 品

外務省

18   17

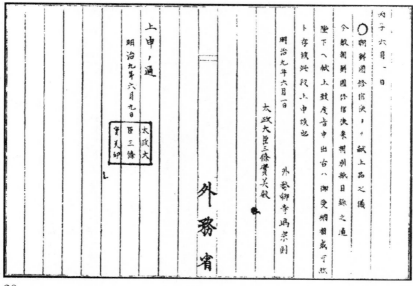

内子六月一日

○朝鮮國修信使ノ獻上品之儀

今般朝鮮國修信使ヨリ別紙目錄之通

陛下ヘ獻上致度旨申出古ハ御受納相成可然

卜存候此段上申候也

明治九年六月一日

太政大臣三條實美殿

外務卿寺島宗則

上申ノ通

明治九年六月九日

太政大
臣三條
實美卿

外務省

20   19

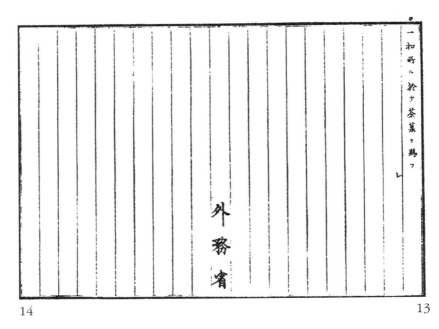

14　　　　　　　　　　　　　　　　13

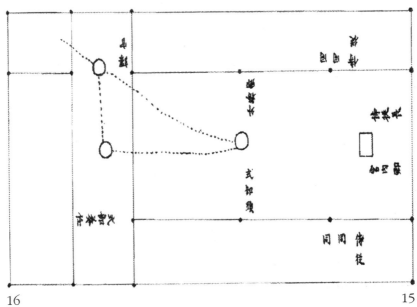

16　　　　　　　　　　　　　　　　15

丙子五月三十一日

朝鮮國修信使参内ニ付次第圖面等御届ニ申
入候也

明治九年五月三十一日　式部寮

外務省

伺申

（外務省印）

◎朝鮮國修信使内謁見式

一當日午前第十一時修信使ヲ外務官員同伴参
　内ノ事
　　但修信使出館注進外務省ヨリ之ヲ勤ム
一當日閣僚ノ官員大禮服着用ノ事
一修信使通行ノ節衛兵排觀式ヲ行フ
一式如宮夏輪修信使ハ迎ヘ儀ハ如所ニ誘導ス
　　但修信使御車寄ニ主リ下車鼻殿ノ
一衣冠整了テ更ニ如所ヘ誘導ス

外務卿宮内郷式部頭之ニ揖ス
一式部頭修信使参内ノ音ヲ言上ス
一內宮出御
一修信使ヲ召ス式部頭之ヲ外務卿ニ告ク御修
　信使ヲ引テ御前ニ進ム
一立御
一修信使進シテ立ツ外務卿名ヲ披露ス修信使
　拜禮ス
一御默答アリ
一禮畢リ修信使進ム

（外務省印）

丙子六月一日
●参内路順

一、午前八時半旅館ヲ出堀端通リ清水門前ヨリ
九段坂ヲ上リ堀ニ沿フテ半蔵門前ヘ麹町一
丁目ヨリ大通リ四ツ谷門ヲ出河岸通リ

皇宮ニ到ル
○帰路

一、皇宮ヲ出テ四ツ谷門ヲ入リ麹町通リ半蔵門
外ヘ出右折堀ニ沿フテ桜田門ヲ入リ西丸大
手門ヲヘリ吹上御庭拝見了ル

一、吹上裏門ヲ出代官町通リ道灌兵営裏門前ヨ
リ竹橋ヲ出一ツ橋ヲ経テ旅館ヘ帰ル

右之通候也

五月

外務省

吹上ヨリ半蔵門ヲ出通行ノ積ノ處拳願百之
處五四九大手ヨリ元光院鶯ヶ過キ左折和田
倉門ヲ出左指内務省表門ヨリ一ツ橋門ヲ
出直ニ河岸通リ旅館ニ帰ル
吹上出張本省官員ヨリ道達警規廉ヘ通如ス

6　　　　5

内謁見式

外務省

8　　　　7

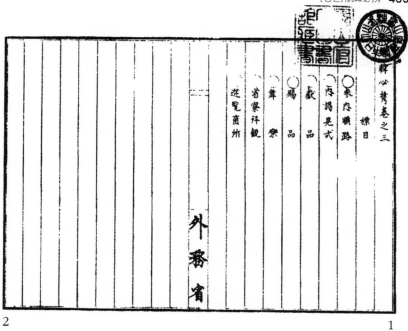

外務省

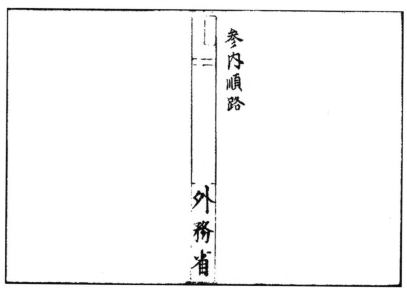

参内順路

外務省

航韓必攜

三

参内順路
内謁見式
献品
賜品
舞樂
省寮拜觀
遊覽箇所

右之通逓辦シ課相定置候得共上官附吉副以

下ハ下官階若申官附ノ者ト五日目ニ輪直交

代可致事

但非常ノ節ハ勿論平日ヨリ共相互ニ不足

ヲ補ヒ可申候

明治九年四月廿五日

外務大丞宮本小一

外務権大丞森山茂

外務省

70　69

韓人ノ火元

韓人ノ荷物ノ搬轄

韓人人數調

韓人荷物ノ出入引受
但令于某々新著任之覺
外務省等外一等太田芳也

食料之注意
外務省等外三等今井亨衛

住太田芳也蓋任之事

外務省

65

右之通入ヲ課相定候ニ就テハ芳シ所任中ニ於
十失錯アル月八主任ノ省ハ圖ヨリ其責ヲ免
レスト雖モ同心協力互ニ其遺漏ヲ補擇シテ
政府ノ失體ニ相成ナラサル樣懷ムヘキ事

明治九年四月

外務大丞宮本小一

外務權大丞森山茂

66

丙子四月廿五日

○通辨分課

修信使

上々官
浦瀨裕
荒川德波

右三名一行恐体之通辨ヲ相兼
中野許太郎

工官拾名
荒川德波
中野許太郎
吉副喜八郎
中村庄次郎

67

中官四十九名
外務省
吉村平一郎
淺山顯藏
黒岩清美
武田甚太郎
武田邦太郎

下官十八名
阿比留祐作
大石又三郎
津江立助
住永珍三

68

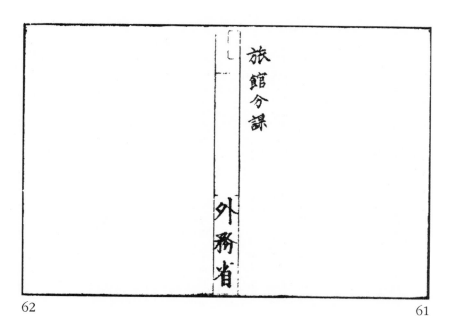

62　　　　　　　　　　　　　　　　　　　　61

旅館分課

外務省

丙子四月

修信使迎接中分課左ノ如シ

　　　　　　　　外務少錄　水野誠一

庶務

船司ヘ引合受吉

金銀出納

會斗

韓使金銀授リ　但尾關書記生某任之事

／

外務七等書記生尾關啓次

外務省

食料調方

食料諸品預リ

諸縣引合幷公信電信　但水野少錄東任之事

外務六等書記生荒川德滋

日記幷文書預リ

外務六等書記注中野許太郎

使員一行ノ保護及取締

過課

／

外務省等外一等原吉也

64　　　　　　　　　　　　　　　　　　　　63

深ク嘉納セラルヘシトノ旨ニ達ヘ山之城書記生
ヨリシテ口陳書及傳諭書等ノ連すレメ一ヶ条
辨熟謝可致事
一吉副喜八郎及諸学生徒拾名合セシ拾五名迎
船案組上京スヘキ者相違ヒ通辨トシテ上官
以下ニ配分シ本条其他心得書ニ趣意ニ不悖
操片度可申聞事
一使員質船ハ五月十八日ニ期スルノ約ニシテ八
連船釜山港着候右日限一両日以前荷物等
皆積込テ廿船申起居ノ部合ヲ傳搜シ且船中
皆ヶ度可申聞事

一

外務省

規則其上陸ノ節可相守門地ノ規則等ヲ違シ
使員一行ヘ通達ノ旨可打合事
一使員乗船賃金銀貨及諸雑貨興イタサル證
書ニ取置ヘシ逐辨方長役丁銀價位ノ義ハ東
京ニ於テ可向亮音答置ヘキ事
一使船神戸ヨリ出帆ノ前揚碇ノ時刻ニ外務省
ヘ電報スヘキ事
一黄龍丸ハ横濱ニ着同所ヨリ上陸ヘシ且諸貨物ヲ同所
二揃ト鐵道ヨリ入京スヘシ且諸貨物モ同所
ニテ陸揚ケヲナシ瀧車ニ乗シ且ヨリ運輸スヘシ

外務省

58　　　　　　　　　　　　　　57

七使員ト同伴上京スルモノト荷物ニ関捗ス
ルモノト銘々各自ニ捨書スヘキ事
一鐵道ハ上中下三等ニシテ下等ニハ壹等外ノ者
英語学生徒附添居ルヘキ事
一東京着當日ハ直ニ旅館ヘ案内セシ翌日外務省
ヘ偕使ヲ誘導スル積リナレハ豫テ従ヘ申聞
置ヘキ事
一信使以下上官ノ寧陸上車馬ノ都合萬ト打合
セ馬開若シクハ兵庫ヨリ委シタ電信ヲ以テ
可相報事

一

外務省

明治九年四月二十七日

外務省

60　　　　　　　　　　　　　　59

丙子四月二十七日

○迎接官心得書

一、委員迎接トシテ官船乗組中ハ洋服タルヘシ

一、視察等ハ可成見苦シカラサル様可心懸事

一、迎接委員組中共上陸ノ節トモ我迎接官ハ一統
欲迫リ厳繁ス旦韓人ニ對シ無禮ナ如ヘ或ハ
議論ハ人ヲ尋都ニ温和ヲ失ハサル事ハ切ニ戒慎
スヘキ事

一、船中ニテ釜山迄船中彼ヨリ贈與品有之トモ一
切辞謝シテ受クヘカラス又釜山ニ於テ彼ヨリ

外務省

事

一、夕ヲ招キ肯之紅・其招キニ應スルモ不苦
彼ノ清道遠謁ノ様ノ飾料モ是ヨリ担ハヘシ
武器ハ戈矛ノ類議杖ニ飾ルハ不苦ト為モ大
小銃砲ヲ男數廟等中ニ整列スルハ聖ク拒絕
シテ許スヘカラサル事

但ニ大薬等戌火ノ類ハ預リ置船司ニ分レ
招護セシムヘシ

一、迎船往キ懸ケ神戸港ニ着イタサハ兵庫縣令
ヘノ書簡ヲ差出シ還ニ使貨到着同所上陸ノ

柿体懇所談ケ肯之トモ夜泊ハ不致且・入浴
食料等モ其節カ合ヘヘク七使貨ヨリ縣令ヘ
診問スルノ禮ナキ苦ナレハ難シ令モ亦其旅館
ニ問フニ及ハサル等接待ノ手順奉ハシタク可
打合置事

但同所ニ拾テ大阪舟ヨリ受取シ調ヲ積入
ヘシ

迎船往キ懸ケ為問ニ下着イタサハ暫時投錨
同所出張山口縣官吏又ハ縣戸長ニ面シ縣令
ヘノ書簡ヲ進シ使貨上京ノ節上陸休体懇ヲ取
リ

外務省

議ケ・義前奈同様可打合置事

但間所ニ使貨着港イタサハ出帆ノ前抜錨
ノ時刻ヲ外務省ヘ電報スヘシ

一、迎船若シ對州ニ寄泊スル事アラハ使貨上京
ノ節ハ後州ニ寄ス直航可致ニ付別ニ取扱
ニ不及肯長等難支廉ヘ吉ヶ置ヘキ事

但風順ニ依リ臨時寄泊ノ事ナルモ共庫馬
關上陸ノ手續ヲ以テ可及打令事

一、迎船釜山浦着訓導就ラ イ州庁修信使
ノ差立タル、ハ将判ヨリ所出ニシテ我頼延

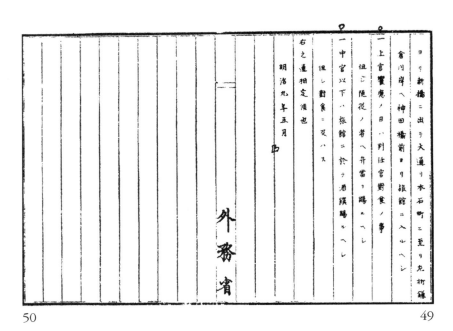

右之通相定候也

明治九年五月

一中官以下ハ旅館ニ於テ酒饌賜ルヘシ

但シ對食ニ及ハス

一上官饗應ノ日ハ到往官對食ノ事

但シ随従ノ者ヘ弁當ヲ賜ルヘシ

會川岸ヘ神田橋前ヨリ旅館ニ入ルヘシ

ヨリ新橋ニ出テ大通リ本石町ニ至リ左折鍵

外務省

50　　　　　　49

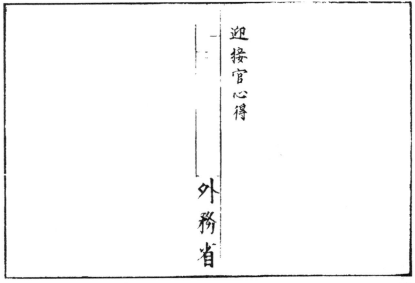

迎接官心得

外務省

52　　　　　　51

一　御輔佑ノ大丞面諸ハ席ハ班列セハ迎接官員
　信使ヲ列シテ其座ニ進ミ信使ヲレテ直ニ十二礼
　書判ヲ書閣ヲ外務卿ヘ参判ノ書翰ヲ大丞
　ニ差シ出サシムヘシ
　　但シ其時信使ニ随フ官ハ上々官両人
　　及上列事ノミ入心得ヘシ

一　外務卿及大承書簡ヲ受取一礼畢ヲ退席来信
　使ヲ休憩所ニ退カシメ茶ヲ進ムヘシ大
　丞其席ニ至リ遠渉ノ慰労ヲ伸ヘ帰館セシム
　但シ帰路行列前ト同シ道筋ハ本省ヨリ桜

外務省

45

一　信使出省ノ翌日近接職大丞其旅館ニ到リ答
　礼ヲナスヘシ
　　城門ヲ入リ西丸下ヲ通リ和田倉門ヲ出テ大蔵
　　省裏門前ヲ過キ神田橋ヲ渡リ旅館ニ入ル
　　ヘシ

一　外務省ヘ信使出頭相済ムトキハ都合次弟進
　退アリ外務輔卿邸ニ到リ挨拶アルヘシ且
　ヒ李ヲ外務卿輔邸ニ到リ挨拶アルヘシ且

　両大臣及各省使長官卿ヘ信使出頭シテ名紙
　ヲ差出サシムヘシ

閻礼

46

一　両大臣諸省長官外務輔ヘ
　　但シ此迎ハ迎接官ニテホトヽク取計フテ
　　尤ヒ延遼館ニ於ヲ饗應有之前ニ行ハシムル
　　ヲ要スルナリ

第何日延遼館ニ於ヲ信使及上々官饗應有之
　以下同断ノ音其前日信使ニ旅館ニ於テ中官
　吉其何日上官同断第何日申入レ置キ当日
　時剋迎接官ヲ奉セシ馬車ヲ遣ハシ信使ヲ
　並差迎上官賓應ハ歩行シテ率ヒ並
　事トシ及以上官賓應ハ馬車或ハ歩行シテ率ヒ
　車ハ人力車ヲ用ユヘシ
　二延遼館ニ至リ演繊官ヲ拝見セシメ上官
　同シ郷輔出席アラハ饗應ノ席ニ坐ラシムヘ
　ク京

外務省

47

一　賓應席次如元

一　信使對食中菱楽ノ読ヲ有之事
　　但シ使賀随従ノ輩ヘ并當ヲ賜ルヘシ
　ヲ置クヘシ上官ハ正服タル者ヲ使方ヘ皆ク
　但シ賓應ノ日ハ正服タル者ヲ使方ヘ皆ク

閻礼

一　賓應相畢ニ帰路行列始メノ如シ道筋延遼館
　ヲ海軍者ヘ通達ノ事

48

一、信使入京ノ日ハ旅館近ノ道行順路書ヲ添ヘ
　ヲ東京用及審視廳ヘ懸ヶ合使賃通行ノ節不
　休憩無之様注意セシムヘシ
一、道筋ハ停車場ヲ出テ新橋ヲ渡リ水石町ニ至
　リ尤折鎌倉川岸ヘ出神田橋前ヨリ旅館ニ入
　ヘシ
一、信使旅館ニ着イタヲハ慰勞トレテ接待官仕署
　往テ尋問アルヘシ
　院ニ旅館ニ入リ奥書院ニ於テ茶菓ヲ進メ近
　接官ヨリ一行ニ各房ヲ配消スヘシ

外務省

一、旅館諸迎接官員花燭支ニ至ル迄九如左
　　　　判任　　三名
一、迎接官ヨリ外暮省ヘ信使出頭ノ日時ヲ約シ
　着翌日或ハ翌々日ニテモ本省ヘ申立ヘキ事
　ヲ過クヘカラス
　但シ外暮郷以下ハ平顧ニテ接見セシナ
　レ尤別段従方ヘ昔ルニ及ハス使ヨリ其迎
　尋問アラハ近接官ヨリ申聞ヶ
　但シ別ニ旅館承婦規則ヲ作リ之ヲ付與ス
　ヘシ

外務省

---

42 ／ 41

同通弁　　　三名
生徒　　　　拾壹名
等外史　　　壹名
小遣　　　　貳名
雇夫　　　　拾名

信札
此人配リニテハ手囲兼ルナラン別ニ人
本省ヘ誘導スヘシ尤本日ハ上々官以下車
苟何ヶ約ノ如ヶ朝何時馬車ヲ遣ハシ信使ヲ
用ユルモ赤歩行ニシムルモ前日豫ノ協議
シテ其備ヘアルヘシ道筋ハ神田橋ヲ渡リ右
ヘ内暮省ハ前ヲ通リ龍ノ口ヨリ日比谷ヲ通
十堀端通リ櫻田門前ヨリ尤折本省ヘ前往ス
ヘシ

外務省

一、本省ニ来テ信使及ヒ上官ハ本玄関ヨリ昇
　ラシノ休憩所ニ誘引スヘシ但シ單官及上
　人等ハ門内ニアラシメ中官ノ信使ニ従フモ
　ノハ内玄関ヨリ昇ラシメ別ニ其休憩所ヲ設
　ク ヘレ

---

44 ／ 43

一休憩所ハ町會所ヲ以テ之ニ當ラ五十兵校
遣ヘシ

一上陸着船中ニテ歓賓ヲ海マテ休憩所ヘハ
嗅茶菓ノ類ヘ遣タルコトヲ心得ヘシ

一信使上官ハ中等ニ中官下等ノ車室ニ
ヲ上京セシムヘシ但官ハ下等ノ車室ニ
信使及ヒ上々官ハ上
等ニ乗ヲ以テ官ハ電

乗組セ發車ノ前何時乗車ト事ヲ本省ニ
報スヘシ

但シ横濱ヲラーシヨリ内ニ警時休息所設
タヘシ

外務省

38

ラス

行李陸楊ノ前後モ有ヘケレトモ可相成

階札
前車ニ送リタレ玉其場ノ都合ニ寄リ注

竟有リタシ

一信使一行行李ハ皆横濱ヨリ流車ニ月シテ報
舘ニ送ルヘシ若手廻リハ信使ノ乗車ニ月入
ルモ其他ハ後車ヨリ時宜運搬スルモ苦シ刀

一新橋停車場ニ休憩所ヲ設ケ信使到着セハ其
所ヘ迎引スヘシ但本省ヨリ更ニ旅館ヘ誘導

40

ノ為メ迎接官仕列ヲ次スヘシ本日同所ニ可相

備車馬左ノ如シ

馬車　一輌
右ハ信使及我迎接官貝共通弁計三名

同　一輌
右ハ上々官上列事三名共我通弁計四名

同　一輌
右ハ上官四名共我通弁計五名

外ノ馬車　一輌

乗馬　五疋

外務省

古ハ上官軍官ニ宛
但シ車馬ノ用意ハ馬関又ハ神戸ヨリノ電
報ニ接スル且中官以下ハ乗車或ハ歩行ノ
義打合セノ都合タルヘシ

一信使ノ警衛トシテ騎兵一小隊ヲ以テ行列ノ
前列ニ備ナツヘシ
但シ陸軍省ヘ可申入篸事

附札
韓人八十人ノ内行桜内外有ルヘシ承諾

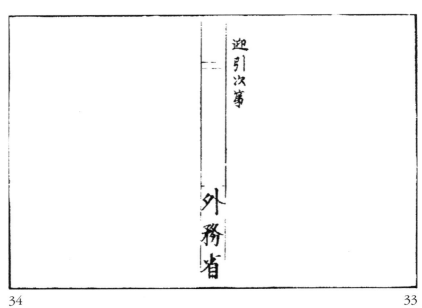

迎引次第

外務省

34

33

西子五月

○修信使迎引手續書

外務省

外務省

縣令ニ照會シ山ノ姫書記上申ニ報ジ居ラレ候
取斗候筈當港在中金勝茶業我方ヨリ上陸致シ
廿五日ヨリ廿六日夜十二時神戸着望シ廿六日
午前七時三十分ヨリ信使已下一同上陸第ヲ取
致度且縣官所部純一粒人ヲ申出乃ヲ苦連
殘兵康第大畧出頭單ヲ縣令尋問ニ下支候卿
ヘ中ニ陸露・巻路手拐成事ヲ謝辭申述・影
指示ニ八ヤレトモ今同盟因・使節我官地
諸賢大工郡合陸飛沿使毛繁卷ヲ章ヶ度謝
上判事其滞舟縣廳ヘ出頭ヲ譯官中野書記生
頭ニ虹燈ニ張リ此觀行七リ縣官ノ狂意
出候車丘間ハ市中一戴圍瑛ヶ拂ヶ衝
信令ヲ敦聊ニシ影城大畧出波香

指令ヲ敦聊ニシ影城大畧出波香
中途洗間實官運ヨリ牧露沿使面掲又為谷遁
又即チ午後五時束鑑盤四十七日ヨリ前六時神ヶ
牧踊此際東案寺便ヘノ書状遠方依賴ニ甘尤
観ニ因リ取計ニ古者ノ費則ハ渡リ尹辻捗可

外務省

滞留ス之ニ不問ハ如何ニモ不安存候間卿

30　29

致首申出候間入費相今後上揃御相談可致首
中選廿九日午前四時橫濱着港八時上陸當鐵
所ヘ入ル入休懸十時四十五分ノ藏車便ヘ
京逼一端術敷館ヘ入ル時一時半ヶ行黃龍丸
進ニ品川ヘ回船同日中尚物端身ヘ相揃神田
橋下迄運迭蓋世日來潜狹館ヘ運攪諸事御用
相濟後此院復命仕候也

明治九年五月

外務少録水野誠一

外務六等書記生荒川德滋

外務六等書記生中野許文郎

外務権少書記生冠間資治

外務省

32　31

贈ラレ候儀ハ上覧ニ供シ答礼トシテ数紙百枚

愛日孫文を都ニ贈ルニ付十九日ヨリ廿二日午前

近ニ修信一行ニ絹物大少六百枚ニ相見

7日ヲ迎様官及随属生徒ニ別ニ割合出張取締致

廻事五月十八日参ヲ十七日帰後ノ簡

相添差廻真品北長七十連籠卯五百筒焼酒二

之候東萊府ヨリノ贈贈滑者訓導安普連干簡

九へ露越郡廳割渡ノ都合ニ因リ相改一信使

日ニ調書貢昔運及上覧事高永喜本緝直ニ其龍

外務省

ノ部屋ハ上房ト遇ス上官ノ令ハ官姓ヲ記ス

水野少輔荒川書記生尾間書記生立會居候様

共廣立候儀ハ過後両回ノ應接ヲ累申セシ

三ヶ余ハ雖彼異故ニ記ス丈廿二日午後二時修

信使一同七十六人ヲ上郷之續中宮帯ヲ下水野

少輔中野書記生尾間書記生鳴田中軍医小杉

属通根大属面晤之荒川書記生郡長尉谷保ハ

甲板出迎ノ節相済

修信使日

少較遠ク濱漢ヲ起テ我牽迎引ノ為メ

外務省

御出張柳本儀ニ存候

水野少輔

修信使トシテ我国へ被来候段御苦労

ニ存候

右輩各自真房ニ就キ休憩ス午後四時釜山坡

鎗廿三日午、第七時四十分下ノ關着管ノ

上陸旅館永福寺へ入ル高鳴山口録十三事出

仕葉當二等警部能一三事警部延壹廿八山口

縣ヨリ出張ヲ十二郡能等厳シ一村八書船ニ慣

外務省

上夜泊ハ不残横甲入畫夜度一村八書船ニ慣

いヽ類ル困難今舎気外常ニ後セス管本夜ニ

是辛陸上ヲ一泊シ夢昔ヲ驚ノ度後申立候二

付廢泊船ハ勿論無之遠地ト異ナ十一ナリ従是二

御瀬戸内ハ海渡候ナル事且東省ヨリ少シ

與ヨリ出張ニ旅館警衛等厳シ青松ニ村

七早夕着京度謀霆電信ヲ有之首愛日時相遑

一分テハ諸製ヲ手須経輪不都合ニ趣駒諭ス

七上聞入メ意ニ仕七永福寺ハ一泊為残理世

電報ニ候ハ意ニ仕七永福寺ハ一泊為残理世

一尺聞入メ意ニ仕七永福寺ハ一泊為残理世

四日午後日時下ノ關抜錨久下ノ關滞留中修

指使ヨリ東萊府使へ會状達方依頼ニ廿長崎

外務省

（復命書）◎優著發の次第

21

明治九年四月廿八日横濱ヨリ
鄭船支港九八来
組出愛同月世一日午前二時神戸港着直ニ兵庫縣
令人、公書幷ニ贈出應令ヘ面接ニテ相渡信使
尋問、儕等參斟陳夫ヨリ主任、官員ヨリ榮宿辰
毎問、公書養ヲ引合ノ、末海岸通リ貿ヲ會社備使
致方善養ヲ引合ノ、末承ヲ遂ケ置憬貿
事ニ次シ斷向事美篇ヘ様ノ談示ヲ遂ケ置憬貿
鱗七大坂ヨリ四艦過迄ニ付三菱社買ヘ引合候
大坂川口ニテ連日風浪ノ爲ノ横米座上ノ涜潜運
二從來業組ノ味圃人ト引留ノ横閔司延菩等
一于中甲板下

外務省

22

事情申出説問遂々遲延期日ヲ拼リ候條二テ八不
都合ニ肯水野少錄荒川書記生尾間書記生五月
五日大坂出發黄龍丸都門一覧候處先来同船八到
日愛港郵船ハ無之臨時四部荷潮ヲ重ニ致シ漢由
允ヶ敦故無之中二八十人餘
屡販達安烟嘉二ヶ苛足又品反整方事郡長足
ト會計主務ノ肯ヘ相談シ隨方隔時四人魔上
ケ斗等一々中斷即日神戸ニ輔ル五月七日
へ人美沐戓龍変組不相成候二付米陸上申二期郡

一午後六時黄龍丸神戸入港同七日驛遝索ヨリ

23

束組ノ權大爲小杉後三ヘ面會中橋驥濱事
ヘ人等ノ權大爲小杉後三ヘ面會中橋驥濱事
夫々事情ノ語洗船ノ淺二甘熱幾ノ事夫ヨリ船中
小務ニ語洗船足砂練横入ノ方不相果十五ヶ午後
ノ儕ト神戸ニテ買上ノ前言物品小志袋藏
同夜十二時神戸狹鋪同月十二日午前八時下
ノ關着港即時申ヘ引合山口縣令ヘ公書送遠方
長井上儕申ヘ引合山口縣令ヘ公書送遠方
中談修信使渡来、儕荸取扱候小申關係分
海岸康細江町永福寺ト受ケ隨向地鴻船部分
同日午後四時下ノ關後路同十
小其寫相談ニ同日午後四時下ノ關後路同十
三日午前八時朝鮮釜山着卿湧上陸公館ニ
至リ山ヨリ城四小富記主以下一同ヘ面株公招
書發相建報ヶ宮水大亟藏ヨリ致申會候別後
出泉ノ後ハ片委鮮口縷ノ遠山ノ城書記主
イ益支篇糸之肯申出同人ヨリ一同ヘ出来卿

外務省

24

遗書相渡保事同月詞書愛官通泉館候條通達
ス盟十四日訥譜愛官運来詞書詞書愛官運耳来
拾書ニ十月裏二累ス十七日訥譜愛官運耳來
館引合ノ向萷同統政丈日訥譜丈愛官
一同美小杉鮮遝權大屬船長輿令儕ヘ酒省ヲ
午後六時黄龍丸神戸入港同七日驛遝索ヨリ

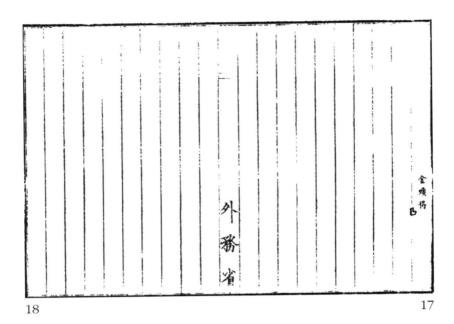

18　　　　　　　　　　　　　　　　　　　　　　　17

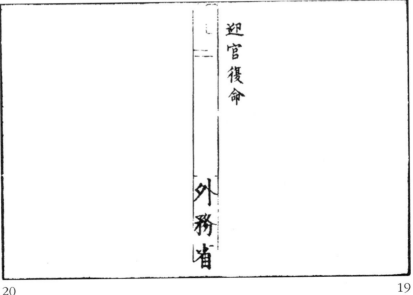

20　　　　　　　　　　　　　　　　　　　　　　　19

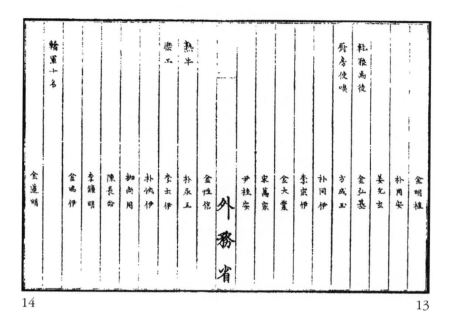

金明植
朴用安
姜先女
金弘基
厨房使喚　方成玉
朴同伊
乾粮馬徒　李宗伊
金大葉
宋萬宗
尹桂安

外務省

熟牛　朴承玉
樂工　李士伊
金性俉
朴伏伊
抑尚周
陳長岭
李鐘明
金乭伊
轎軍十名　金道明

14　　13

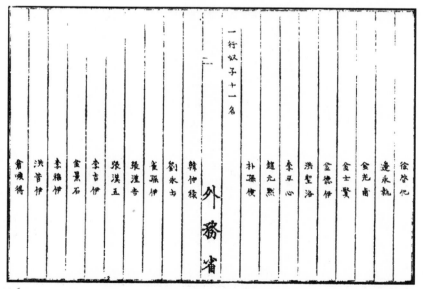

徐啓化
邊永執
金光甫
金德伊
洪聖洛
李昇心
趙元黙
朴孫使
一行奴子十一名　韓仲祿

外務省

劉永女
崔孫寺
張渾寺
張漢玉
李吉伊
金景石
李福伊
洪昔伊
會喚得

16　　15

○朝鮮國修使一行姓名

修信使禮曹參議　金綺秀　正三品
別遣堂上嘉善大夫　玄昔運　上々官
工判事前參奉　副司勇　玄濟舜　上官
別遣漢學堂上嘉義大夫　高永喜　上々官
書記副司果　李容肅　上々官
嘉員司果　朴永善　上官
軍官前郎廳　金鏞元　同
　　　　　金次植　同
卿書記　　姜益洙　同
　　　　　邊宅浩　同
一行奴子十一名　（書）　金漢奎　次官
使奴子　　漢甲　同
　　　　　漢金　中官
礼單直　　盧命大　次官
　　　　　金尚珝　同
伴倘副司果　安光默　同
前判官　　吳顯耆　同

外務省

10　　　　9

通引
小童　　　　洪致肇　中官
　　　　　　朴承浩　中官
通事　　　　朴文燦　同
　　　　　　李章吳　同
　　　　　　金應模　同
　　　　　　金福查　同
　　　　　　朴淇宗　同
　　　　　　金永吉　同
及唱奴　　　得尹
　　　　　　令石
刀尺奴　　　章五
　　　　　　欽五
日傘直奴　　鶴伊
　　　　　　朴日成
籠銕手　　　趙文哲
　　　　　　陳桑伊
巡令手　　　朴正奉
　　　　　　朴化俊
喇叭手　　　梁敬西
後陪使令　　金以宗

外務省

12　　　　11

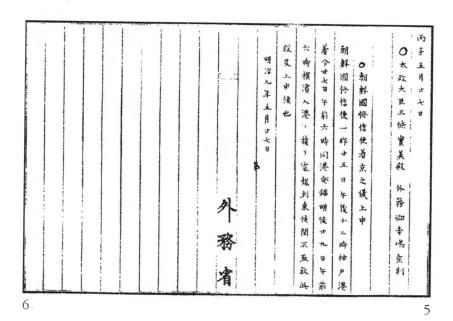

丙子五月廿七日

○太政大臣三條實美殿　外務御寺嶋宗則

○朝鮮國修信使着京之儀上申

朝鮮國修信使一昨廿五日午後十二時神戸港
着今廿七日午前六時同港安錨明後廿九日午前
六時横濱入港ノ趣リ電報到來候間不取敢此
段及上申候也

明治九年五月廿七日

外務省

信使一行列名

外務省

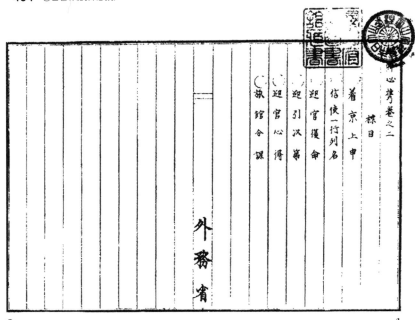

必携卷之二

楪目

一　着京上申

一　信使一行列名

一　迎官復命

一　迎引汎等

〇　迎官心得

〇　旅館令課

外務省

着京上申

外務省

航韓必携

二

〇朝鮮國修信使旅館之義上申

今般朝鮮國ヨリ修信使渡來ニ付第四大區一小

區神田錦町貳町目壹番地ヲ以古信使旅館ニ取設

ケ駐留為致候間此段上申候也

明治九年五月十二日

　　　　　　　　　　外務卿寺島宗則

太政大臣三條實美殿

外務省

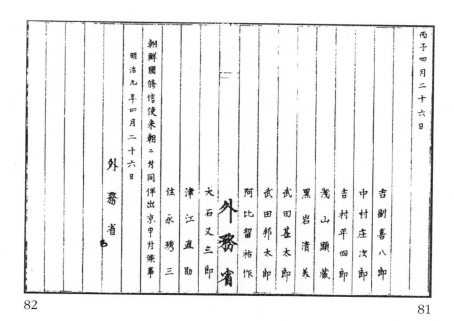

丙子四月二十六日

吉副善八郎

中村庄次郎

吉村平四郎

淺山顯藏

黑岩清美

武田甚太郎

武田邦太郎

阿比留祐作

外務省

大石又三郎

津江直助

住永琇三

朝鮮國修信使來朝二付同伴出京申付候事

明治九年四月二十六日

外務省

81

82

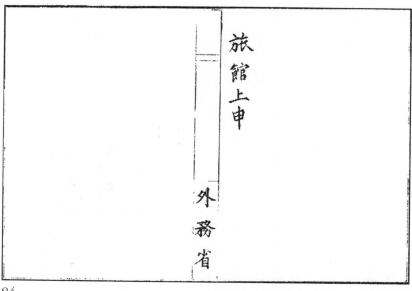

旅館上申

外務省

83

84

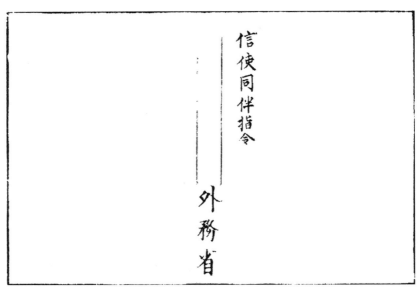

信使同伴指令

外務省

78　　　　　　　　　　　　　　77

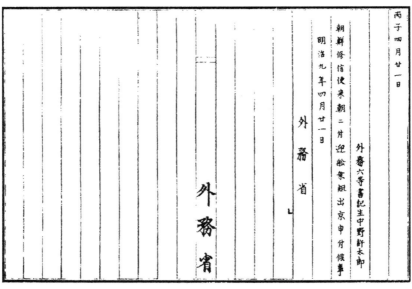

丙子四月廿一日

外務六等書記生中野許太郎

朝鮮修信使來朝二付迎船寮組出京申付候事

明治九年四月廿一日

外務省

外務省

80　　　　　　　　　　　　　　79

74

一、喧嘩争論及ヒ妨人之自由ニシテ且ツ為應懲愕喚閙者

肥者

一、破毀街衢号札及ヒ人家号札ヲ棄其所揷者

進苫之者

一、以為觀亭立テ生業者不記止宿人名ヲシテ或ハ不為者

一、揚除大小便不益糞桶ヲシテ搬運セシ者

一、卜車及人力車繋合ノ時ニ妨碍行人セシ者

一、婦人ニシテ無謂ニ断髮セシ者

一、家生前ニ苟モ桶險ヲシテ或ハ不浚汚水セシ者

筒者

73

詿違罪目

一、狹隘ノ小路ニテ乗馬馬車ヲ馳走セシ者

一、夜中ニ燈ヲ提ケスシテ諸車ヲ牽キ又ハ乗馬セシ者

一、無謂クシテ疾駆馬車ヲ乗リ且ツ使行人ニ陥碍セシ者

一、故ニ人ヲ呼ヒ又ハ強テ乗車ヲ勧メテ且ツ過言セシ者

一、荷ヲ積ミ人力車ト往来所ニテ妨害行人セシ者

一、牛馬ヲ横ヘテ街衢ニ繋キ行人ヲ妨碍セシ者

一、狂犬悪獣之死者或ハ汚穢之物ヲ投棄性来禽獸者

一、投棄性来禽獸之死者或ハ汚穢之物ニテ棄上不處

一、以沐浴家且ツ為生業者ノ戸口ニ問敞ヲシテ或ハ樓上不處

外務省

76

一、於道路及ヒ人家ニテ強乞銭両或ハ為強賣者

一、打遊圍及ヒ路傍花木ニテ或ハ畢植物ヲ止者

一、用三尺以上之長綱ニテ且ツ曳馬セシ者

一、打撿窓戸ニテ攀墻婦ニテ徒出頭面ニテ窺視行人且ツ者

嘲哢者

一、乗醉ニテ戲妨車馬従来者

外務省

75

者

一、戲滅街衢常燈セシ者

一、依跌忽チ抛汚穢於人汚穢物及ヒ石礫等者

一、通行田圃ニ抛棄之無路履之非處又ハ牽入牛馬者

一、於往来道路ニ放尿於非處又ハ者

一、於戸前ニ向往来ニテ使幼稚為大小便者

一、且挽卜車及ヒ人力車ニテ妨碍通行者

一、誤故牛馬ヲ快入人家者

一、使闘犬ニテ且ツ戲令喧噪人者

一、戲揚巨大紙鳶ニテ為妨害者

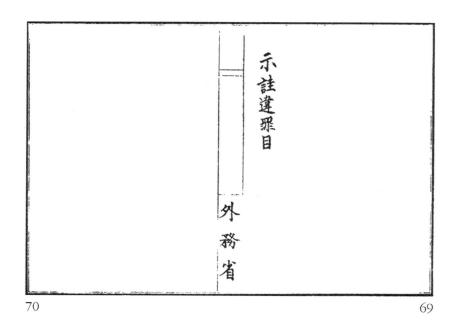

示註違罪目

外務省

70 69

・丙子五月
○我四月十日接到
貴國東菜府使洪公丙子三胡十五日單簡及玄
到導悚陳書現今
貴國為海修信使我邦要借戎火輪船乃使在本
館尾閉書記生貴貴書駛往東京以轉啓我
朝廷々々深岳
貴國之連有此學也即發火輪船一隻措載接伴
外務官貴數名承日誂已到達州港夫貴館使啓
行唯在其便若夫在船及京地疾館等諸項一切
要寫觀護于別簡幸勿勞貴意歟具

外務省

大日本釜山公館長代理
外務四等書記生山之城祐長

明治九年丙子五月日

72 71

第一條

龍火輪船貴驗應貴信使一路航行之需如其

煤炭諸費卷派我政府管辦云須貴信使催責

第二條

本首派外務少錄水野誠一外務七等書記生尾

間啓治員前貴信使一行旅航事務

第三條

外務六等書記生荒川德洪同中野許多郎又生

徒十一名員荷通譯及延接事務

第四條

旅館設在東京第四大區錦街第二對一番地今

預附館圖一技

外務省

第五條

船內廚繕一如自我供給之是為船內一寬同炊

其實用難辨主客也其煩貴應

第六條

里醫員一名在船內

第七條

船到馬關兵庫兩港取時間碇泊以準航洛之處

備

第八條

船由橫濱港上陸汽車一鴛前往東京到該港号

有外務官員辨理貴信使入京之面導

此時上陸間行或投旅舍灌浴抉髮稿養具有准

外務省

第一條
レ火輪船黄龍号ヲ纖裝シテ迎引之ヲ當ルニ億人
是當我政府曾辨ニ係ル貴官實貨賄スルヲ用
とス

第二條
レ外務少錄永野誠一外務七等書記生尾間啓治
ヲシテ一船迎接ノ事務ヲ奏辨セシム

第三條
レ通譯及速客延接トシテ外務六等書記生荒川
東セシム
德澁同中野許多郎其他生徒拾一名ヲシテ同

外務省

第四條
レ東京第四大區一小區錦街第二衝一番地ニ於
テ旅館ヲ設ク細圖ヲ附ス

第五條
レ爾供自使ノ儀ハ船中自他混有辨別ニ難シ故
ニ自我一切之ヲ供給ス諸君意ニ介スルノ勿シ

第六條
レ船中醫員一名ヲ備ヘ置ク

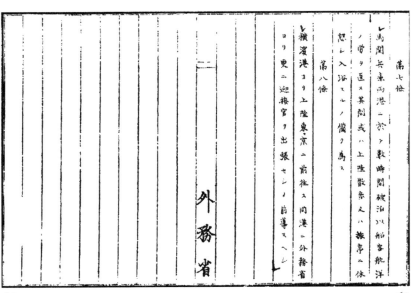

第七條
レ馬關兵東兩港ニ於テ數時間碇泊以船客航洋
ノ習ヲ遣ス其間或ハ上陸散來又ハ旅亭ニ休
憩シ入浴セルノ儲ヲ爲ス

第八條
レ横濱港ヨリ上陸東京ニ前往ス同港ニ外務省
ヨリ更ニ迎接官ヲ出張セシノ前導スヘシ

外務省

丙子四月

艦内規則

一艦内各房定有上中下等級復聽艦長指示各就
　其室

一艦内初或火燭須小心注意吸烟未有廳非
　就其處別離時限內不得吸之亦得其時則離就

一艦内有燈限時消滅故案別燭火入亦為所最

禁

一艦内設有厠圊非就其處不可遺汞溺

一外務省

一凡内禁澈吐喍要於唾壺亥艦外而吐

一鹽澱有瑪使水一切於其處禁他所氾溢

一水火夫行船極為剽善不可迫切德觀或妨張綱

蜂舩之事其或誤觸汽罐陵鐵入器械場則害
及其躬

一日枚上葉伏蕈壯詩艦内過昏夜戍牌亦然與喧

聆訊還機號令

一日枚上限道遶步趣之慶禁限外隨意步趣

一晡飯有定所有時限心要一齊同食不得各自隨
　意就膳若其疾病有不能出參室者別令情籌食

亦無妨

一艦内有不許乘客進入之處初或夕強迫過過

一所帶有之行李物品須甚心盡眞收藏若其或
　有火藥易爆發或脆弱易奮歎之物則要詳明其

性質以便持殊收拾但其朝夕所寓物料或坐間

不可須更離之打包小籠置之房内就卧霞時有

一會食時禁飲酒若酷嗜之者於房内就飲亦無妨

少許亦無妨若使酒狂嗜誚違者以扣禁論

是儼船客搭載禁例士君子一見知了無敢犯

之若其儜難不可不揭示如戍益諠迖以告衆

煩諸君子寧吾戎豫防一船之患

明治九年四月

外務省

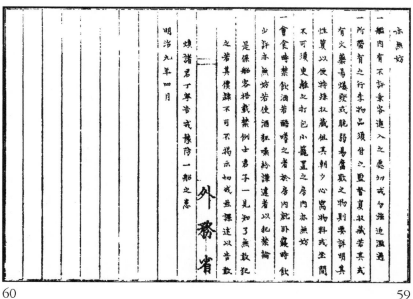

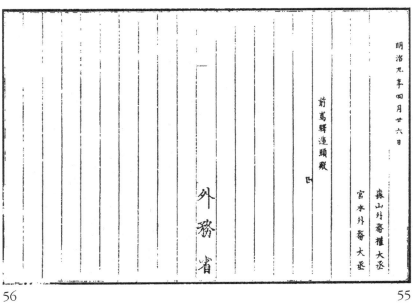

一今般ノ韓人禁組御用中ハ一般ノ諸貸末々ニ
至ル迄歓潮ハ禁ス若欲スルトシテハ
自己房内ニ於テ籠ニ用ユベシ韓人ニ對シ益
韓ヲ勧ル等受ヲ不相成事

一韓人ヨリ贈興品有之トモ受納致スベカラス
萬一復ヨリ強ヲ寄贈スル分ハ伺ヲ經候上受
納ス可シ

一韓人ノ荷物ハ外務省官員ニテ取締世話ト
難モ人員甚少ニ付自然助力ヲ乞フ時ハ十分
ニ注意シ且船艙等可成備物ノ損傷セサル様

53

所ヘ差置事ヲ用意ス可シ

一釜山出帆時日ハ豫為関兵庫下破等ノ義ハ外務
省官員ヨリ申談次第其都合ニ隨フベシ其外
天氣ノ見計ヲ以船ノ進行ヲ寛急ニスルハ船
司ノ權ニ委ス乍去可成文一日モ早々東京ヘ
安着候事盡夜尽力可致事

一大九右等件々ニ有之候も韓人ヘモ船中規則
別ノ如ク相示シ候積ニ有之舩中禁酒ノ廉ハ出
張ノ外務官員ヘモ遵守為致候事ニ有之
主急黄龍丸船司ハ古ノ趣御下命有之度候也

外務省

54

明治九年四月廿六日

森山外務権大丞

宮本外務大丞

蒲萄縣連頭殿

外務省

55

外務省

56

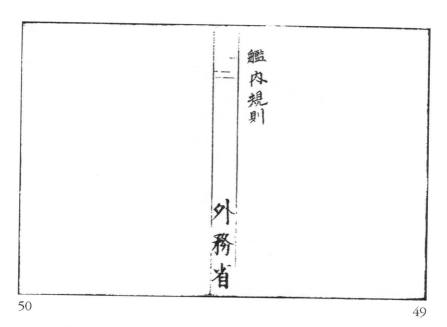

艦内規則

外務省

50

49

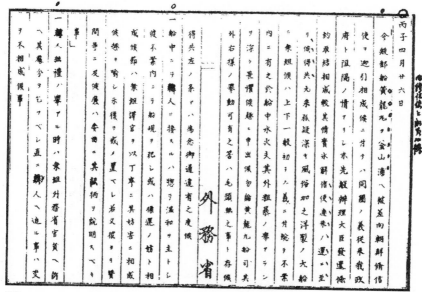

丙子四月廿六日

今般郵船萬龍丸ヲ釜山港ヘ被差向朝鮮偏信
使ヲ迎引相成候ニ付テ八同國ノ義ヲ従來我政
府ト阻隔ノ情アリシモ先殷辨理大臣發遣候
約最結相成數其情寶水群信便慶來八運ニ至
リ、候得バ八上下一般初ヲ八義ニ付除ヲ不禁

一、柔姐懷八來孫延深之風俗加之洋製ノ大船
内ニ有之於船中水火支其外粗暴ノ擧アラン
ヲ深ク最慣候趣ニ申出候勿論黄龍九船司共
外右様ノ擧動可有之者八毛頭無之事ト存候

得共左ノ条々八為念御通達有之度候

一船中ニ子鮮人ニ撲スルハ惣テ温和ヲ主トシ
彼ヲ業内ニ子船規タ犯シ或八樣還ノ情ト相
成候節八繁相譯官ヲ以丁寧ニ其姑害ニ相成
候様ヲ喩シ示候ヲ又候ヲ置ヘシ若者又懲ヲリ質
間事ニ及候慶八委曲ニ其敲柄ヲ說明スヘキ
事ル

一、鮮人無禮ノ擧アル時ハ衆姐外務省官賞ヘ術
ヘ其憂ス夕乞フベレ直ニ鮮人ハ迫ル事ハ爰
ヲ不相成儀事

外務省

52

51

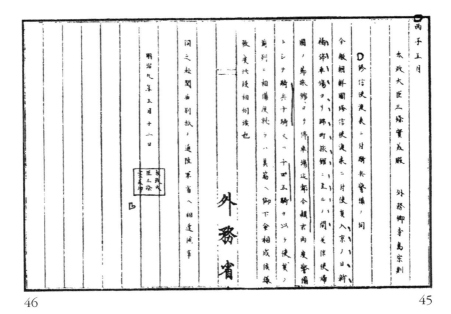

丙子五月

太政大臣三條實美殿　　　外務卿寺島宗則

〇修信使渡來ニ付騎兵警備ノ間

今般朝鮮國修信使渡來ニ付使賀入京ノ日、新

橋停車場ヨリ八、品町張鄉ニ至リ八間發假使歸

國ノ時鄉ヨリ停車場近鄉令顏末兩度警備

トシテ騎兵十騎又ハ十四五騎ヲ以テ使賀ノ

前別ニ相揭候然ノ八其筋ノ御下令相成候樣

致度此段相伺候也

闕之趙閤曲別紙ノ通陸軍省へ相達候事

明治九年五月十二日

外務省

（印：太政官三條實美）

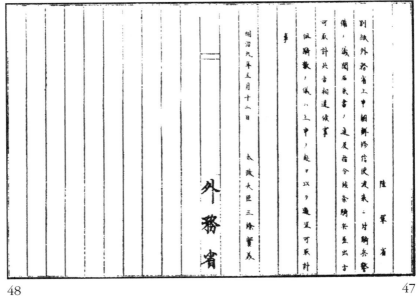

陸軍省

別紙外務省上申朝鮮修信使渡來ニ付騎兵警

備ノ義闕屈候末ノ遠及指令陸軍騎兵至出す

可取計此旨相達候事

假騎數ノ儀ハ上申ノ趙ヲ以テ遠遑可取計

事

明治九年五月十二日

太政大臣三條實美

外務省

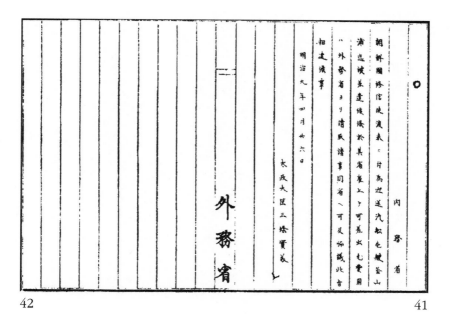

○

内務省

朝鮮國修信使復表ニ付為迎送汽船之便釜山浦迄差遣候様於其省差上ト可差出も費用ハ外務省より請兵諸事同省へ可及御議此旨相達候事

明治九年四月廿六日

太政大臣三條實美

外務省

内子四月

太政大臣三條實美殿

外務卿寺島宗則

朝鮮國修信使迎送ハ醫官表紙ノ儀浦迄今般朝鮮國修信使來朝迎送ハトシテ郵便汽松

一受後差出候ニ付海軍中軍醫島田修在來短

一儀卿達有之走七右一班ニ海軍省へ照會新

二付之儀此後上申候也

明治九年四月廿六日

外務省

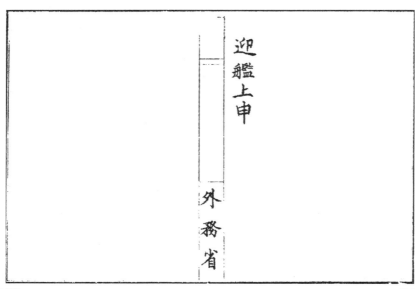

迎艦上申

外務省

丙 子四月廿四日

太政大臣ニ條實美殿　外務卿寺島宗則

○朝鮮國修信使渡来ニ付迎送船其他ノ儀

今般朝鮮國ヨリ修信使差越候趣申来候訊テ
八我國ノ船艱惡ニシテ迎送ハ航海難相成
ニ付御國ノ蒸氣船備用釜山浦ヨリ直ニ渡航ノ
ヤシ度素ヨリ諸費用ハ彼ヨリ相辨シ候
處類彼有之埃處古修信ノ機ハ先敏ノ轉理大
臣御意遣相成両國ニ尋文親寶ニ相整候
處御容相成両國ニ尋文親寶相整候ヨリ
差遣候儀ニ付當省ニ於テモ懇談致シ候處
彼ハ御承投有之候方可然東候間特別ニ登山
浦ヨリ海軍省附屬運送船忘敷ヲ以迎送為致
之飯海費用旅中賄トモ彼兼彼致度存候此
九年四月廿四日
段相伺候也
伺文起閣別紙之通内務省ハ相達候間回首ハ
可差幅議事
明治九年四月廿六日

外務省

內子三月十五日訓導玄昔運

修信使礼曹参議金綺秀　正三品
別遣堂上嘉善大夫玄昔運　上三品
上判事現参奉　玄済筹　上官
副司果　高永喜　上官
別遣堂上嘉善太夫金容元　上官
書寫官副司果　朴永善　上官

外務省

畫員司果　金鏞元　上官
軍官前郎廳　金汶桂　上官
前判官　吳顯耈　上官
伴倘副司果　安光黙　上官
前郷廳　　金相弼　上官
書記二人上官
中官四十九名
下官十八名

朝廷特
命礼曹参議金綺秀為修信使将於本年四月二
十五日登船前往
貴國故致先相通欠係縁陳詐忘於住官吉侉苓
亦糟迷
貴朝廷是布
丙子三月十五日
大朝鮮國東莱府使洪　祐昌

外務省

貴國達差脩信使及需皆火舩裏係不得不稟
之戒
朝廷故票達尾開書記先于末京従速回報而且
時日甚迫矣諒之
訓導公前
明治九年四月十日
館長代理印

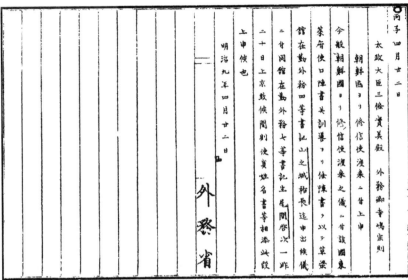

丙子四月十二日

太政大臣三條實美敵　外務卿寺嶋宗則

朝鮮國ヨリ修信使渡来二付上申

今般朝鮮國ヨリ修信使渡来之儀二付發國東

萊府使口陳書英訓導ヨリ候陳書ヲ以テ草梁

館在勤外務四等書記山之城祐長連申出候儀

二付同館在勤外務七等書記尾間啓次一昨

二十日上京致候閒則使貴姓名書苷祖添此段

上申候也

明治九年四月十二日

外務省

一修信使乗船日字定於四月二十五日

一　貴國外務卿大丞之我　國禮貴刑書差刑

書欠貴去

一行人員為八十人

一行期在通水路且遠我　國松貴未及管造又敵

迄歩貴國火輪船一隻可容一行人員足計物

省貴期為使汎此将達　貴相足火輪船一隻撗

撗出送四月二十日内撖釜山然後可以越期發

行

外務省

一貴松價依　貴國指載以銀子計之書示多少於

火輪敏出来使

一使事九發不可無謷懷纵就貴將則　貴國松裕

敕将同辦相當首卿下祭詠之人

一貴國方写赘人使之同騎住来

一上官下陸後所列以車為閒貸聆

一信使一行雨次来地名及水陸路程書示於大輪

一行將供自載準備戒有著之之當則趣時賀博

載出表使

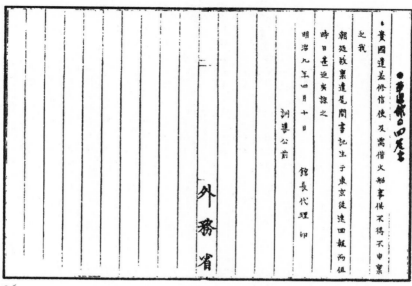

●本邊錄ノ四尾書

一貴國遣蓋修信使及需借火船事供不得不申稟
之我
朝廷致稟遣是閒書記生于東京從速囘報而俟
時日甚迫実誹之

明治九年四月十日

　　　　　　館長代理印

訓導公前

　　　　　　　　　外務省

前報上申

　　　　　　　外務省

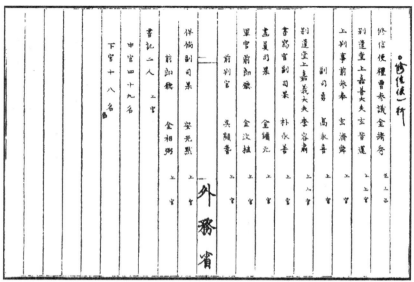

○修信使一行

修信使禮曹参議金綺秀　正三品

別遣堂上嘉善大夫玄昔運　正三品　上上官

上判事前参奉玄濟舜　上官

　副司勇高永喜　上官

別遣堂上嘉義大夫李容肅　正二品　上上官

書寫官副司果朴永善　上官

畫員司果金鏞元　上官

軍官前郎廳金汶植　上官

前判官吳顯耆　上官

伴倘副司果安光黙　上官

前僉樞金相弼　上官

書記二人　上官

中官四十九名

下官十八名

外務省

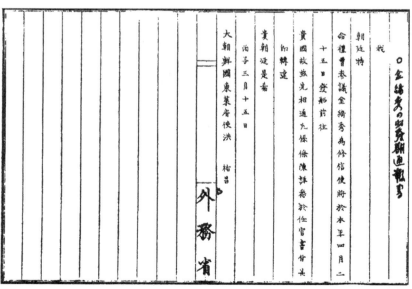

○金綺秀の御委嘱連報書

我

朝廷特

命禮曹参議金綺秀為修信使將於本年四月二

十五日發船前往

貴國故茲先相通九條條陳詳悉於住官書中

約轉速

貴朝廷是希

丙子三月十五日

大朝鮮國東萊府使洪　祐昌

外務省

○條陳

一修信使策船日字定於四月二十五日

一抵貴國外務卿大丞之我 國體曾判書參判

一書契賫去

一行人員為八十人

一行期在過水路且速我 國船夏未叉營造又難

一迅涉貴國火輪船一夏可容一行人員又什物

一著賫騎為便以此轉達貴朝延火輪船一夏指

一擇出送四月二十日内振釜山然後可以趂期袋

外務省

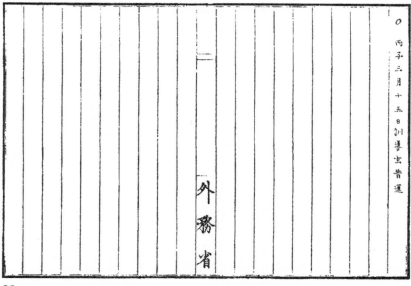

行

一貨船價依貴國指數以錄子計之書示多少於
火輪船出來便

一使事凡務不可無審愼船既賫騎則貴國船格
勢將同點相當首細下禁雜之人

一貴國香官義人使之問議往來

一山官下陸後所騎以車為間貨騎

一信使一行留住處地名及水陸路程書示於火輪
船出來價

一行舒供自我牽備或有窘乏之患別臨時賫辨

外務省

○
丙子三月十五日訓導玄昔運

外務省

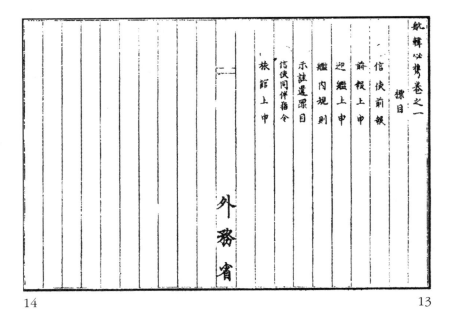

14　　　　　　　　　　　　　　　　13

信使前報

外務省

16　　　　　　　　　　　　　　　　15

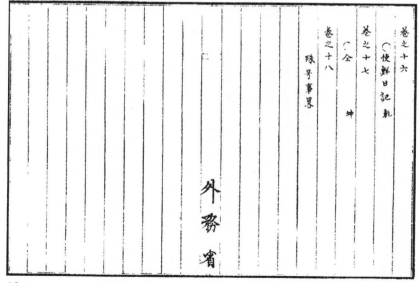

巻之九
○日本朝鮮修好條規
○本省職制及事務章程
○草梁公信
○測量心得
巻之十
○韓洋戰爭
巻之十一
○隣好漸讀　乾
○全　坤

巻之十二
○全　坤
巻之十三
○竹島頻左
○全　連航一覽抄錄
○日光參詣
巻之十四
○琉球封藩事畧　乾
巻之十五
○全　坤

外務省

巻之十六
○使鮮日記　乾
巻之十七
○全　坤
巻之十八
○珠号事畧

外務省

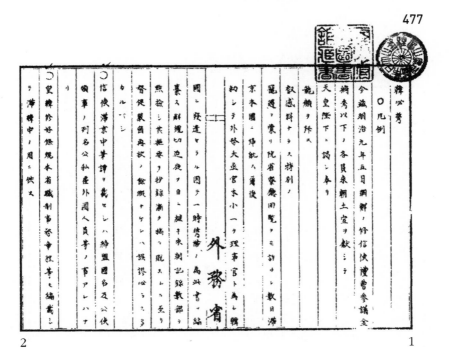

○凡例

今兹明治九年五月朝鮮ノ修信使礼曹参議金
綺秀以下ノ各員来朝土宜ヲ献シテ
天皇陛下ニ謁シ奉リ
龍顔ヲ拝ス
叙遇料ナク其特別ノ
寵遇ニ霑リ院省寮廳回覧ヲモ許サレ数日滞
京本國ニ帰航ハ須後
約シテ外務大丞官末小一ヲ理事官トナシ贊
國ニ遣達セラル因テ一時勢勢ヲ為此書ニ編
纂ス朝鮮近切迫使乃日ニ継キ来剞劂教部ヲ
照捜シ其抵要ヲ抄録滴々掲ニ畧スルニ至リ
督促累昼再校ノ餘瑕ナケレハ誤謬必ラス多
カルヘシ

○信使滞京中華譚ヲ載セシハ紳盟國名及公使
國事ノ列名公私屋外國人員等ノ事アレハ十
リ

○皇禮於好條規本省職制事務申理書ヲ編載シ
テ滞韓中ノ用ニ供ス

外務省

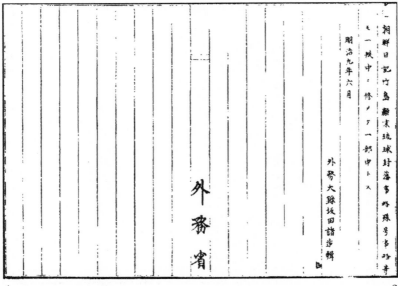

一 朝鮮日記竹島　琉球封藩事略殊号事略寺
　一城中ニ修ノ下一部中ト入

明治九年六月

外務大録坂田諸遂輯

外務省

航韓必携

一

航韓必携

항한필휴

이효정

연세대학교 인문학부(국어국문학 전공) 졸업.
동 대학원 석사 학위 취득.(한문학 전공)
일본 국제기독교대학(ICU) 비교문화연구과 박사 학위 취득.
현 세종대학교 대양휴머니티칼리지 초빙교수.

수신사기록번역총서 3
항한필휴 航韓必携

2018년 5월 3일 초판 1쇄 펴냄

지은이 사카다 모로토(坂田諸遠)
옮긴이 이효정
발행인 김흥국
발행처 보고사

책임편집 김하늘
표지디자인 손정자

등록 1990년 12월 13일 제6-0429호
주소 경기도 파주시 회동길 337-15 보고사 2층
전화 031-955-9797(대표)
　　　02-922-5120~1(편집), 02-922-2246(영업)
팩스 02-922-6990
메일 kanapub3@naver.com / bogosabooks@naver.com
http://www.bogosabooks.co.kr

ISBN 979-11-5516-778-6
　　　979-11-5516-760-1 94910(세트)
ⓒ 이효정, 2018

정가 32,000원